Dans la même collection

Enzo Traverso, *Pour une critique de la barbarie moderne. Ecrits sur l'histoire des Juifs et de l'antisémitisme*, nouvelle édition revue et augmentée, 1997.

Pierre Rolle, *Où va le salariat?*, coédition avec la Fondation Marcel Liebman (Université Libre de Bruxelles), 1997.

Claude Meillassoux, *L'économie de la vie. Démographie du travail*, 1997.

Michael Löwy, *Patries ou Planète? Nationalismes et internationalismes, de Marx à nos jours*, 1997.

Christophe Aguiton et Daniel Bensaïd, *Le retour de la question sociale. Le renouveau des mouvements sociaux en France*, 1997.

Riccardo Petrella, *Le bien commun. Eloge de la solidarité*, coédition avec le quotidien *Le Courrier*, 1997.

Michel Bonnet, *Regards sur les enfants travailleurs. La mise au travail des enfants dans le monde contemporain. Analyse et études de cas*, coédition avec le quotidien *Le Courrier* et le CETIM, 1998.

Pierre Rolle, *Le travail dans les révolutions russes. De l'URSS à la Russie: le travail au centre des changements*, 1998.

Alain Bihr, *L'actualité d'un archaïsme. La pensée d'extrême droite et la crise de la modernité*, 1998 (une édition augmentée est parue en 1999).

Daniel Bourgeois, *Business helvétique et Troisième Reich. Milieux d'affaires, politique étrangère, antisémitisme*, coédition avec le quotidien *Le Courrier*, 1998.

Riccardo Petrella, *Le Manifeste de l'eau. Pour un contrat mondial*, coédition avec le quotidien *Le Courrier*, 1999.

Michel Bonnet, *Le travail des enfants: terrain de luttes*, coédition avec le quotidien *Le Courrier*, 1999.

Michel Husson, *Les ajustements de l'emploi. Pour une critique de l'économétrie bourgeoise*, 1999.

Claude Meillassoux, *Terrains et théories*, vol. 1 «Voir poindre», 1999.

Noam Chomsky, *Le nouvel humanisme militaire. Leçons du Kosovo*, 2000. Originally published in English as *The New Military Humanism: Lessons from Kosovo*, by Common Courage Press, USA.

Alain Bihr, *Le crépuscule des Etats-nations. Transnationalisation et crispations nationalistes*, 2000.

Claude Meillassoux, *Mythes et limites de l'anthropologie. Le Sang et les Mots*, 2001.

Prochaines parutions

Ernest Mandel, *Les ondes longues du développement capitaliste. Une interprétation marxiste*.

Pietro Basso, *Temps modernes, horaires antiques*.

Claude Meillassoux, *Terrains et théories*, vol. 2 «De case et de salon».

Jean-Marie Vincent

UN AUTRE MARX

Après les marxismes

Cahiers libres Editions Page deux

© 2001 Editions Page deux – Jean-Marie Vincent
Collection «Cahiers libres»

Case postale 34, CH-1000 Lausanne 20
E-mail: page2@fastnet.ch
Internet: http://www.fastnet.ch/page2/

Maquette couverture G. Pesce
Impression CODIS
ISBN 2-940 189-20-X

Introduction 7

I. Marx, ce méconnu

1. La résistance et la reprise de la dialectique 43
2. Engels, précurseur de Marx 59
3. Marx, l'obstiné 69
4. Critique de l'économisme et économisme chez Marx 95
5. La lecture symptomale chez Althusser 111
6. Althusser et les sciences sociales 125

II. Les marxistes dans leurs pratiques

1. Trotsky et l'analyse de l'URSS 147
2. Le marxisme et les contradictions
   «du socialisme réellement existant» 175
3. Le travail planifié selon Pierre Naville 195
4. Ernest Mandel et le marxisme révolutionnaire 207
5. Comment se débarrasser du marxisme? 221
6. Comment se référer à Marx 237

Conclusion 251

Glossaire 267

INTRODUCTION

Beaucoup de choses ont changé depuis la mort de Marx en 1883. Sans conteste l'un des changements les plus importants est le dédoublement de la société par un monde imaginaire qui prend les apparences d'un monde hyper réel produit par des images électroniques et une culture médiatique qui trouve ses mobiles dans la publicité et la marchandisation universelle. Dans ce monde du dédoublement où les représentations sont des transfigurations du quotidien, des façons de dire la société autre que ce qu'elle est, on ne reste pourtant pas dans le pur imaginaire ou le simulacre. Les représentations et les images médiatiques véhiculent en effet les messages du Capital et contribuent à leur façon à la reproduction des rapports sociaux. On est tout à fait dans le cadre de la société du spectacle selon Guy Debord ou dans celui de l'industrie culturelle selon Adorno et Horkheimer. Les activités et échanges matériels, leurs contenus ainsi que les rapports concurrentiels entre les individus et les affrontements entre les groupes sociaux sont traités comme la matière première du Capital et de ses créations médiatico-spectaculaires. Le réel devient en quelque sorte le double de son dédoublement. Cette déréalisation a d'autant plus de force qu'elle peut s'appuyer sur la sublimation par la technologie et la sublimation dans l'effectivité technologique (l'utilisation des multimédias).

Marx n'a bien évidemment pas prévu tous ces développements et on peut s'empresser de déclarer qu'en raison de cela il est complètement dépassé. Mais ce serait aller beaucoup trop vite, car c'est seulement avec les instruments théoriques de Marx que l'on peut comprendre ce dédoublement et le critiquer. Dans ses écrits de la maturité il parle déjà d'un monde sens dessus dessous, qui a la tête en bas, et, pour lui, ce n'est pas seulement une métaphore. Les hommes perçoivent de façon fétichiste le monde qui les entoure, ils font d'objets sociaux comme les marchandises, le capital, l'argent des réalités naturelles ou purement techniques. Par là ils transforment l'objectivité sociale en réalité qui ne peut être mise en question. Ils la mettent en œuvre sans en avoir le savoir, lui concédant ainsi un pouvoir immense sur eux-mêmes. Ils ne voient pas vraiment ce qu'ils font, car ils voient autre chose que ce qu'ils font. L'efficience de leurs techniques de production leur masque le fait que la production sociale n'est pas une production tournée de façon préférentielle vers la satisfaction des besoins, mais une production pour la valorisation du capital. Fascinés par la valse ininterrompue des marchandises, ils vivent leur existence de façon hallucinée ou comme un rêve éveillé, se dédoublant eux-mêmes en êtres souffrants, souvent écrasés par les rapports de travail et ballotés par les événements, et en pratiquant le culte de la marchandise sans ses différents temples.

Aujourd'hui on assiste à un parachèvement des effets hallucinatoires de la marchandisation et à une radicalisation du dédoublement, mais cela n'informe en rien la théorie épocale du fétichisme comme on vient de le voir. Le paradoxe, toutefois, est qu'elle est quasiment absente de la scène théorique et des recherches sur le capitalisme actuel. Cela n'est guère étonnant, si l'on veut bien se souvenir qu'elle a été ignorée par la plupart des marxistes depuis que l'on parle de marxisme. Du vivant même de Marx, elle n'a été retenue par personne et après sa mort beaucoup n'ont voulu y voir qu'un héritage hégélien sans importance, une sorte de coquetterie intellectuelle. A la limite on serait tenté de dire que le marxisme qui apparaît à la fin du XIXe siècle est un marxisme sans Marx. Dans un pays comme la France, les références à Marx sont nombreuses chez les socialistes, mais elles ne reposent pas sur une véritable connaissance des textes accessibles. Les abrégés du *Capital* disponibles (dont celui de Gabriel Deville) font disparaître la thématique de la critique de l'économie politique et, bien sûr, le fétichisme de la marchandise. Ce marxisme sans Marx, fortement marqué par l'économisme et les sociologies positivistes, n'est guère attirant et on peut voir des grandes figures du socialisme comme Jean Jaurès ou Lucien Herr chercher d'autres voies, en se référant par exemple à la philosophie classique allemande, voies au fond plus proches de Marx que celles empruntées par les marxistes.

En Allemagne, et pour des raisons assez évidentes, le marxisme a une meilleure tenue. Kautsky, Franz Mehring, Rosa Luxemburg , pour ne prendre qu'eux, ont fait des lectures plus complexes de Marx et, dans les batailles qu'ils doivent mener contre le révisionnisme de Bernstein, ils sont conduits à préciser leurs analyses du capitalisme (sur le plan économique, politique et culturel), mais sans prendre en compte la critique marxienne de l'économie politique. Celle-ci n'est véritablement reçue que par un penseur très éloigné du marxisme, le philosophe Georg Simmel qui dans son livre *Philosophie de l'argent* dialogue avec le Marx du *Capital*. La force de Simmel est de comprendre que l'argent dans le capitalisme est un rapport social, un signe dans lequel toute une série de codes et de prescriptions sont inscrits et qui transmet, au-delà d'informations sur des proportions économiques, des orientations, voire des injonctions à se comporter de telle ou telle façon. Sans doute Simmel se sépare-t-il de Marx sur quelques points essentiels, il déduit notamment la valeur des valeurs qu'est l'argent de processus d'objectivation des valeurs en tant que projections des volitions hors de la subjectivité des individus, en tant que cristallisations répétitives dans les échanges entre les hommes. Il oblitère ainsi des thèmes aussi importants que ceux de la forme marchandise, de la forme valeur et de leurs rapports avec la forme valeur des produits du travail. Autrement dit, le conditionnement et la captation de la force de travail n'apparaissent pas comme ayant un rôle fondamental dans la genèse de l'argent.

Cela ne l'empêche pourtant pas de produire des analyses de grande portée qui gardent leur actualité encore aujourd'hui. Simmel montre notamment que l'argent se manifeste comme une grande machine sociale tentaculaire qui s'impose aux individus en pénétrant leurs volitions et leurs buts vitaux, en faisant de l'acquisition et de la possession de moyens monétaires l'affirmation sociale par excellence, l'aimant qui guide ou aspire les trajectoires sociales. L'argent s'empare de l'objectivité sociale, de la culture matérielle, c'est-à-dire de tout ce qui est déposé dans les objets que les hommes construisent pour y inscrire leurs formes de vie. La culture des objets, de ce fait, ne peut pas être considérée comme le prolongement des cultures subjectives. L'objectivation sociale avec toute sa richesse se différencie de plus en plus des cultures subjectives qui ne lui sont plus commensurables. Apparemment l'argent favorise l'individualisation dans la mesure où il permet l'accès à une très grande variété de marchandises et de services, où il substitue des relations de dépendance impersonnelles à des relations de dépendance personnelles, où il multiplie les possibilités de déplacement et d'élargissement des horizons vitaux. Cette individualisation est toutefois profondément ambivalente, car elle s'exprime de façon prédominante par et dans des significations monétaires, dans des luttes incessantes pour se valoriser ou éviter de se dévaloriser, en recouvrant, en refoulant les autres significations que l'on produit dans les relations avec les autres et avec le monde. Selon Simmel, on peut même dire que l'extrême mobilité de l'argent, son caractère de mouvement absolu (ou perpétuel) en font le véritable langage. Il est la signification des significations et, en tant que moyen absolu, il est le but absolu dans lequel les individus sont obligés de se reconnaître, parce que leurs propres fins sont absorbées et conditionnées par les mouvements de l'argent.

Il est vrai que la domination de la vie sociale par des mécanismes monétaires n'oblige pas les individus à vivre totalement en extériorité : elle ne supprime pas leur intériorité et la possibilité qu'ils ont de ne pas s'identifier à tout ce qu'ils font. Mais cette intériorité est fragile, solitaire et velléitaire, sans cesse renvoyée à son impuissance. En effet les moyens dont elle dispose pour s'interroger, pour se mettre en question et par là même remettre en question subjectivité et relations intersubjectives ne sont jamais à la hauteur des moyens, des choses dont dispose l'objectivité sociale pour cerner et encercler les subjectivités. L'individu qui possède suffisamment de moyens monétaires peut aménager des espaces de liberté pour son intérieur, mais il se trouve très largement démuni, lorsqu'il s'agit d'utiliser cette distance-distanciation et de lui fournir des objectifs qui n'entrent pas d'une manière ou d'une autre dans un jeu avec l'univers symbolique dominant. Trouver du sens à la vie devient en quelque sorte une entreprise impossible, chimérique. Comme le dit Simmel à la fin de son ouvrage, un peu partout se répand un sentiment d'insatisfaction, de tension, d'attente, comme si le sens de la vie était encore à venir. Cette inquiétude, qui n'arrive pas à se formuler, cherche inévitablement des substituts de réponses. Elle conduit à mythifier le progrès technique et la science et à en attendre des solutions qui ne viennent jamais. Simmel ne croit pas hors de propos de parler à ce sujet de tragédie de la culture en laissant percer un pessimisme à bien des égards comparable à celui de Max Weber annonçant une nuit polaire.

Cette critique simmelienne de la modernité n'est sans doute pas la critique de l'économie politique, mais elle présente le très grand intérêt d'attirer l'attention sur le caractère problématique de la culture contemporaine et de l'individualité. La culture objective, qu'il analyse si finement, est, pour lui, dominée par l'abstraction de l'échange (les échanges d'équivalents) et les activités de valorisation *(das Werten)* sont frappées du sceau de cette abstraction. Malgré la rareté des références à Marx, on peut d'ailleurs concevoir la *Philosophie de l'argent* comme un dialogue avec l'auteur du *Capital*. En même temps il fait comprendre, dans toute une série de passages, qu'il ne partage pas la nostalgie de l'unité qu'expriment beaucoup de marxistes. Il est, à son sens, impossible de revenir sur la différenciation et la diversification des relations sociales ainsi que sur l'individualisation créées par la monétarisation de la société. En conséquence il invite implicitement les socialistes de son temps à penser la crise de la culture et de l'individualité en se détachant et en se démarquant de leur déterminisme économique. A l'aube du XXe siècle, ce message n'est pas vraiment entendu par les marxistes les plus préoccupés de théorie, encore moins par les dirigeants socialistes et syndicaux surtout désireux de représenter les travailleurs et de faire valoir les intérêts de la force de travail dans la vie économique. L'expansion du marxisme de la IIe Internationale se fait donc dans l'équivoque et la confusion. La société socialiste est conçue essentiellement comme une nouvelle économie mettant fin à l'anarchie du marché et à l'exploitation sans qu'il y ait à changer rien de substantiel aux rapports de travail, on lui ajoute souvent une superstructure éthique d'où sont écartées les hypocrisies bourgeoises et où régneront des valeurs de fraternité et de foi dans les progrès de l'humanité.

Sur de telles bases, il est évidemment difficile, sinon impossible pour des marxistes d'intervenir avec efficacité dans les débats culturels de l'époque. Ils sont largement absents des discussions très vives qui portent sur le progrès, sur la crise des valeurs, sur la sexualité et l'inconscient et ne parviennent pas à comprendre que ces affrontements intellectuels apparemment si éloignés de la lutte des classes reflètent des malaises profonds dans la société et la fragilité des liens sociaux insérés dans des rapports sociaux extériorisés par rapport aux individus. Ils en restent à une critique abstraite, linéaire du capitalisme qu'ils condamnent pourtant si catégoriquement. Ils laissent en particulier dans l'ombre des questions tout à fait essentielles comme celles des effets du mouvement de la valorisation et du Capital sur les structures de la pensée et de l'action. Tout se passe comme si, pour les marxistes, la pensée et l'action relèvent de données anthropologiques, quasi intemporelles. Ils ne nient certes pas que les conceptions théoriques, que les vues intellectuelles sur la société soient en perpétuelle évolution, mais ils n'entrevoient même pas que les instruments qui servent à penser et à agir sont produits dans des échanges et des rapports sociaux. La rationalité capitaliste avec ses modes de penser et de calcul n'est en effet pas la rationalité en général, elle est une rationalité d'assujettissement à la valorisation et à ses mouvements et elle fait sentir son emprise sur la façon dont les acteurs se pensent les uns les autres dans la concurrence et l'affrontement et dans la soumission aux machineries du Capital.

Les carences et la cécité des marxistes, dans ce domaine, leur interdisent, bien entendu, de voir les obstacles à vaincre pour penser la société de façon critique et mener des actions collectives émancipatrices. Ils sont, par suite, incapables de percevoir toutes les pesanteurs qui marquent les ouvriers de l'époque (salariat, etc.). Ils leur prêtent au contraire des vertus de lucidité et de combativité découlant directement de leur situation de travail, malgré l'exploitation et la domination subies quotidiennement. La classe ouvrière devient ainsi un mythe porteur d'une véritable mythologie du travail rédempteur. Les difficultés dans la lutte pour le socialisme seront forcément surmontées, parce que les perspectives sont claires et déjà inscrites dans l'être social d'une classe. A partir d'un tel optimisme, il est possible d'ignorer sans autre forme de procès les tendances réactionnaires, régressives qui se produisent et se reproduisent massivement sous les apparences de la normalité et de la tranquillité. Le racisme, l'antisémitisme, le nationalisme, les prises de position impérialistes et colonialistes ne sont pas perçus comme des menaces sérieuses, encore moins comme l'annonce de pratiques destructrices et autodestructrices dans une société déboussolée, en mal d'un autre présent. L'assurance des marxistes leur cache le fait que la «Kulturkritik» plus ou moins réactionnaire (que l'on pense à Nietzsche) cerne de façon beaucoup plus effective les phénomènes de déchirement et de rupture par rapport aux débuts de l'ère bourgeoise ainsi que les réactions de révolte passéistes par rapport à la modernité capitaliste.

En fait, la critique des marxistes à la société capitaliste s'arrête à mi-chemin et maintient même une certaine connivence avec ce qu'elle condamne et croit pouvoir dépasser à peu de frais. Dans le domaine artistique comme dans le domaine philosophique, la majeure partie d'entre eux défend des positions relativement conservatrices. Lorsqu'on relit aujourd'hui les critiques littéraires d'un Plekhanov, voire même de Franz Mehring, plus ouvert, on ne peut qu'être frappé par leurs tendances au sociologisme et par le peu d'intérêt qu'ils manifestent pour les problèmes de forme. Les choses ne vont guère mieux en matière philosophique où la plupart des marxistes défendent un matérialisme naturaliste ou adoptent les thèses des néokantiens. Ces faiblesses sont très vite exploitées par des critiques du marxisme de la IIe Internationale qui mettent le doigt sur toute une série de points aveugles de théorisations souvent ambiguës et incertaines sous des dehors dogmatiques. Et c'est à juste titre que de grands intellectuels comme Benedetto Croce parlent d'une crise récurrente du marxisme. Ce n'est pas que leurs arguments soient toujours pertinents, mais ils saisissent fort bien que les marxistes n'ont pas, sur la réalité sociale et culturelle, la prise qu'ils s'attribuent. Indéniablement les marxistes apportent beaucoup d'éléments critiques sur la société capitaliste qui font mouche, mais ils ne donnent pas vraiment les moyens de contrer les grandes machineries du Capital. Le marxisme est inquiétant pour ceux qui soutiennent l'ordre social capitaliste, il ne l'est toutefois pas suffisamment pour interdire les accommodements avec lui, c'est-à-dire ce qu'on pourrait appeler des réfutations enveloppantes qui reconnaissent dans le marxisme un apport essentiel à la compréhension de la société contemporaine et à sa culture tout en le dépouillant de ses pulsions révolutionnaires. A titre d'exemple, on peut prendre le marxisme légal en Russie (Struve, Tugan-Baranovsky, etc.) et le Werner Sombart première manière. A bien des égards, les débats politico-théoriques de la IIe Internationale sont éclairants et significatifs du caractère inaccompli, arrêté dans son élan critique du marxisme. Ils montrent en particulier les tendances centrifuges à l'œuvre en son sein et ses difficultés à se stabiliser sur le plan idéologique. Le marxisme dit orthodoxe, et qui est dominant, tente de concilier les espérances révolutionnaires de sa base avec la gestion prudente des machineries de parti et syndicales. Le thème de la révolution est évoqué de façon rhétorique et indéfinie, même si la transformation révolutionnaire est décrétée inéluctable. Ceux qu'on appelle les révisionnistes ne se satisfont pas de cet immobilisme révolutionnariste qui met les partis socialistes en porte à faux par rapport aux institutions représentatives et par rapport à l'Etat et par là même les marginalise. Ils cherchent en conséquence à se débarrasser du ballast encombrant du marxisme et de toute référence à une dialectique révolutionnaire. Leur objectif fondamental est de pouvoir participer sans entraves majeures à des alliances avec la gauche bourgeoise ainsi qu'à d'éventuelles coalitions gouvernementales au niveau national ou au niveau régional. Les révisionnistes se présentent volontiers comme les partisans du mouvement par rapport au conservatisme politico-idéologique des appareils, mais ils oublient tout simplement que le mouvement qu'ils préconisent est un mouvement interne à la dynamique d'ensemble de la société capitaliste (dynamiques économique, politique, culturelle incluses). La formule d'Eduard Bernstein selon laquelle le mouvement est tout et le but n'est rien est, de ce point de vue, tout à fait révélatrice de cette logique subordonnée.

La gauche radicale, en revanche, ne semble tomber ni dans les pièges de l'immobilisme, ni dans ceux de l'activisme opportuniste. Elle demande très clairement que soient menées des batailles de rupture par rapport à l'ordre économique et social dominant. Elle veut que les luttes politiques ne soient pas limitées aux élections et aux joutes parlementaires. Elle demande, au contraire, que les grèves, les manifestations de rue deviennent des instruments politiques privilégiés. C'est dans ce sens qu'elle intervient dans les débats sur la grève générale consécutifs à la révolution russe de 1905. Rosa Luxemburg en particulier développe une théorie de l'action collective qui fait de la grève politique de masse un élément essentiel pour aller vers des batailles de rupture et secouer les habitudes routinières des partis et des syndicats. Trotsky, de son côté, théorise le rôle des soviets comme organes de mobilisation et de pouvoir. Il reste que la clarté est loin de régner sur les rapports qui doivent régner entre partis, syndicats et les organes de base apparaissant au cours de processus révolutionnaires. Rosa Luxemburg fait confiance à la spontanéité révolutionnaire des masses et n'attribue pas au parti le rôle le plus décisif. A l'inverse, Lénine ne pense pas que les soviets ou les conseils puissent assumer et assurer la continuité des processus révolutionnaires sans être guidés par un parti révolutionnaire. Or, à ce niveau, on est en présence d'un faux dilemme. S'il est exact que la spontanéité des masses, marquée par la société capitaliste, ne peut par elle-même être porteuse d'une transformation sociale globale, ce n'est pas pour autant le parti qui peut se substituer aux exploités et aux dominés pour faire les choses à leur place. Le problème est bien plutôt de transformer la spontanéité dans les actions collectives en lui donnant une dimension de plus en plus réflexive qui permette de modifier les façons de percevoir les rapports sociaux et, en profondeur, les formes d'action et les formes d'organisation (y compris partis et syndicats).

La confusion est tout aussi grande pour ce qui concerne les problèmes de la prise et de l'exercice du pouvoir. Aucun des courants qui s'affrontent ne conçoit l'Etat comme un ensemble d'institutions qui sanctionne et verrouille la répartition des pouvoirs dans la société. Les uns et les autres tendent à réduire la complexité de la question en concentrant leur attention sur l'appareil d'Etat et les institutions représentatives et en laissant de côté les modes d'articulation de l'Etat aux rapports sociaux ainsi que les relations entre ses organisations bureaucratiques et les machineries du Capital. La notion même de prise du pouvoir s'en trouve singulièrement simplifiée. Pour les marxistes orthodoxes, elle repose essentiellement sur la conquête de la majorité parlementaire dans un cadre national, sans qu'ils se demandent ce que peut signifier conquérir une majorité dans le cadre d'une politique dominée par l'économisme, les abstractions et machineries du Capital et une structuration bureaucratique du pouvoir d'Etat. On ne peut faire les mêmes reproches à la gauche radicale qui par le truchement de ses principaux dirigeants dit sa méfiance par rapport à l'action parlementaire; elle reste toutefois dans le flou, lorsqu'il s'agit d'esquisser la prise révolutionnaire du pouvoir, de lui donner des contours. En outre, elle ne montre pas non plus comment une politique révolutionnaire peut surgir des pratiques politiques anciennes et bousculer les vues traditionnelles sur les rapports de pouvoir dans la société. Il ne faut donc pas s'étonner si les conceptions de l'exercice du pouvoir sont *a fortiori* encore plus inconsistantes. La socialisation à accomplir n'est pas conçue comme une lutte conséquente contre les dissociations produites par la valorisation capitaliste. Pour beaucoup elle semble se réduire à la nationalisation-étatisation des moyens de production, agrémentée de la démocratisation des institutions, et, chez les plus radicaux, d'une démocratisation fondée sur la démocratie directe. Les plus audacieux évoquent même la dictature du prolétariat comme moyen de combattre la contre-révolution sans arriver pour autant à donner des caractères précis à cette dictature.

Ces défaillances des marxistes dans les domaines de la politique et du pouvoir sont d'ailleurs prolongées par une réflexion particulièrement déficiente sur les problèmes de la violence. Les apparences de normalité que se donne la société capitaliste en Europe masquent aux yeux de beaucoup de marxistes les potentialités de violence qu'elle recèle. On ne veut pas voir que la violence contre l'autre est inscrite dans les relations sociales et dans les affrontements quotidiens entre les individus. On ne veut pas voir non plus que la légalité qu'observent les Etats dans leurs politiques répressives est ambiguë. Le règne de la loi est un progrès par rapport à l'arbitraire des politiques absolutistes. Il est en même temps un moyen de marquage et de criminalisation d'une partie de la société pour rassurer les couches dominantes et les bercer de leur supériorité. Constatation encore plus étonnante, la colonisation avec ses innombrables massacres, les ravages qu'elle inflige à des parties immenses de la planète est à peine prise en compte. Un nombre non négligeable des révisionnistes est même persuadé de la mission civilisatrice de la colonisation et ne s'émeut guère des comportements racistes des colonisateurs. La gauche radicale qui rejette le colonialisme et l'impérialisme est souvent portée à en minimiser l'importance (ce qui n'est pas le cas de Rosa Luxemburg). La course aux armements en Europe et les crises internationales récurrentes entre les grands pays impérialistes inquiètent également, il est vrai, beaucoup de socialistes, mais ils pensent pouvoir conjurer le danger par des campagnes pacifistes et des appels à la raison des gouvernants en proposant des compromis. On ne veut pas imaginer que le monde puisse sombrer dans la barbarie et dans une orgie de violence.

C'est pourquoi les marxistes vont être surpris par la Première Guerre mondiale comme par un coup de tonnerre dans un ciel bleu. Ce déchaînement de barbarie sur une échelle jusqu'alors inconnue les laisse désarmés et désemparés. Les plus gros bataillons vont se laisser emporter par la vague nationaliste en reniant la solidarité internationale des travailleurs proclamée si haut quelque temps auparavant. Comme le constate amèrement Rosa Luxemburg dans sa brochure *Junius*, le mot d'ordre de l'Internationale «Prolétaires de tous les pays unissez-vous!» est remplacé par le mot d'ordre «Prolétaires de tous les pays, égorgez-vous!». C'est une cruelle épreuve de vérité pour les marxistes, une véritable déroute tant pratique que théorique face à des adversaires qui font feu de tout bois pour mobiliser les masses sur des bases réactionnaires. L'illusion d'un marxisme toujours à l'offensive et capable de donner réponse à tous les problèmes importants de l'époque est implicitement abandonnée par la majeure partie des dirigeants socialistes et syndicaux. Il n'y a pas à proprement parler d'abjurations spectaculaires et bruyantes. Il y a tout simplement affaiblissement des références à Marx, édulcoration de ses analyses et intégration subreptice, souvent honteuse, de théorisations venues d'ailleurs pour justifier certaines formes de collaboration de classes. Le marxisme ainsi modifié abandonne toute ambition critique véritable et devient un discours apologétique justifiant des pratiques politiques et des pratiques d'organisation parfaitement compatibles avec l'ordre social. Le rapport à Marx, dans ce cadre, relève plus de la rhétorique et du rituel que d'une relation vivante de dialogue et d'interrogation.

Il n'en va pas de même des opposants à «l'union sacrée» et à la guerre. En général, ils entendent rester fidèles à un marxisme non dénaturé et à ce qu'ils pensent être l'œuvre véritable de Marx. Ils sont toutefois confrontés à des situations très rapidement changeantes, inédites. Au début de la guerre, ils ne sont qu'une petite minorité qui va grossir assez vite au fur et à mesure que les hostilités se prolongent et que les pertes militaires et civiles s'accumulent. Les critiques contre ceux qui conduisent la guerre et contre les institutions qu'ils dominent se multiplient. A l'évidence, il ne peut être question de retourner purement et simplement à l'état de choses qui prévalait avant la guerre. L'ébranlement des rapports sociaux et politiques, inégal suivant les pays, est tel qu'il pose la question de l'ordre social et politique à établir au moment de la paix. Sur ce point des divergences significatives apparaissent parmi les opposants aux dirigeants socialistes et syndicaux majoritaires, divergences qui portent tant sur les objectifs que sur les stratégies. A peu près tous pensent que le socialisme doit être mis à l'ordre du jour, mais ils sont nombreux à penser que ce n'est pas forcément à l'issue de la guerre. Au contraire, les plus conséquents à partir de fin de 1916 commencent à penser que l'on va vers une crise révolutionnaire ou des crises révolutionnaires diversifiées et qu'il est nécessaire de s'y préparer. Rosa Luxemburg compte sur les actions de masse, l'apparition d'organismes de base pour que les pratiques démocratiques s'étendent en s'approfondissant. C'est en effet à travers une démocratisation généralisée que les rapports sociaux peuvent se transformer et dessiner les contours d'une société libérée et de liberté. Lénine, qui se signale au cours de cette période par la lucidité de ses analyses (que l'on pense à la notion de maillon faible de la chaîne impérialiste), est relativement sceptique sur la possibilité de faire des organismes de type soviétique les instruments d'une lutte sans concessions contre les pouvoirs en place et *a fortiori* d'en faire les créateurs de nouveaux rapports sociaux. En bon disciple de Clausewitz, il est persuadé que dans toute crise révolutionnaire il y a un moment de la décision qu'il faut savoir saisir. Pour cela il faut disposer de moyens politico-militaires, mobiles, capables d'exploiter toutes les fautes de l'adversaire et capables de frapper avec force et rapidement.

L'échec du spartakisme et la mort de Rosa Luxemburg en 1919 semblent donner raison à Lénine qui, lui, a vu sa politique volontariste triompher en octobre 1917. En réalité ce triomphe est lourd d'échecs futurs, car il repose sur un certain nombre d'impensés. Il faut d'abord se rendre compte que la défaite des adversaires n'est pas *ipso facto* une véritable victoire pour la transformation sociale. La victoire qui désarme l'ennemi ne modifie pas par elle-même les rapports des exploités à la vie politique et aux relations de pouvoir et cela d'autant moins que le parti se veut le seul garant de la pérennité et de l'irréversibilité des processus révolutionnaires et se comporte comme tel. Le parti bolchevique en conséquence ne cherche pas à renverser les relations de pouvoir dans la société, ou diminuer le pouvoir de minorités restreintes sur de grands groupes d'hommes. Il concentre, au contraire, des pouvoirs très coercitifs entre les mains de ce qu'il croit être une élite, ce qui veut dire qu'il veut voir dans la violence un moyen privilégié de transformer la société. Sur de telles bases il est évidemment impossible de rassembler et de constituer en force collective la grande masse de ceux qu'il prétend libérer. La contrainte pénètre tous les pores de la société et tout particulièrement l'économie (prétendument socialisée) dont le modèle est l'économie de guerre allemande. Dans les entreprises est imposé le principe de la direction unique et les rapports de travail sont organisés dans l'esprit du taylorisme. La classe ouvrière est mise en tutelle au nom de la dictature du prolétariat et elle doit se soumettre à une «révolution culturelle» décidée d'en haut afin de s'éduquer. Force est donc de constater que le processus révolutionnaire commencé en février 1917 s'enlise très vite après octobre. La révolution devient révolution passive (pour reprendre la terminologie de Gramsci), c'est-à-dire réaménagement des pratiques hégémoniques et des formes de domination. Ce sont toujours des abstractions réelles qui dominent la vie sociale, la planification comme subsomption réelle de la production sociale sous le commandement de la bureaucratie, le travail abstrait planifié, la monnaie comme modulation de la planification.

Le régime issu de la révolution d'octobre n'est donc pas un vrai nouveau départ, c'est en fait un recommencement, une sorte de piétinement sur place, une rupture avec le capitalisme qui prépare le retour au capitalisme. La rapide défaite du nouveau régime est en réalité inscrite dans le fait qu'il n'est jamais arrivé à se donner la «naturalité» seconde du capitalisme. Plus précisément les abstractions réelles du «socialisme réel» se sont révélées moins efficaces que celles du capitalisme pour encadrer les travailleurs, pour les inciter à s'adapter activement aux contraintes de la production sociale. L'économie produit et reproduit sans cesse de la pénurie et le régime joue beaucoup plus sur des contraintes paralysantes que sur des intérêts privatisants, beaucoup plus sur des mobilisations bureaucratiques que sur des activités individuelles. De plus, l'idéologie qui ne surgit pas directement des échanges économiques, mais ressortit de l'inculcation, se fait dans le «socialisme réel» rigide et répétitive. Malgré ses prétentions totalisantes, elle a peu de puissance de pénétration et doit beaucoup recourir aux interdits en entravant considérablement les échanges symboliques. Pour couronner le tout, le régime du parti unique aboutit à supprimer en pratique la vie politique, toute forme de dialogue entre les groupes sociaux. Pourtant, ce «socialisme réel» potentiellement asthénique va pouvoir, grâce aux différences qu'il manifeste par rapport au capitalisme, faire sentir pour un temps son hégémonie politique et idéologique sur une grande partie des forces anticapitalistes les plus radicales en les dévoyant ou en les menant à l'impasse. Sous les couleurs de la radicalité il ne fait, en conséquence, qu'approfondir la crise du marxisme, notamment en le déportant vers une idéologie étatiste, où l'esprit critique est totalement absent.

On aurait pu croire que dans une telle conjoncture politico-idéologique la critique de l'économie politique était vouée à la disparition. Or, il n'en a rien été, et sous une forme souterraine ou marginale, l'œuvre marxienne a continué à faire sentir ses effets à l'intérieur d'un marxisme devenu apologétique. En 1922, le livre de Georg

Lukàcs *Histoire et conscience de classe* redécouvre le fétichisme de la marchandise et son importance décisive pour comprendre Marx. Pour Lukàcs le fétichisme, ce quiproquo qui fait prendre des relations sociales (les échanges marchands) pour des rapports entre des choses, est à la source d'un phénomène essentiel, celui de la réification des rapports sociaux et corrélativement d'une relation de scission entre le sujet et l'objet, entre les individus et le monde qu'ils construisent. Selon lui la restauration de l'unité ne peut être opérée par la seule théorie aussi adéquate soit-elle, elle doit être l'œuvre théorico-pratique du prolétariat qui en accédant à la conscience de classe se constitue en sujet collectif. Ce faisant, il dévoile la société à elle-même et met fin à une objectivité réifiée et à des relations antagonistes. La conscience de classe ainsi surchargée devient une sorte de *deus ex-machina* qui résout tous les problèmes. Le fétichisme et la réification ne sont donc pas rapportés au fonctionnement de la loi de la valeur, aux mouvements de la valorisation, à la domination des abstractions réelles sur les rapports sociaux, mais à la clôture de la conscience sociale et à sa possible réouverture par la conscience d'un groupe social particulier, investi d'une mission universelle. On reste encore loin de la thématique proprement dite de la critique de l'économie politique.

Comme on peut s'y attendre, l'œuvre de Lukàcs, qui pose trop de questions et renoue avec la philosophie classique allemande, est condamnée par l'Internationale communiste au nom d'un matérialisme dialectique dogmatique et répressif. Quelque temps après, toutefois, la thématique du fétichisme accompagnée de celle du dépérissement des rapports marchands réapparaît chez le juriste soviétique Pasukanis dans son livre *La théorie générale du droit et le marxisme*. Elle s'affirme avec encore plus de force chez l'économiste soviétique Isaak Rubin qui, le premier depuis la mort de Marx, donne une formulation rigoureuse à la théorie de la valeur par opposition à la théorie de la valeur-travail communément acceptée par les marxistes. Cela ne devrait pas surprendre, ces deux penseurs, originaux et indépendants, vont disparaître dans les oubliettes staliniennes. Leur travail est intolérable, inassimilable à un marxisme qui loin d'être seulement une déformation de l'œuvre de Marx est un ennemi farouche de la critique de l'économie politique. Au début des années 30, la pensée critique a presque complètement disparu. Elle subsiste chez quelques communistes hérétiques qui n'acceptent pas l'évolution de l'Union soviétique vers une société à traits totalitaires et de plus en plus oppressive. Pour autant, ils n'essayent pas de repenser l'histoire du marxisme de façon critique et ne se posent même pas la question d'un retour à la critique de l'économie politique. Paradoxalement, ce sont des intellectuels éloignés des combats politiques qui, dans l'Allemagne de Weimar, vont d'une certaine façon reprendre le flambeau de la critique de l'économie politique par des voies très particulières. Il s'agit en l'occurrence des théoriciens de l'école dite de Francfort. Le fondateur de l'école de Francfort au début des années 30, Max Horkheimer, part dans sa démarche théorique de deux questionnements pour lui essentiels, le pourquoi de la défaite de la révolution allemande de 1918-1923, le pourquoi de la montée de forces ultra-réactionnaires dans l'Allemagne de Weimar. Pour répondre à ces deux questionnements qui témoignent de son inquiétude quant à l'état du mouvement ouvrier et de son insatisfaction quant à l'état du marxisme, Max Horkheimer, qui a lu Lukàcs, estime indispensable de s'interroger sur la conscience de classe. Il n'oppose pas comme Lukàcs une conscience empirique, marquée par la réification, à la conscience possible qui se révèle à elle-même à travers les luttes. Il entend tout simplement rechercher les obstacles que rencontrent les exploités et les opprimés pour comprendre leur situation et les rapports sociaux. La problématique de la conscience, pour lui, n'est pas seulement une problématique de la prise de conscience, mais une problématique qui fait entrer en ligne de compte tant les modalités sociales de production des connaissances que le rôle des affects qui conditionnent bien des comportements et pratiques. Le marxisme, par suite, ne doit pas avoir peur d'entamer le dialogue avec les sciences sociales et avec la psychanalyse en renonçant à ses certitudes dogmatiques et à ses œillères. Sans tomber dans le positivisme, il faut mener des recherches empiriques pour savoir quels types d'hommes produit la société capitaliste, comment elle les socialise dans la dissociation, comment elle peut les faire travailler contre eux-mêmes.

Le travail empirique de l'Institut pour la recherche sociale de Francfort, encore embryonnaire dans les années 30, arrive toutefois au constat que beaucoup de forces régressives et destructrices sont à l'œuvre dans les confrontations sociales et qu'on ne peut en aucun cas se fier à des tendances irrésistibles au progrès et à la transformation révolutionnaire de la société. La cécité du marxisme ou des marxismes dans ce domaine devient on ne peut plus apparente avec l'arrivée au pouvoir des nazis. Pour Horkheimer, ce basculement vers la barbarie met directement en cause la responsabilité du marxisme. Sociaux-démocrates et communistes, par les politiques qu'ils ont menées, ont en fait contribué à la victoire de Hitler et, chose très grave, après la défaite ils se montrent incapables d'en comprendre la portée. Le pessimisme de Horkheimer est encore renforcé dans l'émigration, par l'évolution de l'URSS telle qu'elle s'incarne dans les procès de Moscou et dans les liquidations d'opposants supposés ou d'«ennemis du peuple». Dès lors il ne peut plus être question de se situer à l'intérieur du marxisme qui tend à se faire apologie du monde existant. Pour autant, cela ne doit pas entraîner de rupture avec Marx, tout au contraire la construction d'une pensée critique implique un réexamen de l'œuvre marxienne et de ses modes de réception. On peut même dire qu'en raison de la rupture avec le marxisme Marx prend encore plus d'importance, car il s'agit dorénavant de cerner continuité et discontinuité entre Marx et le marxisme et de saisir comment une théorisation de l'émancipation a pu dévier de sa route.

Max Horkheimer ne reprend pas directement la thématique de la critique de l'économie politique. Il en retrouve en partie l'inspiration en procédant à un examen critique des effets des échanges sociaux capitalistes sur la culture et l'usage de la raison. Comme il l'explique dans *Critique de la raison instrumentale,* l'ère bourgeoise se caractérise par une séparation de plus en plus profonde entre raison subjective et raison objective, c'est-à-dire entre raison formelle, instrument au service de la domination de l'homme sur la nature et de l'homme sur l'homme, et raison substantielle qui s'oppose à l'oppression de la nature en l'homme et à l'oppression qui s'exerce sur les hommes. La raison objective qui s'exprime en systèmes éthiques, en ontologies diverses est impuissante, parce qu'elle laisse faire la raison subjective et ne cherche pas à établir de liaisons avec elle. Cette raison dissociée est inacceptable et il est indispensable de procéder à une autocritique de la raison et de ses différents usages. La tâche est considérable, car au-delà de la pensée abstraite, il faut s'intéresser au langage, aux rapports sociaux de connaissance et à tout ce qui tend à faire de la communication un ensemble de relations parasitées par les échanges marchands. C'est seulement à ce prix que l'on peut combattre efficacement les tendances de la raison formalisée à se transformer en mythologies, mythologie de la science et la technologie, mythologie de la croissance économique indéfinie. Toutefois sur la voie de l'autocritique de la raison et de la critique des mythologies se dresse un obstacle formidable que Horkheimer et son ami Adorno appellent l'industrie culturelle. Pour eux, sous le couvert d'une culture populaire qui dispense du divertissement et de l'évasion, elle met en place un monde déréalisé qui emprisonne les individus et fait sentir son influence sur la culture dans son ensemble. Elle fait de la culture une marchandise que l'on consomme et que l'on oublie pour se tourner vers d'autres marchandises culturelles. Cette circulation infinie de marchandises culturelles s'appuie, bien évidemment, sur des moyens de production, les médias tels que la presse, la radio, la télévision, possédés et utilisés comme du capital, qui cherchent en permanence à élargir leurs champs d'activités. La culture dite savante elle-même finit par être contaminée en adoptant des formes de raisonnement et d'expression propres à l'industrie culturelle pour aller vers le succès : les œuvres d'art et les connaissances deviennent des marchandises.

Dans un tel contexte, la théorie critique comme autocritique de la raison doit obligatoirement mettre au point des procédures et des démarches inédites pour sortir des routines intellectuelles et se soustraire aux sortilèges du culte et de la culture de la marchandise. Une de ces démarches les plus significatives est l'archéologie de la conceptualisation qu'élaborent Horkheimer et Adorno dans la *Dialektik der Aufklärung (La dialectique de la raison)*. Leur propos n'est pas de faire une histoire ou une généalogie de la raison conçue en termes historicistes. Ils savent très bien que l'on ne peut pas repenser à l'identique ce qui a été pensé autrefois ; ce qu'ils essayent de restituer théoriquement, c'est ce que le présent a repris et retenu du passé en le déformant inévitablement pour l'intégrer à ses modes de penser sans jamais pouvoir totalement effacer les traces irréductibles. L'archéologie est en fait à double détente, elle doit d'une part faire revivre les traditions négatives du passé qui sont retransposées dans le présent (par exemple la raison comme ruse par rapport à la nature pour la dominer, repérée dans *l'Odyssée*), elle doit d'autre part montrer qu'il y a un autre passé occulté, riche d'indications sur d'autres histoires possibles et qu'il faut opposer à l'idée de l'histoire comme suite d'enchaînements inévitables. La philosophie classique allemande dont on sait l'importance dans la réflexion est, elle, l'objet d'une démarche que l'on peut comme Adorno appeler critique interne. C'est plus particulièrement Hegel qui est soumis à ce type de démarche. Des textes de Horkheimer et d'Adorno, qui vont des années 30 aux années 60, s'installent dans les textes hégéliens pour mettre au jour leur vraie grandeur, la conceptualisation la plus audacieuse de l'ère bourgeoise dans la mesure où elle démontre que la société vit dans le déchirement et les contradictions (contrairement à l'économie classique) et qu'il faut pour y répondre la «fatigue du concept», c'est-à-dire une conceptualisation qui démonte les représentations immédiates et les abstractions qui laissent l'objectivité et la subjectivité dans leur face-à-face statique. En même temps la critique interne met le doigt sur les défaillances hégéliennes, l'assimilation de la pensée à un penser pur qui peut s'élever au-dessus des pratiques et les dominer en niant leurs pesanteurs, c'est-à-dire en présupposant que l'esprit peu se libérer par lui-même des contraintes des pratiques, notamment de la division du travail et de ses incidences sur la division intellectuelle du travail.

Comme on le voit, l'autocritique de la raison est en rupture avec les analyses marxistes simplistes qui rapportent les théorisations et les conceptualisations à des intérêts de classe définissables *a priori*. Tout au contraire, par sa pratique de la critique interne, elle cherche à faire découvrir aux processus de pensée leur impuissance relative derrière l'illusion de la toute-puissance et de la consistance. La pensée qui ne s'est pas critiquée agit sans doute sur le monde et les relations sociales, mais en même temps elle est menée, bousculée par des forces qui lui échappent et c'est en quelque sorte sa volonté de puissance qui la rend prisonnière et répétitive. La pensée critique doit donc conceptualiser contre les habitudes de la conceptualisation et sans cesse rechercher les pièges dans lesquels elle peut tomber et les obstacles qu'il lui faut franchir. Adorno, sur ce point, va plus loin que Horkheimer. Dès les années 30, il désigne très clairement les abstractions réelles, ces formes de pensée objectivées comme constituant les principaux pièges et obstacles. Il reprend là la thématique du fétichisme de la marchandise en la complétant par celle des structures d'aveuglement ou connexions aveuglantes que représentent le capital, les marchés, l'argent dans leur encastrement et leur mouvement perpétuel. Il y a en fait aveuglement, parce que la présence massive, obsédante, des schémas de pensée cristallisés dans les rapports sociaux les rend en partie invisibles (la partie masquée étant la plus importante), d'où l'omniprésence de l'idéologie qui trouve là sa source essentielle et seulement secondairement dans les intérêts de classe réfractés eux-mêmes par les abstractions réelles.

Par le truchement de ces analyses, la première école de Francfort rejoint la critique de l'économie politique, mais sans en avoir toujours clairement conscience. A l'origine de ces hésitations et atermoiements, il y a certainement une conception réductrice et restrictive du capitalisme du XXe siècle. Inspirée par l'économiste le plus influent de l'école, Friedrich Pollock, elle table sur une atténuation des contradictions économiques en raison de l'intervention de l'Etat et partant un affaiblissement de la loi de la valeur. Le fait que ni Horkheimer, ni surtout Adorno n'ont une conception ricardienne de la valeur va les empêcher de parler de disparition de la loi de la valeur (comme le fait Habermas). Chez Adorno, à partir du début des années 60, l'abstraction de l'échange *(Tauschabstraktion)* joue même un rôle de plus en plus central. Pourtant, de façon contradictoire, il est souvent tenté de se tourner vers une sociologie de la domination de facture weberienne pour expliquer les phénomènes dits du totalitarisme. Bien entendu, lorsqu'il parle du nazisme il n'oublie pas de souligner le rôle central de l'antisémitisme. Il analyse toutefois le fonctionnement du pouvoir nazi en termes d'hypertrophie bureaucratique, ce qui lui permet de faire beaucoup de rapprochements avec le régime soviétique. Lui comme Horkheimer pensent d'ailleurs, à partir des années 50, qu'après la chute du nazisme, le communisme et l'Union soviétique représentent le danger principal par rapport au moindre mal que sont les démocraties occidentales. Le moins qu'on puisse dire est que l'on est en face d'une analyse très courte qui ne se donne pas les moyens de percevoir, encore moins de conceptualiser, au-delà des ressemblances, les énormes différences (du point de vue de leur logique de fonctionnement) qui séparent ces régimes. Pour ne parler que d'une seule de ces différences, l'aventurisme guerrier des nazis ne trouve pas son correspondant dans la politique extérieure de l'empire soviétique qui est marquée indéniablement par un certain expansionnisme, mais qui ne cherche le conflit qu'aux marges du monde capitaliste, en utilisant les difficultés de ce dernier.

Lorsque l'institut revient à Francfort au début des années 50, il se conçoit, en toute logique, moins comme une institution conquérante que comme une institution en survie, guettée par beaucoup de dangers. Horkheimer tient même à ce que l'institut s'avance masqué en faisant valoir surtout ses compétences en matière de recherches empiriques, compétences acquises au cours de l'exil américain. Jusqu'à la deuxième moitié des années 60, il interdit même la republication de ses articles majeurs des années 30 et, chose plus étonnante, de la

Dialektik der Anfklärung, œuvre où s'affirme la rupture avec le marxisme traditionnel et qui n'a été éditée en 1947 aux Pays-Bas qu'à un très petit nombre d'exemplaires. Il ne croit pas à une véritable renaissance du mouvement ouvrier, car, pour lui, la classe ouvrière est parfaitement intégrée au système économico-politique. La prudence dont il fait preuve a pour but de lui faciliter des jeux tactiques subtils avec les gouvernants, mais aussi avec certains cercles catholiques de gauche pour occuper et aménager des positions universitaires solides dans le champ des sciences sociales. Il pense que pour une longue période la théorie critique doit être à elle-même sa propre pratique et se faire pratique théorique dans la culture et dans le monde intellectuel. Elle n'a naturellement pas à se désintéresser de la politique : elle doit en particulier forger des instruments théoriques utilisables dans la lutte contre les séquelles du nazisme et contre les tendances récurrentes à la barbarie. Elle n'a pas pour autant à intervenir directement et en permanence dans la politique où les débats sont souvent piégés, avec des enjeux en trompe-l'œil.

Très vite le tacticisme de Horkheimer va être dépassé par le succès inattendu de l'institut et de sa théorie critique. Par rapport à des courants sociologiques qui ont perdu au cours de la période nazie le contact avec les échanges internationaux et n'ont plus participé à des débats et controverses de niveau sérieux, l'institut peut faire preuve d'une grande supériorité technique et intellectuelle qui indispose beaucoup de sociologues. Malgré lui, l'institut est entraîné dans des affrontements institutionnels assez graves et dans des polémiques qui ont de l'écho au-delà des milieux universitaires. L'institut se trouve en outre dépassé par ses succès en milieu étudiant. Les cours, tant en philosophie qu'en sociologie, de Horkheimer et d'Adorno à l'université donnent à des centaines d'étudiants la possibilité d'accéder à Marx, à un Marx qui n'est pas déformé par le matérialisme dialectique des pays de l'Est. Les étudiants d'Adorno, sinon en majorité, du moins en nombre non négligeable, découvrent ou plutôt commencent à découvrir la critique de l'économie politique. Dans la revue des étudiants socialistes *Neue Kritik,* on voit paraître des articles qui s'efforcent de démontrer que la loi de la valeur de Marx n'est pas une loi de la valeur-travail, mais une théorie de la forme valeur des produits du travail. Le *Capital* commence à ne plus être lu selon une clé économiste, mais comme une œuvre complexe, inachevée, qui explore des voies nouvelles pour la connaissance de la société grâce à la conception du fétichisme de la marchandise. Pour ces étudiants qui supportent difficilement le conservatisme obtus des élites politiques d'Allemagne de l'Ouest et la frilosité intellectuelle des universités, l'abstentionnisme politique est de toute évidence inacceptable. Ils vont sommer leurs maîtres de s'engager à leur suite dans des actions politiques contre les autorités établies. Lors des grandes manifestations étudiantes de 1967-1968 contre la guerre américaine au Vietnam et contre le conservatisme autoritaire des institutions le malentendu s'installe entre la direction de l'institut et les étudiants, et au fur et à mesure que le mouvement se développe le malaise s'approfondit jusqu'à conduire à la rupture. La partie la plus radicale du mouvement étudiant reproche au directeur de l'institut, en l'occurrence Adorno (Horkheimer est parti à la retraite en Suisse), de se placer du côté des pouvoirs en place et de soutenir la répression. Adorno de son côté dénonce l'activisme des étudiants, activisme sans conception cohérente de l'action collective et sans perspectives claires, donc sensible aux fausses solutions et aux fausses fenêtres. La théorie critique qui ne veut pas se construire comme théorie de la politique et comme pratique politique même embryonnaire laisse les étudiants à leur désorientation, elle manque son rendez-vous avec un vrai mouvement de masse. Cette jonction devenue impossible fait mesurer toute la distance qui reste à parcourir pour aboutir à une théorie qui transforme les masses.

Un observateur attentif du marxisme français, Daniel Lindenberg, a parlé à son propos de marxisme introuvable. Il a en grande partie raison, mais il ne rend pas tout à fait justice à ceux qui, après la Première Guerre mondiale, ont cherché des voies originales sans se plier aux injonctions des marxismes dominants, celui dogmatique du Parti communiste français, celui sclérosé et déclinant de la Section française de l'Internationale ouvrière (SFIO). Le marxisme indépendant est un vocable qui ne recouvre pas un courant ou une école, mais c'est un terme commode pour parler d'individualités qui ne se satisfont pas d'une «vulgate» marxiste. Une partie importante de ce marxisme indépendant est née de la révolte surréaliste contre l'art et la culture de la bourgeoisie, contre une vie quotidienne insupportable, façon de ne pas vivre plutôt que de vivre. La révolte surréaliste n'est à proprement parler ni théorisée, ni politique, mais elle va produire des ondes de choc dans la théorie comme dans la politique. Les surréalistes, en se cherchant d'autres filiations culturelles que celles communément admises, font des rapprochements inattendus, apportent de nouvelles interprétations sur des auteurs perçus de façon routinière, découvrent de nouveaux objets de réflexion. Ils s'intéressent aussi bien à Hegel qu'aux romantiques allemands, à certains penseurs ésotériques qu'à Freud dans un éclectisme assez désordonné, mais riche d'ouvertures.

L'un d'entre eux, Pierre Naville, qui entend être plus conséquent, adhère au communisme et surtout s'efforce de participer à l'élaboration d'un marxisme rigoureux. Son itinéraire est marqué d'abord par une longue activité d'opposant communiste, au sein du trotskysme, puis de façon indépendante à partir de la Seconde Guerre mondiale. Pierre Naville qui ne sépare pas activité théorique de l'activité militante est, après la guerre, à la recherche de travaux théoriques qui puissent nourrir l'activité militante. Pour cela il se consacre à l'étude des rapports de travail et devient en peu de temps un des sociologues les plus novateurs dans ce domaine. A l'opposé de la sociologie industrielle américaine, il n'analyse pas la satisfaction ou l'insatisfaction au travail ou encore la sociabilité au travail et dans les entreprises; ce qui lui importe, c'est le travail comme rapport social, comme forme d'organisation des activités de production et comme forme d'insertion des travailleurs dans des relations sociales qui les dépassent. Pour Naville, la sociologie du travail ne peut être qu'une sociologie du salariat, non une sociologie des situations de travail concrètes. Non que les activités de travail immédiates soient inintéressantes pour le sociologue, il y a tout simplement que cette immédiateté ne permet pas de saisir toutes les médiations qui relient le travail salarié au système de production capitaliste pris dans son ensemble. Pierre Naville est ainsi en mesure de concevoir la marche au socialisme comme marche vers la suppression du salariat et comme réorganisation de tous les dispositifs et agencements du travail, en prenant par là même ses distances avec les vues économistes sur la construction du socialisme. Dans l'ouvrage sur «les échanges socialistes» qu'il publie en 1974, il donne la priorité à la libération des échanges symboliques et matériels sur la planification, dont il dit d'ailleurs qu'elle est plus sociale qu'économique. Selon lui la production sociale doit tourner autour d'échanges de services généralisés permettant de libérer les valeurs d'usage de la tutelle des valeurs d'échange. Malheureusement, Pierre Naville reste muet sur les processus qui peuvent mener au démontage de la valorisation, en grande partie parce que sa conception du travail abstrait reste incertaine et ne parvient pas à le saisir comme la matière première, arrachée aux travailleurs et conditionnée par-dessus leur tête, des machineries du Capital.

Henri Lefebvre, proche du surréalisme dans sa jeunesse, construit à partir du début des années 30, en marge du parti communiste, une œuvre philosophique, mais aussi sociologique, d'une grande originalité et d'une grande variété. Le marxisme de Lefebvre s'intéresse à des objets peu légitimes aux yeux de l'orthodoxie, la vie quotidienne, l'urbain et le rural, la production de l'espace, les rythmes et les temporalités sociaux, tout cela pour ouvrir la perspective de l'homme total, c'est-à-dire d'individualités qui ne seraient pas dépouillées de l'essentiel de leur vie et d'une grande partie des moyens de l'existence. Lefebvre insiste beaucoup sur le fait que le marxisme ne peut être ramené à quelques schémas sur base et superstructures, rapports de production et forces productives, etc. Il veut un marxisme qui ne soit pas séparable de la réflexion philosophique, plus précisément d'une théorie dialectique qui ne soit pas une simple reprise de la philosophie hégélienne, mais une théorie qui déconstruise les représentations qui renversent le réel et le figent, par exemple les rapports entre les choses en lieu et place des rapports sociaux. En ce sens le fétichisme de la marchandise est partie intégrante de la théorie dialectique. Il est une clé pour pénétrer le monde de l'aliénation et des consciences mystifiées, au niveau du quotidien comme au niveau de la culture globale. Il est aussi une arme contre l'empirisme logique, philosophie par excellence du capitalisme contemporain dans sa façon de privilégier les rapports des formes logiques entre elles au détriment des contenus qu'elles doivent organiser et de l'historicité de ces derniers. Henri Lefebvre ne défend donc pas des lois universelles de la dialectique, mais il y a, selon lui, une universalité de la dialectique en raison même de l'universalité des représentations renversées de la société et du monde. La dialectique n'est pas non plus une ontologie comme dans le «diamat» des Soviétiques; en détruisant les évidences du sens commun comme des formalismes logiques, elle cherche à faire voir et faire vivre autrement les hommes, leurs relations et leur environnement[1]. Henri Lefebvre est sur le seuil d'une dialectique de la destruction des abstractions réelles, mais il ne franchit pas les dernières coudées.

---

1. Dans les très nombreuses publications de Henri Lefebvre de *La conscience mystifiée* (avec Norbert Guterman) à *Logique formelle, logique dialectique*.

Comme on le sait Sartre a eu beaucoup de démêlés avec les marxistes, et cela parce qu'il n'acceptait pas le marxisme tel qu'il était et entendait bien travailler à sa réforme. Ce projet qui est le sien après la Seconde Guerre mondiale est à la fois modeste et ambitieux. Il est d'abord modeste par les limites qu'il se donne dès le départ : les pratiques du mouvement ouvrier et surtout celles du communisme international n'entrent pas vraiment dans le champ de la réforme. Même si Sartre n'est pas toujours satisfait de ce que font les communistes ou l'Union soviétique, il leur attribue un sens pratique sûr dans la lutte des classes. Son projet est toutefois très ambitieux dans la mesure où il pense qu'une réforme intellectuelle, essentiellement théorique, peut bouleverser les conditions de la pratique, très ambitieux aussi dans la mesure où il veut s'attaquer aux racines du marxisme, à ce qui, dans le marxisme, l'a fait aller vers le positivisme. Pour Sartre il ne fait pas de doute que le marxisme, malgré toutes ses proclamations sur la dialectique, en est resté à l'usage de la raison analytique sans jamais parvenir à une véritable intelligibilité des pratiques qui seule mérite la qualification de raison dialectique. Cette dernière est intelligence de la praxis, processus qui ne doit pas être confondu avec de simples interactions entre individus monades. La praxis comme processus n'est pas non plus la simple poursuite d'objectifs à travers des ensembles d'actions stratégiques. Elle est faite avant tout de totalisations temporalisantes comme arrachement à l'extériorité, comme lutte contre le pratico-inerte et dépassement des contre-finalités des pratiques. Ces totalisations, qu'elles soient opérées par des individus ou des groupes, doivent totaliser au présent à partir du passé et totaliser en vue du futur en créant leur temporalité propre. Elles reposent sur la réciprocité et la conflictualité des totalisations les unes par rapport aux autres (ce qui implique la possibilité de détériorations réciproques des totalisations). En revanche, il n'y a pas de totalisation possible du tout de la société, il n'y a qu'une loi d'immanence qui est le lieu d'intériorité réelle et virtuelle de tout avec tout. Dans toute singularité, dans tout événement partiel, il y a l'incarnation de totalisations en cours, de totalisations dans le déchirement qui appellent des médiations. Ce qui décide en fait des formes et des relations sociales, c'est le mode d'articulation et de hiérarchisation des totalisations, tant sur le plan diachronique que sur le plan synchronique, c'est-à-dire les modalités de synthétisation des totalisations qui s'imposent dans une conjoncture donnée. Cette dialectique historique[2] totalisante, mais non totalitaire, car elle ne postule aucun sens de l'histoire, est très impressionnante dans son architecture et par la force de ses démonstrations. Elle ne répond pas toutefois à une question décisive : la dialectique matérialiste, telle que la veut Sartre, peut-elle se contenter de chercher la voie de la libération dans la dé-hiérarchisation des totalisations, dans la réussite de la médiation des déchirures, dans le dépassement des non-significations, dans la relégation du pratico-inerte et des contre-finalités au rang d'obstacles ordinaires ? La conception de Sartre en réalité fait l'impasse sur le fait que totalisation et temporalisation se heurtent aux contraintes pré-établies des abstractions réelles et qu'elles ne peuvent se déployer à partir de leurs seules logiques.

L'école althusserienne est en général tout à fait hostile à la théorie du fétichisme de la marchandise. Jacques Rancière, dans un long texte « Le concept de critique et la critique de l'économie politique des manuscrits de 1844 au *Capital*» dans *Lire le Capital*[3], consacré en grande partie à une tentative de déchiffrement de la critique de l'économie politique du point de vue conceptuel, rejette toute critique anthropologique de l'économie, c'est-à-dire toute critique qui renvoie à une essence humaine bafouée par le capitalisme. La critique anthropologique qui utilise des généralités abstraites aboutit à une non-détermination du domaine économique et à une acceptation implicite des catégories forgées par les économistes classiques et par suite à l'impossibilité de construire une conceptualisation scientifique. Il y a ainsi pour Jacques Rancière trois niveaux d'élaboration théorique : un niveau anthropologique, transcendantal qui ne change rien à rien ; un niveau qui s'en tient au donné immédiat, aux apparences en les parant des attributs d'une réalité indépassable ; un niveau scientifique qui ne s'arrête pas aux catégories comme pures formes d'apparition de l'économie et comme résultantes de la confrontation des subjectivités, mais les rapporte à des logiques de développement spécifiques. C'est dans ce cadre que la théorie du fétichisme permet de saisir la « Wirklichkeit » (la réalité phénoménale) comme constituée de formes de manifestation et simultanément de dissimulation des relations internes de l'économie et des modalités de son fonctionnement. Ce ne sont pas des essences qui sont distordues

---

2. Il faut ici renvoyer à la *Critique de la raison dialectique,* tome II, Paris, 1987.
3. *Lire le Capital,* 1re édition, Paris, 1965.

par les mécanismes du fétichisme: l'illusion fétichiste est tout simplement partie prenante des rapports de production et de circulation des marchandises. Elle est portée par un jeu de formes à la surface de l'économie qui sont autant d'obstacles à la lisibilité et à la visibilité des relations capitalistes. A première vue cette présentation de la théorie du fétichisme par Jacques Rancière semble très proche des vues de Marx dans *Le Capital*. Après examen plus poussé et réflexion, elle apparaît beaucoup plus éloignée et cela sur quelques points essentiels. Jacques Rancière mentionne à plusieurs reprises les notions de sensible-suprasensible et de renversement sans s'apercevoir qu'elles visent des réalités très particulières des rapports de valorisation. Elles cherchent à cerner le fait que des formes de pensée objectivées s'emparent des relations sociales et les dominent. Les relations entre les hommes sont, de ce fait, subordonnées à des choses sociales qui ont leur propre mouvement et se constituent en seconde nature. Le fétichisme, en ce sens, n'est pas simplement un jeu de formes à la surface de l'économie, il imprègne non seulement les modes de perception et le psychisme des individus, mais aussi leurs façons de penser et leurs rapports sociaux de connaissance. C'est pourquoi on ne peut s'en tenir à une opposition réductrice entre idéologie et science, la science ne pouvant être mise en dehors des rapports sociaux de connaissance.

Or, nulle part Jacques Rancière ne s'interroge sur les modalités de production des connaissances scientifiques. Il semble dire, la science, c'est la science et il suffit d'en rester là. A partir de là, la notion même de critique de l'économie politique s'effiloche sous les doigts, elle n'est plus qu'une sorte de coquetterie ou d'ornement, au fond rien de plus qu'une métaphore. C'est bien ce que pense Althusser, pour qui la théorie du fétichisme n'est qu'une parabole comme il l'écrit en 1978[4], une parabole toutefois qui n'est pas innocente, puisqu'elle oriente la réflexion théorique vers de fausses solutions. Le fétichisme tel qu'il est présenté dans les dernières œuvres de Marx n'est en définitive qu'une formulation différente des théories de l'aliénation qu'on trouve chez Hegel et Feuerbach. Il rappelle la théorie de l'aliénation religieuse de Feuerbach comme projection sur un être imaginaire, Dieu, des qualités et des virtualités des hommes et surtout il rappelle la théorie hégélienne de l'aliénation comme absorption de la subjectivité par ses propres objectivations. Comme le montre un tex-

---

4. Voir *Ecrits philosophiques et politiques,* tome I, Paris 1994.

te ancien (1947) «Du contenu dans la pensée de G. W. F. Hegel», Louis Althusser est bien conscient de l'apport hégélien pour contrer le formalisme kantien qui, dit-il, n'a pensé que l'abstraction de la conscience de soi et n'a jamais pu accéder à la plénitude du contenu ; en même temps il montre avec beaucoup de pertinence qu'il ne peut jamais y avoir de concept totalement adéquat à son contenu, donc de contenu absolu (de réconciliation, après beaucoup de déchirements, de la forme et du contenu, de l'esprit humain avec ses activités et ses créations). La pensée ne crée pas de totalités signifiantes, parce qu'elle ne peut pas se penser comme se maîtrisant elle-même et comme maîtrisant la distance ou les distances qu'elle a par rapport à ses objectifs de pensée. Elle ne peut que déplacer sans cesse ses propres frontières en laissant derrière elle d'anciennes théorisations comme des déchets que l'on met au rebut. Althusser dit dans le texte de 1978 que prendre comme point de départ l'abstraction de la valeur (en réalité Marx part de la marchandise) c'est tomber dans l'idéalisme. On serait tenté de lui retourner le compliment et que, malgré les références à la lutte des classes dans la théorie, les conceptions althusseriennes restent largement indécidables (il suffit ici de renvoyer à des notions vagues comme le continent histoire, le procès sans sujet). Marx au contraire dévide l'écheveau de la marchandise comme forme sociale pour en montrer les tenants et aboutissants, pour le déchiffrer comme hiéroglyphe social. Dans la marchandise se condensent et se cristallisent de multiples déterminations à travers lesquelles on peut percevoir comment les activités et les échanges humains se coagulent et s'autonomisent par rapport à ceux qui en sont les supports. Le texte de Marx donne littéralement à voir comment les hommes produisent et reproduisent des dispositifs cognitifs et matériels qui les enferment dans des logiques sociales incontrôlées. C'est pourquoi on peut légitimement se demander si, en déniant toute validité à ces analyses de Marx, Louis Althusser ne s'est pas lui-même créé beaucoup de difficultés pour affronter la crise du marxisme qu'il reconnaît dès la fin des années 70.

Dans le paysage du marxisme français, Guy Debord est une figure très singulière. Membre fondateur de l'Internationale situationniste, il incarne au cours des années 60 un nouveau type de militant politique, celui qui refuse d'entrer dans les jeux habituels de la politique pour élargir le champ de cette dernière, en y incluant en particulier la culture. Mais il est aussi un intellectuel atypique qui veut se tenir à l'écart des circuits universitaires et médiatiques pour éviter toute connivence avec les relations dominantes. Il y a chez Guy Debord une marginalité délibérément assumée, parce qu'elle lui apparaît comme la condition d'une véritable radicalité dans la théorie comme la politique. Il est surtout connu pour son livre *La société du spectacle*: il est à la fois reconnu comme un auteur original et méconnu quant au contenu essentiel de son œuvre. Beaucoup ne voient en lui qu'un théoricien des médias et des images alors que le spectacle dont il parle est le prolongement de la marchandise ou encore la pénétration des rapports marchands dans le monde des représentations. Le spectacle, selon Guy Debord, c'est le rapport social médiatisé par des images, ce qui l'aiguise et l'accentue en tant que rapport qui se détache des hommes. La société du spectacle est, en conséquence, l'inversion concrète de la vie et le mouvement autonome du non-vivant. Pour les hommes il n'y a plus qu'un pseudo-usage de la vie, d'une vie de plus en plus atteinte par la baisse tendancielle de la valeur d'usage. Le service du capital exige des activités débordantes, mais en réalité les comportements sont hypnotiques et hallucinatoires. Il ne peut plus y avoir de véritables rencontres entre les individus qui les uns pour les autres deviennent des interlocuteurs fictifs. Les communications spectaculaires ne peuvent être que des pseudo-communications, des échanges de significations mortes. Le temps et l'espace, conditions nécessaires de toute vie en société, sont, en permanence, expropriés par le capital. Le temps devient un temps marchandise et pseudo-cyclique, un temps confisqué qui n'autorise aucun déploiement libre des individus et de la réflexivité au quotidien. L'espace, quant à lui, est tronçonné, différencié en zones de ségrégation. Il est glaciation des conditions spatiales de la vie sous les dehors de la mobilité. La société du spectacle produit et reproduit sans cesse de la séparation et de la dissociation.

Curieusement dans ce tableau il y a une grande absente, la critique de l'économie politique, et on s'explique mal comment se fait la coagulation des représentations-marchandises. Mais il faut constater que cette absence est voulue par Guy Debord qui écrit[5] que Marx s'est porté sur le terrain en critiquant des disciplines particulières telles que l'économie politique. Guy Debord a raison de critiquer la division intellectuelle du travail comme travail intellectuel de la divi-

---

5. *La société du spectacle,* Paris, 1992, p. 58.

sion, comme pensée de la non-pensée. Il a tort par contre d'oublier lui-même qu'il fait du spectacle le prolongement de la marchandise qui est la forme élémentaire de la richesse et des relations sociales. Or, l'examen critique de la marchandise est très précisément ce qui constitue le soubassement de la critique de l'économie politique. Cette dernière est bien plus qu'une critique des théories économiques, elle est critique de la valorisation capitaliste universelle et de la construction des rapports cognitifs qui en résulte. Le spectacle n'a pas réellement d'autonomie, car il obéit assez strictement aux mouvements de la valorisation, aux conjonctures économiques, culturelles et politiques créées par les impératifs de l'accumulation. Le spectacle brouille les pistes pour transmuer la matérialité concrète des échanges humains en échanges formalisés, voire modélisés afin d'occuper les consciences et les affects. Pour cela il doit perpétuellement se renouveler en vue de donner un caractère «réel» à ses productions, ce trop plein de réalité qui oblige à ne pas voir plus loin[6]. On se tromperait toutefois lourdement si on pensait que la société du spectacle ne produirait que des leurres, des simulations ou des simulacres. Le spectacle peut appuyer sa crédibilité sur le cours des choses, c'est-à-dire la présence envahissante des dispositifs et agencements du capital, au-delà des abstractions réelles, les appareils médiatiques, la culture publicitaire et ses métastases en direction du quotidien et de la culture, la mise à mort de l'art par la marchandisation tendancielle de sa production et de sa consommation, par la multiplication des fondations privées et des foires et commémorations où peuvent s'épanouir le n'importe quoi du post-modernisme et la virtuosité vide des facteurs d'objets pseudo-artistiques. Pour n'avoir pas replacé sa société du spectacle dans ce cadre rigoureux de la critique de l'économie politique, Guy Debord est maintenant victime de bien des récupérations et on se méprend souvent sur son œuvre.

Les marxistes que l'on vient d'examiner n'ont pas, à proprement parler, démérité. Dans leurs œuvres, on peut encore aujourd'hui trouver des théorisations suggestives et originales, un élargissement des thématiques abordées. Ils témoignent du fait que l'impulsion donnée par l'œuvre de Marx continue à faire sentir ses effets. On peut d'ailleurs constater que des éléments des jeunes générations se tournent vers

---

6. Des réflexions dans ce sens dans le livre d'Annie Le Brun, *Du trop de réalité*, Paris 2000.

Marx. Toutefois ce tournant est difficile à prendre parce que Marx est largement devenu un inconnu qu'on affronte avec des grilles de lecture disparates, improvisées. On véhicule beaucoup de clichés dont certains viennent même de vieilles lectures anti-marxistes. Il y a une sorte de Marx par ouï-dire[7], parce que Marx ne fait plus partie de l'horizon culturel et qu'à partir de là, il est difficile de lui poser des questions iconoclastes et novatrices. Les marxistes en Europe, de fait, n'ont pas de postérité, ils ne transmettent aucun flambeau. Cela ne veut pas dire pour autant qu'il faut les oublier et les passer par pertes et profits. Il faut les étudier dans leurs échecs mêmes à communiquer avec certaines des thèses les plus importantes de Marx. Il faut le répéter, ce qu'ils ont fait, écrit n'est pas dérisoire et la réflexion sur leur œuvre est indispensable pour comprendre le XXe siècle. Les débats qu'ils ont eus avec la culture dominante et ses théoriciens restent d'un très grand intérêt. Ils se sont souvent trompés, mais ils ont eu le grand mérite de n'avoir jamais voulu de réconciliation avec l'ordre existant.

Georg Lukàcs, Henri Lefebvre et beaucoup d'autres ont eu tort d'avoir de la complaisance pour l'Union soviétique et les pays du «socialisme réel». Il faut pourtant se garder de poser le problème de leurs erreurs sur un plan strictement moral, car ce serait occulter l'aspect théorique des choses. Ce qu'il faut arriver à montrer, c'est en quoi ils n'ont pas été assez rigoureux dans leurs théorisations, quels décalages on peut déceler chez eux, entre leur œuvre et la critique de l'économie politique. Ce qui est nécessaire, ce n'est pas de distribuer des bons et des mauvais points en regardant de haut un marxisme dépassé, c'est de chercher les terrains théoriques où tout peut se nouer, les malentendus et les contresens, les intuitions non poursuivies et les raisonnements boiteux. Cette lecture soupçonneuse de ce qui ne va pas chez les marxistes n'exclut évidemment pas qu'on prenne en compte les élargissements de thématiques auxquels ils ont procédé par rapport à Marx. Ce travail critique ne peut pas et ne doit pas être un bricolage dans l'hétéroclite, une sorte d'accumulation d'analyses et de concepts hétérogènes pour mieux faire, il doit au contraire être replacé dans une perspective sans cesse enrichie de reprise et de renouvellement de la critique de l'économie politique. Aujourd'hui, dans le cadre d'une société dominée par la production des connaissances, le combat théo-

---

7. Alain-Gérard Slama du *Figaro* attribue, par exemple, la théorie de la loi d'airain des salaires à Marx.

rique doit se mener en priorité au niveau des rapports cognitifs et de ce qui les verrouille et les immunise contre la subversion cognitive et les connaissances déséquilibrantes. La pensée critique doit, donc, être distanciation permanente par rapport au donné, recul devant des formes de pensée figées, comme le voulait Brecht. Cela dit, elle ne peut en rester là : il lui faut saisir les processus de devenir réel de l'imaginaire de la valorisation et de déréalisation des supports de cette valorisation dans une danse complexe de formes d'apparition qui sont en même temps des formes d'occultation. La démarche cognitive dominante relègue tout ce qui la dérange dans les limbes du secondaire, du résidu et surtout du psychologique, elle naturalise ce qui est suite d'opérations sociales. L'effectif, le réel, ce sont les connaissances qui permettent de prendre part à la folle course de la valorisation, le trop peu de réel, ce sont les scories cognitives, les faux frais de la connaissance pour conformer l'individu à ce qui l'entraîne.

La critique de l'économie politique est intervention dans ce champ de contradictions refoulées pour les faire apparaître. Elle ne néglige rien dans l'univers symbolique, qu'il s'agisse de la sphère théorique ou de la sphère du quotidien. Dans ces différentes sphères, elle traque la soumission des processus de pensée aux processus de valorisation, que cette soumission soit directe (la pensée économique dominante) ou indirecte par l'acceptation de l'état du monde comme un peu réformable, mais en tout cas inévitable. Elle entend bien débusquer l'illiberté sous les masques de la liberté, cette compulsion à agir, à se plonger dans les nouveautés de la valorisation, à se fondre dans les conjonctures économiques, politiques et culturelles, pour en tirer des conclusions définitives (provisoirement). Cette normalité intellectuelle qui est processus de normalisation doit être décryptée dans tout ce qu'elle a d'insupportable pour les souffrances qu'elle engendre, pour toutes les mutilations dont elle est porteuse. Elle polarise effectivement l'humanité entre ceux qui sont les profiteurs de la valorisation et enfle un ego qui se nourrit du labeur et de la peine des autres, et ceux qui sont victimes de la valorisation et doivent se déprécier eux-mêmes. Elle est polarisation entre dominants et dominés, exploiteurs et exploités, entre peuples dominants et peuples dominés et *last but not least* entre femmes et hommes, entre sexuellement dominants et sexuellement dominés.

Ces formes d'oppression sont multiples, elles se croisent, se combinent et ne peuvent en aucun cas être cernées par des schémas dichotomiques. Elles relèvent plutôt de ce que Foucault appelle une microphysique du pouvoir. Mais la critique de l'économie politique permet d'aller plus loin et de ne pas en rester seulement à l'idée de dispositifs disciplinaires et de contrôle. La microphysique du pouvoir doit aussi comprendre des dispositifs cognitifs (superposés aux dispositifs coercitifs) qui sont à la fois des systèmes de disposition inscrits dans les groupes et les individus et des dispositifs de diffusion d'informations et des schémas d'interprétation de la réalité sociale. A travers eux, les leaders d'opinion, les porteurs d'analyse des situations, les formateurs (non formels) trouvent les moyens de prendre position par rapport aux événements et aux conjonctures et par rapport aux grands agencements culturels (médias, lieux d'échanges cognitifs, systèmes de formation formalisés, etc.).

Les processus cognitifs qui résultent de ces confrontations sont conjointement capillaires et globaux, capillaires car ils sont faits de myriades d'expressions et de comportements individuels, globaux car ils ne peuvent pas ne pas refléter les mouvements de la valorisation dans leur apparente irrésistibilité. Derrière une façade de grande spontanéité, les dispositifs cognitifs engendrent beaucoup de rigidités dans la production et les relations de connaissance. La circulation des analyses, des idées est, certes, fluide et rapide, cela ne l'empêche pas, néanmoins, d'être fortement hiérarchisée: les mots, les ensembles d'arguments, les savoirs n'ont pas le même poids, la même portée suivant la contribution qu'ils apportent à la valorisation comme dynamique sociale. Ce sont le succès, la réussite qui fournissent très largement les critères de jugement des vues sur le monde, des théories et des pratiques cognitives. Les joutes cognitives n'ont pratiquement jamais pour enjeux des problèmes de connaissance pure et désintéressée, mais, même lorsqu'il s'agit de science, des objectifs qui défendent ou cherchent à acquérir des positions dans les relations sociales. S'il y a bien quelque chose comme des connaissances qui ne sont pas éphémères et purement utilitaires, cela tient au fait qu'elles sont plus formalisées que d'autres et que les joutes auxquelles elles donnent lieu sont d'un type particulier (les enjeux socio-économiques sont réfractés par des enjeux de domination des processus naturels).

La force des connaissances produites dans ces conditions est de se présenter comme évidentes. Elles ont effectivement les apparences du donné incontestable, du fait accompli, qu'on ne peut remettre en question sous peine d'être sanctionné par l'insuccès, l'échec voire la relégation sociale. Mais l'exercice de la raison dans un tel contexte est très problématique dans la mesure où il n'a pas de distance par rapport à ce qui est fait immédiatement, dans la mesure où il n'est accompagné d'aucune réflexivité véritable par rapport à ses conditions sociales d'exercice. La raison devient fétichiste de ses propres usages dans lesquels elle voit sa propre justification. Elle se croit en pleine possession des objets, sans réaliser qu'avant d'être manifestation des pouvoirs de l'intelligence en général, elle est mainmise des logiques de la valorisation sur ses activités, notamment sur les opérations d'adaptation des moyens aux fins et d'adaptation des fins aux moyens auxquelles procède l'intellect. Sans doute, la raison ne se laisse-t-elle jamais totalement enfermer dans des pratiques utilitaires au service de la valorisation, elle est souvent poussée vers d'autres relations entre les individus et vers d'autres relations aux choses. Mais les poussées, les aspirations qui vont dans cette direction n'arrivent pas à se totaliser, à s'articuler les unes aux autres. Elles restent discontinues, fragmentaires, elles retombent vite comme des totalisations qui sont restées à mi-chemin. Au contraire, les totalisations qui se font jour sous l'égide de la valorisation et à l'ombre des abstractions réelles peuvent se faire en continu, dans la téléologie de l'accumulation du capital, téléologie d'autant plus irrésistible qu'elle n'a pas de but assignable et qu'elle n'a pas d'égards pour ceux qui ne la servent pas.

Il est, en conséquence, parfaitement oiseux de penser que les mouvements de la valorisation et leurs modulations techniques diverses produiraient, par on ne sait quelle main invisible aux effets positifs, des subjectivités virtuellement libres et qui ne demanderaient qu'à mettre fin à l'oppression dont elles souffrent. Les développements de la technique montrent qu'il devrait être possible de vivre autrement, ils n'indiquent pas les voies à suivre pour y parvenir. Les puissances qui s'exercent dans la production, qu'elles soient sociales ou intellectuelles, font sans cesse reculer les limites des résultats que l'on peut obtenir dans le domaine des services comme dans le domaine matériel, dans le domaine scientifique comme dans celui de l'application des sciences. Elles ne deviennent pas pour autant les puissances de la multitude (au sens spinozien). Pour que tout cela change, il est indispensable d'opérer un renversement indissolublement lié à des luttes politiques d'un nouveau type. Il faut voir, dire et combattre les rapports sociaux autrement. Les textes que l'on va lire sont des tentatives pour déblayer cette voie de penser autrement.

I. MARX, CE MÉCONNU

1. LA RÉSISTANCE ET LA REPRISE DE LA DIALECTIQUE

On le sait, la systématicité hégélienne voulait saisir dans son appareil conceptuel la dynamique de son époque. Le système tel qu'il était consigné dans les grandes œuvres de la maturité, de la *Phénoménologie de l'esprit* à l'*Encyclopédie* en passant par les cours de Berlin, se voulait à la fois récapitulatif, cumulatif et prospectif. Il résumait dans l'histoire des systèmes philosophiques et dans l'explication de leur succession l'évolution et la progression de l'esprit humain. En même temps il annonçait une ère nouvelle, celle du Savoir absolu, caractérisée par l'accession à la vérité et à la liberté. Il y avait une certaine ivresse hégélienne dans l'affirmation d'une telle ambition mais aussi beaucoup de sérénité dans la mesure où Hegel était parfaitement conscient du caractère novateur de son travail et de sa capacité à dépasser certaines difficultés de l'idéalisme allemand. La systémacité hégélienne se voulait dépassement de la métaphysique et du dogmatisme philosophique. Elle tenait à se présenter comme ouverture à une nouvelle pratique de la philosophie, une pratique qui serait aussi intervention prudente, mais rigoureuse dans les domaines de la politique, de la religion, pour y faire progresser la vérité et la liberté.

Apparemment l'entreprise hégélienne, dans sa démesure, s'est révélée un échec. Peu de temps après la mort du philosophe, l'école hégélienne se scinde en courants rivaux qui prennent peu à peu leur distance avec les élaborations théoriques du maître. La gauche hégélienne (D. Strauss, A. Ruge, B. Bauer et *alii*) met en question les conceptions politiques et religieuses de Hegel comme par trop conservatrices. Elle se consacre en conséquence à la critique de la religion et cherche à développer une théorie de la démocratie radicale qui s'éloigne très vite des *Principes de la philosophie du droit*. La droite et le centre hégéliens, confrontés à beaucoup d'hostilité du côté des autorités universitaires et politiques, interprètent en l'édulcorant l'héritage qu'on leur a laissé. On voit également se multiplier les détracteurs et les réfutations des thèses hégéliennes dans les milieux intellectuels. La systémacité hégélienne se désagrège et beaucoup, en Allemagne et ailleurs, sont portés à croire qu'elle n'a plus qu'un intérêt rétrospectif.

Pourtant, il y a des éléments de victoire dans cette défaite : tout le champ de la philosophie est, en réalité, bouleversé par le passage de la systémacité hégélienne et par les discussions qui en résultent. Pour faire œuvre de philosophe il faut dorénavant s'opposer à Hegel, le reprendre partiellement ou encore chercher à le dépasser en lui assignant une place dans de nouveaux développements philosophiques. On l'apostrophe, on le dénonce, on le repousse, mais cela n'empêche pas que des courants néo-hégéliens naissent un peu partout dans le monde occidental. Au sein de la mouvance qui se dit marxiste, les affrontements autour de l'héritage hégélien légué par un Marx à la fois fasciné et perplexe sont par ailleurs incessants. De Nietzsche à Kierkegaard en passant par Trendelenburg et F. A. Lange on n'en finit pas de faire les comptes avec Hegel. Comme le montre très bien François Chatelet, le philosophe souabe a donné une telle force à son discours philosophique sur la modernité qu'il devient impossible d'ignorer sa présence dans le champ théorique.

Ces considérations, que l'on peut faire à la fin du XIXe siècle et au début du XXe siècle, peuvent être répétées pour la période qui va de la révolution d'Octobre à nos jours. Il y a sans doute des attaques violentes et des critiques qui se veulent définitives, celles, par exemple, d'une rare grossièreté d'un Karl Popper *(La société ouverte et ses ennemis)* contre un prétendu totalitarisme hégélien, mais elles n'arrivent pas à recouvrir les écrits de tous ceux qui prennent très au sérieux les textes de Hegel. Il est, en particulier, frappant de constater que c'est le Hegel de la *Science de la Logique* (avec celui de la

Phénoménologie de l'Esprit) qui attire le plus l'attention. A cela il y a de bonnes raisons : la dialectique hégélienne n'est pas une logique au sens ordinaire du terme (relevant d'une formalisation de type mathématique), elle n'est pas non plus une méthode pour un bon usage de la raison. Elle est, en réalité, beaucoup plus, à la fois exploration des processus de pensée, découverte des obstacles que la connaissance doit franchir pour savoir ce qu'elle fait, épuration progressive du langage pour parvenir au pur penser, élucidation des rapports entre le discours dialectique et le monde. La dialectique relève donc d'un véritable activisme cognitif qui cherche à secouer toutes les tiédeurs, toutes les paresses dans les processus de connaissance, en montrant, ce qui est capital, que le penser pur est autodéveloppement du contenu dans une processualité infinie.

Il y a, certes, un idéalisme hégélien, celui de l'idée absolue, mais cela ne suffit pas à disqualifier l'effort prodigieux de la *Science de la logique* pour dépasser la scission entre pensée et objets de connaissance ainsi que le statique des théories traditionnelles de la connaissance. Le discours spéculatif de Hegel n'est pas un discours a-critique. Il est tout au contraire un discours critique qui cherche à dissiper des illusions, à pourchasser des aveuglements, en procédant notamment à une critique systématique de la représentation. Fondée sur l'intuition sensible, la représentation ne met pas vraiment le sujet en relation avec l'objet. Elle institue entre eux une sorte de non-rapport d'indifférence et se contente de ce qui est immédiatement donné et se présente comme une concrétion extérieure qui ne concerne pas directement le penser. En d'autres termes, le penser n'est pas activité authentique, mais un ensemble d'opérations mentales dans la tête du sujet pour saisir et refléter le monde objectif. Comme le dit Hegel, la connaissance semble n'avoir aucune relation avec l'exister, elle repose sur une ontologie fixiste qui creuse un abîme entre le sujet et son monde. La représentation donne l'impression que le sujet s'approprie l'objet, en fait elle maintient à distance ce dernier, dans l'illusion de la proximité.

C'est pourquoi le discours spéculatif doit être un discours de rupture avec la représentation et avec le langage représentatif. Il doit être déploiement du caractère processuel de la connaissance et se manifester comme le travail d'un connaître qui est aussi vouloir, transformation des relations entre le sujet et l'objet, mais aussi transformation du sujet et de l'objet. La dialectique ne doit donc pas être confondue avec une logique formalisée d'un nouveau genre qui serait supérieure à la logique métaphysique ancienne grâce à une formalisation supérieure. La dialectique rompt avec le formalisme parce qu'elle modifie de façon processuelle forme et contenu des objets de connaissance. Elle est une façon autre de penser et une production d'un langage de la conceptualité qui va de l'abstrait (l'intuition sensible, la représentation) au concret (le concept). Elle ne dissipe pas des apparences pour retrouver un *substratum* qui serait un fondement solide de la connaissance. Elle permet au contraire de passer, grâce à des médiations, de relations pauvres à l'objectivité, à des relations plus riches (l'universel concret). Comme le dit Hegel, le fondement c'est le résultat, c'est-à-dire la conceptualité riche et concrète qui trouve son origine dans l'autoproduction du concept. A l'évidence, le concept ne peut plus être conçu comme une représentation mentale abstraite de l'objet, mais bien plutôt comme un ensemble dynamique de relations et de procès dialectiques, fort de multiples déterminations.

Dans ce cadre, la vérité ne peut plus être l'accord entre l'intellect et la chose (accord entre la représentation et l'objet), elle ne peut être que la vérité du processus conceptuel, la production de la liberté de l'esprit par l'autoproduction du concept. Il ne peut en effet y avoir de vérité sans liberté et vice versa, parce que la vérité doit être rapport adéquat au monde et parce que la liberté de l'esprit ne peut être réduite au libre arbitre, mais comporte une dimension de respect de la vérité. Cette réciprocité de vérité et liberté montre bien, en définitive, que la dialectique est éminemment pratique, c'est-à-dire doit dépasser la division kantienne entre raison pure et raison pratique pour trouver la voie de l'auto-accomplissement du sujet dans l'idée absolue. La dialectique, en ce sens, met fin à l'idée de la philosophie comme contemplation, comme réflexion sur l'activité. La philosophie selon Hegel est activité pure, arrachement aux politiques dictées par le sens commun *(gemeiner Menschenverstand)* et par l'entendement. Elle est, par suite, pratique pour la transformation des hommes et du monde. Avec un bel optimisme, il parle, dans la préface de 1812 à la *Wissenschaft der Logik,* de transformation générale, de fermentation des esprits. Hegel fait bien une philosophie de l'esprit, mais celle-ci n'exclut pas que l'esprit puisse avoir des liens avec la cité. La *Philosophie du droit* en ce sens n'est pas si éloignée de la dialectique exposée dans l'*Encyclopédie* et la *Phénoménologie*.

Dans la préface à la *Philosophie du droit,* Hegel dit très clairement que la science de l'Etat n'est autre chose qu'une tentative pour conceptualiser et représenter l'Etat dans sa rationalité (*Philosophie des Rechts,* 1972, p. 12), ce qui veut dire déployer l'Etat dans l'ensemble de ses moments comme conduisant à la réalité de la morale objective *(Sittlichkeit)* et à la liberté. L'Etat est donc un moment d'effectuation de la Raison qui ne peut se priver de l'éclairage de la philosophie et de sa quête de la vérité et de la liberté. Dans l'article 360 qui termine la *Philosophie du droit,* Hegel dit sa conviction que le présent est en train de se débarrasser de la barbarie et de l'arbitraire contraire du droit du passé (*Philosophie des Rechts,* p. 302). C'est pourquoi il ne faut pas opposer au retard que peut prendre l'effectuation du rationnel dans l'Etat le devoir être, c'est-à-dire un universel abstrait, mais bien l'élucidation des contradictions qui sont à l'œuvre dans la société civile et dans les relations entre cette dernière et l'Etat. Pour arriver au règne de la loi et de la morale objective de la communauté politique il n'y a pas à faire appel au sentiment *(Gemüt)* ou à des conceptions pathétiques du peuple, mais à effectuer un patient travail de réformes, pour permettre notamment la transformation des intérêts de la société civile par la représentation politique et l'intervention de l'Etat. C'est, par suite, un contresens de faire de Hegel un apologète de l'Etat prussien sous sa forme réactionnaire. Dans des travaux d'une très grande érudition, Domenico Losurdo (notamment *Hegel und das deutsche Erbe,* 1989) montre très bien qu'il faut situer Hegel dans le prolongement des réformateurs comme Stein, Hardenberg, Scharnhorst et *alii.* On peut d'ailleurs ajouter que, selon Hegel, la philosophie n'a pas le droit de se désintéresser de ce qui se passe au niveau de l'Etat, si l'on prend au sérieux l'effectuation de la vérité et de la liberté (cf. à ce sujet Hans Friedrich Fulda, 1968).

Cela dit, il faut toutefois faire remarquer que le réformisme politique hégélien et le magistère de sa philosophie ont été rapidement mis en échec. Très peu de temps après la mort du philosophe, l'Etat prussien dévoile très vite son caractère réactionnaire et va s'illustrer en écrasant la révolution de 1848 en Allemagne. Hegel a vu ou cru discerner dans la réalité étatique de son temps (dans l'Etat napoléonien et dans l'Etat prussien) des tendances qui n'y étaient pas présentes. La rationalité pratiquée par la bureaucratie prussienne n'avait en fait pas grand-chose à voir avec la raison hégélienne. De ce point de vue, les reproches faits par le jeune Marx dans son commentaire de la *Philosophie du droit* de Hegel ne peuvent pas être pris à la légère. Sans doute, Marx est-il parfois injuste en expliquant qu'il y a préséance du logique sur le réel dans la réflexion hégélienne, mais il touche un point capital, lorsqu'il incrimine dans la philosophie hégélienne de l'Etat des passages non maîtrisés d'un matérialisme rassis (l'acceptation a-critique de situations de fait) à un spiritualisme[1] vite satisfait en accordant des brevets de rationalité à ce qui reste marqué par la scission, le déchirement et la contradiction. La raison hégélienne se voit à l'œuvre, c'est-à-dire en marche vers la réconciliation, là où il y a des oppositions fondamentales. L'Etat et la représentation politique permettent sans doute la réalisation d'une communauté de citoyens qui concilie des intérêts divergents, contient beaucoup de conflits et peut donc se prévaloir d'une certaine rationalité. Mais cette rationalité n'a pas l'universalité que lui attribue Hegel, elle reste profondément liée aux particularismes de la société civile et à ce système de l'atomistique qu'il décrit si bien. La réalité de l'Etat se trouve transfigurée, ce qui fait de l'esprit objectif un dispositif de compromis avec une réalité problématique (de façon significative Hegel se prononce contre la démocratie politique).

Il est par conséquent indispensable de se demander ce qui peut être à l'origine de telles défaillances, et pour cela examiner de plus près les fondations de la dialectique. Comme on le sait Hegel se prononce avec véhémence contre la dualité du connaître et de son objet : la connaissance n'est pas séparable de la découverte et de la constitution de l'objectivité. Le sujet connaissant (qui ne doit pas être confondu avec le sujet empirique) n'est en effet pas une sorte de chambre d'enregistrement, mais bien une connaissance en acte et se constitue lui-même en produisant l'objectivité. Le réel n'est jamais donné comme tel, il doit être posé dans la processualité des formes conceptuelles et Hegel peut même soutenir que l'objectivité est un moment médian du développement du concept. En d'autres termes, la connaissance détruit l'immédiateté, la solidité apparente des « choses » pour produire des choses pensées plus riches et plus complexes, pour déployer des champs d'action plus structurés. Il n'y aurait, semble-t-il, rien à redire à ces opérations dialectiques de totalisation, si elles ne se donnaient pour la totalisation du réel, plus

---

[1]. Voir Karl Marx, « Zur Kritik des hegelschen Staatsrechts » in *Hegel Grundlinien der Philosophie des Rechts*, 1972, pp. 502-503.

précisément pour l'unité du concept et du réel. Il n'y a pas d'être transréflexif qui échapperait à la juridiction de la processualité, soutient en fait Hegel. Or, si l'on peut admettre qu'il n'y a pas à déterminer *a priori* des frontières pour la connaissance, il faut faire remarquer qu'il y a donné dans l'intuition sensible du pré-réflexif, de l'être irréductible par les procès de connaissance, même s'il ne peut être saisi de façon immédiate et se présente surtout comme obstacle, comme absence de fondement. Tout ne peut être moment de passage vers une idée absolue qui s'approprierait tous ses présupposés pour se poser elle-même (cf. Manfred Frank, 1992).

Cette voracité dialectique n'est évidemment pas innocente. Elle exprime une relation à l'objectivité d'absorption et d'assimilation, hantée par l'idée d'une maîtrise du monde par le sujet logico-dialectique. L'esprit comme négativité, comme production de l'identité et de la différence, est censé, dans sa trajectoire, ramener le fini de l'entendement et de la représentation à l'infini de la raison. Le fini, fruit de la connaissance représentative (non spéculative), est ainsi néantisé comme mode de passage vers le concept et il n'est plus que l'autre ou la différence de l'infini, c'est-à-dire de l'infini postulé de l'esprit du genre humain. Cette réduction-mise en tutelle du fini, ce passage rapide par la détresse de la finitude, revient en fait à une dévalorisation du monde objectif et à une surévaluation de la subjectivité comme activité pure. On l'a dit, le sujet logico-dialectiqe n'est pas le sujet empirique, mais il n'est pas désincarné complètement. On ne risque guère de se tromper en avançant que c'est le sujet de l'individualisme possessif. Certes, le sujet logico-dialectique n'a pas une âme de propriétaire, mais sa relation à la vérité et à la liberté est une relation de possession à travers la dynamique de l'autoproduction. En épurant le langage de ses scories représentatives, en effectuant la conceptualisation, le sujet logico-dialectique s'approprie le réel en se faisant vérité et en se faisant liberté dans le penser pur comme agir pur.

Le revers de la médaille, c'est que cet agir pur, fondement de la vérité et de la liberté, ne thématise pas ses relations avec ses autres, le travail et les dispositifs de pouvoir ou opérateurs de domination, qui organisent l'agir dans la société. Il serait, bien entendu, faux d'affirmer que Hegel se désintéresse totalement de ces problèmes. Dans *Les Principes de la Philosophie du droit*, ils sont particulièrement présents (voir en particulier les passages sur la société civile ou bourgeoise). Le travail y est caractérisé par ses limites, par son abstraction et par la dépendance qu'il impose aux individus (voir les paragraphes 197, 198, 243, 244 et 245). Il est partie prenante, en outre, du système des besoins, comme domaine de la particularité, et ce n'est sans doute pas trop solliciter les textes que faire du travail une sorte de précondition de l'agir pur de l'esprit. Le travail comme être autre du pur penser ne voit pas sa différence avec ce dernier abolie, pour parler en termes hégéliens. Hegel présuppose ainsi que la vérité et la liberté de l'agir pur peuvent se construire sur la non-liberté du travail (ici, le travail salarié) en admettant implicitement qu'une partie importante de la société ne peut accéder à l'agir pur (il lui reste la religion comme philosophie de second rang). Des considérations du même ordre peuvent être faites à propos de l'organisation des pouvoirs dans la société. Hegel ne dissimule pas qu'il faut beaucoup de contrainte pour contenir les conflits de la société civile et que cela impose beaucoup de limites à l'agir et au champ d'action de beaucoup d'individus (particulièrement pour ceux qui ne sont pas propriétaires), mais, dans ce domaine aussi, il s'accommode de cette « mauvaise » réalité, sans voir que cela a des conséquences graves pour le penser pur comme pour l'agir pur.

En effet si le penser pur est un agir, il ne peut se disjoindre, se séparer des autres moments et formes de l'agir sous peine d'appauvrir, voire d'infirmer son effectuation et sa conceptualisation du réel. Dans le travail de la dialectique il ne devrait pas y avoir de laissés-pour-compte et son tranchant critique ne devrait pas contourner des pans entiers d'un réel effectuable. La raison hégélienne, par ces pratiques de mise à l'écart, se mutile donc et devient elle-même mutilante en se soumettant à ce qui est essentiel pour les divisions de l'agir : la division sociale du travail et particulièrement une de ses modulations, la cristallisation de l'intellectualité dans des secteurs bien déterminés de la société. La raison, portée par des intellectuels spécialisés dans le penser, est largement détachée de ses présuppositions matérielles : elle peut se donner à bon compte pour une négativité illimitée ou infinie de l'esprit qui exerce sa puissance sur le monde. Le fantasme du démiurge, de la toute-puissance qui travaille la subjectivité de l'ère bourgeoise, s'infiltre ainsi subrepticement dans le penser. Et l'on voit bien les effets désastreux que cela peut avoir sur quelqu'un comme Hegel qui n'est pas au clair sur les problèmes de l'objectivité. L'infini de la raison n'est pas analysé comme négativité indéterminée qui devient finie lorsqu'elle se détermine, mais comme puissance infinie : le fini n'a évidemment plus qu'à bien se tenir.

Encore une fois il ne s'agit pas de faire de Hegel un adorateur de l'état de choses existant, mais de comprendre qu'il y a ambiguïté ou ambivalence des passages dialectiques. Le dépassement processuel de la séparation entre connaître et réalité est souvent obéré par une critique trop courte du donné immédiat et par un déploiement trop limité des contradictions du fini. La dialectique a tendance à tourner sur elle-même, à se faire autoréférentielle alors qu'elle se dit et se veut extraversion, plongée et immersion dans le réel. En fait, elle tend à se manifester comme autorelation de la raison (voir à ce sujet le livre de Michael Theunissen, *Sein und Schein*, 1978) et à devenir monologique. Cela est d'autant plus vrai que le sujet logico-dialectique, marqué comme on l'a vu par l'individualisme possessif, a lui-même du mal à prendre en compte la dimension de l'altérité et à faire place à sa différence, parce que l'agir est vu essentiellement sous l'angle téléologique et beaucoup moins comme un interagir multidimensionnel. L'esprit dialogue surtout avec lui-même, revient sans cesse à lui-même dans toutes les sursomptions qu'il met en œuvre. La dialectique hégélienne se dévoile être, par là, une dialectique de la transfiguration et de la transposition. Alors qu'elle se veut déstabilisante, elle produit des effets de stabilisation en soumettant la processualité conceptuelle à l'idée absolue, c'est-à-dire à une subsomption idéelle qui absolutise l'esprit humain sous la forme qu'il prend dans l'ère bourgeoise et lui subordonne le penser en gommant ses impuretés. A ce niveau, l'autocritique du penser présent comme intention dans la conceptualisation hégélienne tend à s'évanouir complètement.

Faut-il alors de nouveau exorciser, après tant d'autres, la dialectique hégélienne ou alors tenter de la penser au-delà d'elle-même et contre elle-même? Il faut d'abord noter qu'il n'y a pas à prendre l'œuvre de Hegel comme un monolithe, malgré sa systématicité. L'ampleur même de son ambition, produire une dialectique objective et critique qui permette d'entrer de plain-pied dans l'époque contemporaine et de saisir sa modernité, l'a exposé effectivement à bien des risques et à tomber dans bien des pièges. Mais on serait tenté de dire que cela constitue aussi un aspect majeur de son œuvre dans la mesure où les dérapages et les errances hégéliens qui ne relèvent pas de l'arbitraire peuvent fournir des indications précieuses pour une refonte ou une réforme de la dialectique. S'interroger sur la construction de l'objectivité chez Hegel, c'est se donner des moyens de mieux penser l'objectivité aujourd'hui dans un contexte où elle est particulièrement problématique. S'interroger sur la notion de critique chez Hegel, c'est tenter d'éclairer les conditions d'une prise de distance par rapport au donné et par rapport à l'unilatéralité des catégories produites spontanément dans l'agir. S'interroger sur les limites des conceptions hégéliennes de la vérité et de la liberté, c'est chercher à comprendre pourquoi la société occidentale contemporaine est mise en échec face à ces problèmes fondamentaux.

Adorno, certainement un des lecteurs les plus attentifs de Hegel, s'est efforcé de montrer que la dialectique ne pouvait être sauvée que si on en faisait une dialectique négative, c'est-à-dire une dialectique de la déstabilisation et de la désagrégation. Il s'agit en quelque sorte d'étendre la critique hégélienne de l'entendement aux identités et aux identifications produites par la conceptualisation. Comme le dit Adorno dans *Minima Moralia,* il faut penser en même temps dialectiquement et non dialectiquement, c'est-à-dire penser le moment de l'annulation des différences comme devant être suivi du moment de la déconstruction des fausses identifications. Adorno insiste beaucoup sur le fait que l'objectivité construite dans la dialectique hégélienne est une fausse objectivité construite à partir de relations d'ignorance et de domination à la nature (et par contrecoup à la nature humaine). L'objectivité est fausse parce que la subjectivité a des relations unilatérales, de méconnaissance avec le monde objectif et parce que la subjectivité est elle-même prisonnière d'activités unilatéralement orientées vers sa propre instrumentalisation au service de la valorisation (du travail et des produits du travail). Aussi bien le discours hégélien, malgré sa méfiance devant les cristallisations ontologiques, reste-t-il lui aussi pris dans les filets d'un objectivisme et d'un subjectivisme inconscients dans la mesure où il ne s'assure pas que le penser pur est bien libre par rapport à un agir captif. Comme le dit encore Adorno, il faut penser avec le concept contre le concept et surtout se garder de croire que la négation de la négation dans la conceptualisation peut être porteuse de quelque chose de positif. Le mouvement de totalisation par la pensée ne produit pas spontanément le vrai, mais plutôt le non-vrai *(« Das Ganze ist das Unwahre »)* et il n'est pas non plus manifestation de liberté, mais plutôt enfermement de l'esprit dans les exigences de maîtrise totale du sujet.

C'est pourquoi il faut, selon Adorno, s'engager dans une réflexion seconde, postconceptuelle (cf. *Negative Dialektik,* 1966, p. 199) qui brise la suprématie apparente de la pensée sur son autre parce qu'elle-même est toujours autre. Il n'y a pas de fossé ontologique entre le penser comme abstraction suprême de l'activité et les activités des sujets réels, donc pas de fossé non plus entre esprit et travail. La réflexion seconde doit, en quelque sorte, reprendre tous les moments de sursomption *(«Aufhebungen»)* pour y découvrir leur fausse positivité, pour faire apparaître le non-identique sous l'identité forcée. Elle est détotalisation pour libérer l'objectivité en tant qu'elle est non identique aux projections du sujet et pour briser l'isolement de ce dernier dans le monde des fausses identifications. La dialectique de la vérité et de la liberté est par conséquent une dialectique de la libération, de la libération simultanée de l'objectivité et de la subjectivité. Dans le cadre de cette dialectique, l'objectivité (ou le non-identique) a la préséance, non pas en raison d'une quelconque priorité ontologique, mais parce que le sujet doit se défendre de tout absolutisme et reconnaître la part de non-moi qu'il y a dans son moi (les médiations). La dialectique négative ne renonce en aucun cas au projet hégélien de dialectique objective, mais elle cherche à le réaliser en mettant en question le trop-plein de l'esprit.

La dialectique négative, telle que la théorise Adorno, ne reconnaît évidemment aucun privilège au discours philosophique, que ce soit celui de la *philosophia perennis* ou celui de la science hégélienne, critique de l'héritage métaphysique. La dialectique négative se veut autocritique de la philosophie pour la pratiquer autrement et, pour cela, elle ne peut pas ne pas se poser la question du statut du penser pur hégélien et de son langage. Qu'on ne se méprenne pas, il ne s'agit pas d'incriminer les obscurités du langage hégélien (encore moins de rejeter *a priori* le projet d'une dialectique critique de l'entendement), mais bien de vérifier sa pertinence et les modalités de son effectivité, de cerner ce qu'il peut dire et ne pas dire. Dans son livre *Hegels Dialektik,* 1980, Hans Georg Gadamer, esprit pourtant assez éloigné d'Adorno, fait observer que le langage épuré de Hegel, malgré sa souplesse et sa richesse, se ferme aux équivoques et au foisonnement du langage naturel (bien qu'étant lui-même issu du langage naturel). La production symbolique, l'invention qui s'expriment dans les changements incessants des parlers et des pratiques langagières peuvent parfois servir d'illustrations au discours hégélien, elles ne trouvent pratiquement jamais une place dans les questionnements décisifs de la philosophie. Tout se passe donc comme si les représentations issues du sensible et de l'entendement n'étaient pas travaillées et dérangées dans leur bon ordre par de l'imaginaire, par du sensible excédentaire, et arrivaient à circonscrire le réel (bien qu'avec de mauvaises méthodes).

On est ainsi placé devant un paradoxe. Hegel veut par le truchement de la processualité dialectique (effectuation de la vérité et de la liberté) ouvrir la voie à un élargissement des pratiques humaines, mais en même temps il prive la conceptualisation de matériaux essentiels qui mettent en question les différenciations et les identifications rigides à l'œuvre dans la société et le langage. De ce point de vue, il est très significatif qu'il n'accorde aucune valeur de subversion des catégorisations de l'entendement à l'art, et attribue une place tout à fait secondaire à l'expressivité artistique dans les pratiques individuelles et sociales. A ses yeux, elle ne semble pas avoir la capacité de secouer la familiarité du monde de l'entendement et d'infliger des démentis à des systèmes de représentation. Cette dé-sensibilisation du penser (qui traduit une assez grande méfiance devant la *mimesis*) est particulièrement frappante dans le traitement du fini et de l'infini. Dans la logique (cf. *Wissenschaft der Logik,* tome I, 1986, pp. 141-165) la critique de l'immédiateté du fini est fondamentalement une critique de sa limitation et de son rapport au mauvais infini comme confrontation abstraite. Elle ne s'intéresse pas à la façon dont le fini est donné dans ses relations à l'objectivité et à la subjectivité, et comment la médiation de ce donné pourrait faire apparaître de la différence et du non-identique jusqu'alors enfouis dans le fini lui-même.

La transgression des déterminations de l'entendement dans le contexte devient ainsi éloignement par rapport à des présuppositions ignorées dans le penser. Le savoir absolu peut alors être conçu comme un savoir qui se sait lui-même et s'approprie ses propres présuppositions idéalement au terme du déploiement conceptuel. Hegel évite par là de se demander si le savoir n'est pas unité de savoir et de non-savoir, c'est-à-dire lutte toujours recommencée pour faire face au problème des présuppositions, pour le reformuler et échapper aux pièges des ontologies. Il y a toujours une part d'énigme qui subsiste, qu'on peut, certes, recouvrir par des ontologies positives, mais que l'on ne peut prendre en ligne de compte que par une ontologie négative (qui refuse un trop-plein d'être) et par une incessante remise en question des évidences. Hegel, il est vrai, est un penseur trop vigilant pour rechercher un socle ontologique sur lequel s'appuyer, mais en refusant qu'il y ait une part d'ombre irréductible dans la conceptualisation dialectique, il s'envole lui-même vers l'ontothéologie de l'idée absolue, cette identité du théorique et du pratique, du bon et du vrai dans laquelle les hommes peuvent se réconcilier. Aussi bien est-on en droit de se demander si les développements dialectiques hégéliens tiennent bien compte de toutes les pesanteurs et intrications des contextes qu'ils parcourent. Les médiations médiatisent-elles bien tout ce qui est à médiatiser dans les différentes sphères et formes de l'agir? On a déjà vu que Hegel avait tendance à ne pas thématiser le travail et à ne pas démontrer jusqu'au bout les problèmes de pouvoir et de domination. Or, la conceptualisation qui va à l'idée absolue se veut explicitement une dialectique de suppression de la violence qui s'exerce sur le monde des objets et dans le monde social. On peut, par conséquent, se demander si les passages dialectiques dans les formes sociales, dans les formes de vie et dans les formes de penser arrivent bien à purifier idéalement la pensée de la violence désorganisatrice du sens, pour éclairer ensuite les pratiques.

La réponse ne peut être que négative. La dialectique hégélienne, si elle n'ignore pas la violence qui peut venir de la conscience de soi et de son affirmation, occulte largement l'omniprésence de la violence, notamment sa présence dans le langage et dans les pratiques quotidiennes (par exemple les rapports entre les sexes). Autrement dit, les sursomptions et les subsomptions dialectiques doivent être mises à la question sur la violence symbolique qu'elles véhiculent et qui fait taire des souffrances qui cherchent à s'exprimer. Il faut arriver à découvrir ce que les totalisations dialectiques refoulent et interdisent au penser, c'est-à-dire faire redescendre la dialectique dans l'impur du mal médiatisé, du non-sens et du désordre, pour y procéder à de nouveaux passages et à de nouvelles médiations, à de nouvelles totalisations qui sont aussi des déconstructions. Ce n'est pas l'esprit qui recherche sa satisfaction qui peut être le vecteur d'une dialectique critique mais bien l'esprit perpétuellement inquiet qui met en doute sa propre universalité et se pose la question de sa propre activité (comment philosopher, avec qui philosopher, pour qui philosopher, pourquoi philosopher?).

Il n'y a pas de penser pur, mais des pensers impurs qui, pour se dialectiser, doivent s'épurer, non en raréfiant l'atmosphère autour d'eux, mais en faisant surgir de l'impensé et du non-dit. La dialectique comme marche vers le vrai et la liberté, pour reprendre la thématique hégélienne, ne peut être en effet qu'une dialectique de la libération. Il lui faut, en particulier, délivrer l'esprit de tout ce qui le rend complice des pensers d'oppression, des hantises de domination pour que les pratiques elles-mêmes se libèrent. Il s'agit d'une dialectique à laquelle on ne peut assigner de terme, mais qui ne tombe pas dans l'universel abstrait du devoir-être, dans la mesure où elle est à la recherche de négations déterminées des pratiques oppressives, des désordres qui minent les relations sociales. La dialectique de la libération est transgression des déterminations abstraites objectivées, pour tout dire fétichisées qui verrouillent les formes de vie et les formes sociales et empêchent de penser autrement que selon des canons routiniers. La dialectique, en ce sens, n'est pas simple conceptualisation processuelle des pratiques et de l'expérience, elle est surtout élargissement processuel de l'expérience en détruisant conceptuellement les fausses ontologies de l'instrumentalité et de la valorisation qui s'autovalorise pour faire apparaître au-delà de la fausse essence *(Unwesen)* d'autres possibilités de se rapporter au monde et à la société. L'effectuation dialectique n'a pas seulement à dépasser les catégories de l'entendement, elle doit aussi procéder à un double mouvement, critiquer et dé-construire des cristallisations « objectivistes » des formes sociales et les formes de pensée qui y correspondent, mettre en relation et totaliser ce qui est refoulé, relégué au second plan, le fragmentaire, le disjoint qui font apparaître en creux d'autres processus que les processus réifiés.

Conçue dans cet esprit, la dialectique de la libération ne peut être qu'une dialectique de l'autoréforme permanente qui met à mal toutes les mythologies ou les grands récits sur la société. La liberté comme la vérité ne se trouvent pas ailleurs que dans les pratiques de libération et dans les effectuations dialectiques qui les rendent possibles. Mais cette modestie dialectique est en même temps une très haute exigence, celle de n'épargner aucune réalité sociale, et certainement pas les relations sociales capitalistes. La pensée dialectique se doit en conséquence d'éclaircir son rapport avec l'œuvre de Marx, si pénétrée de thèmes dialectiques. L'affaire est loin d'être simple, parce que les interprétations marxiennes de la dialectique hégélienne sont hésitantes et parsemées de malentendus. Le jeune Marx reprend très largement la critique de Feuerbach à la logique hégélienne comme fondamentalement marquée par l'inversion du sujet et du prédicat (c'est-à-dire du sujet réel et de la pensée) (Cf. Ludwig Feuerbach, *Kleine Philosophische Schriften,* 1842-1845.) Cette reprise l'empêche évidemment de saisir toute la portée de la conceptualisation dialectique dans les œuvres qu'il consacre explicitement à la critique de la philosophie hégélienne. C'est seulement plus tardivement, lorsqu'il est engagé dans son entreprise de critique de l'économie politique, que Marx utilise massivement, mais aussi allusivement, la dialectique hégélienne (par exemple des *Grundrisse* au *Capital*). Marx est manifestement persuadé qu'il y a une sorte d'affinité élective entre la dialectique hégélienne et l'analyse du capitalisme, mais il n'en donne jamais les raisons. En même temps il donne lui-même des réponses contradictoires sur le statut de son propre discours de critique de l'économie politique. Marx, penseur dialectique qui produit une conceptualisation forte du monde réifié et fétichisé du Capital, permet de comprendre bien des raccourcis et des moments acritiques de la pensée de Hegel, mais la pensée dialectique doit aussi le dépasser, parce qu'il n'est pas allé au-delà d'une dialectique régionale du Capital et ne s'est pas engagé sur la voie d'une dialectique de la libération.

Bibliographie

Georg Wilhelm Friedrich Hegel (1972), «Grundlinien der Philosophie des Rechts», *Herausgegeben und Eingeleitet von Helmut Reichelt*, Frankfurt/Main-Berlin Wien LXXIV, 826 pages.

Georg Wilhelm Friedrich Hegel (1986), *Wissenschaft der Logik*, tome 1: 456 pages, tome II: 574 pages, Frankfurt/Main.

Theodor W. Adorno (1966), *Negative Dialektik*, 410 pages, Frankfurt/Main.

Theodor W. Adorno (1951), *Minima Moralia*, 481 pages, Frankfurl/Main.

Ludwig Feuerbach (1950), *Kleine philosophische Schriften* (1842- 1845), 219 pages, Leipzig.

Manfred Frank (1992), *Der unendliche Mangel an Sein. Schellings Hegelkritik und die Anfänge der Marxschen Dialektik*, 395 pages, München.

Hans Friedrich Fulda (1988), *Das Recht der Philosophie in Hegels Philosophie des Rechts*, 60 pages, Frankfurt/Main.

Hans Georg Gadamer (1980), *Hegels Dialektik. Sechs hermeneutische Sudien*, 112 pages, Tubingen.

Domenico Losurdo (1989), *Hegel und das deutsche Erbe*, 531 pages, Köln.

Michael Theunissen (1978), «Sein und Schein», *Die kritische Funktion der hegelschen Logik*, Frankfurt/Main.

2. ENGELS, PRÉCURSEUR DE MARX

L'article du jeune Engels « Esquisse d'une critique de l'économie politique » (1844)[1] est étonnant à plus d'un titre. Il montre d'abord qu'Engels à 24 ans était parfaitement à l'aise dans le domaine de la théorie économique et était tout à fait capable de donner des aperçus suggestifs sur les problèmes de cette discipline relativement récente. En même temps il formulait sous une forme ramassée un programme de dépassement critique des principales orientations suivies jusqu'alors ainsi qu'un programme de recherche pour aller vers d'autres horizons théoriques.

Cette capacité à trouver des points de repère dans une matière particulièrement complexe ne tombait évidemment pas du ciel. Le jeune Engels au moment où il écrit cet article a déjà derrière lui plusieurs années d'intense activité intellectuelle. On lui doit des critiques littéraires, des articles politiques qui le mettent dans le camp de la démocratie radicale, des écrits sur la condition ouvrière d'une grande acuité d'observation et ce qui n'est pas le moins étonnant des pamphlets philosophiques qui témoignent d'un esprit mûr et original. Engels est un jeune hégélien qui a subi l'influence de Feuerbach (*L'essence du christianisme* paraît en 1840), retenu la critique de la religion présente dans les

---

1. « Umrisse zu einer Kritik der Nationalökonomie ».

écrits de David Friedrich Strauss et Bruno Bauer, mais qui s'efforce de conserver ce qui lui paraît être les acquis fondamentaux de la philosophie hégélienne: la dialectique. Comme le montre son écrit «Schelling und die Offenbarung», il est à la recherche d'une synthèse entre matérialisme et idéalisme qui, pour lui, se réalise dans l'identité processuelle de l'être et de la pensée ou encore dans le passage du réel au rationnel. La critique feuerbachienne démontre qu'il faut se méfier de tout ce qui est projection de l'humain vers du divin et donc déperdition ou dépossession des hommes et de leurs forces propres. Grâce à elle on peut donner à la dialectique hégélienne sa véritable portée: permettre à l'esprit humain de trouver les moyens de pénétrer le réel et de le bouleverser en bousculant les formes sociales et culturelles révolues.

La dialectique est, en ce sens, une philosophie de l'action, une théorie critique de la pratique ou plus précisément des pratiques sociales qui tend forcément vers la politique. Comme le dit Engels à cette époque, elle réunit Hegel et Ludvig Börne, c'est-à-dire la rigueur théorique et l'esprit de conséquence en politique (contre l'absolutisme politique et l'inconséquence bourgeoise). En aucun cas, on ne peut la réduire à une critique abstraite comme le font certains jeunes hégéliens. Elle ne peut en particulier ignorer les luttes des couches défavorisées et opprimées de la société, la paysannerie et surtout les ouvriers. Engels, qui dès 1842 a pu observer la misère et les luttes du prolétariat britannique, en tira peu à peu la conclusion qu'il ne faut pas seulement établir la démocratie mais simultanément s'attaquer aux formes de propriété et plus précisément à la propriété capitaliste.

C'est à partir de ces prémisses qu'il entreprend l'examen de l'économie politique classique. Il n'accepte évidemment pas sa prétention à être une discipline objective dégageant les lois intemporelles de la production. De façon significative, il en fait brièvement la généalogie à partir de la soif d'or dans les rapports commerciaux et surtout à partir de la phase mercantile en Europe. Pour lui, l'économie classique qui se présente comme la défense et l'illustration de la liberté du commerce et des échanges contre les entraves mises en œuvre par les régimes absolutistes et théorisées par les premiers économistes, n'est pas, en réalité, une discipline de la liberté, mais bien une discipline du monopole dans la concurrence et plus précisément des multiples monopoles qui naissent de la propriété privée dans des rapports de concurrence. L'économie classique en tant que théorie est fondamentalement viciée par un défaut constitutif, un refoulement qu'elle ne veut pas s'avouer:

l'isolement des intérêts en présence qui pousse à l'antagonisme. Elle ferme les yeux sur le fait qu'il ne peut y avoir dans un tel cadre de moralité collective, de «Sittlichkeit» au sens hégélien du terme, c'est-à-dire l'instauration d'une communauté de citoyens préoccupés du bien public.

La condamnation est, on ne peut plus nette et l'on serait tenté de classer le jeune Engels, dans la catégorie nombreuse de ceux qui excommunient le capitalisme et les économistes à partir de leur indignation et de leur révolte sans se soucier de voir plus loin. Ce serait aller trop vite en besogne, car il essaye simultanément de saisir ce qu'il y a de rationnel dans la réflexion des économistes et comment celle-ci s'efforce de refléter son objet, les rapports économiques fondés sur la propriété privée. Comme il le dit, l'économie classique est une «science de l'enrichissement» et, de façon logique, il va procéder à une critique de la démarche des économistes pour cerner la réalité de la richesse ou de l'enrichissement dans l'économie capitaliste. Il note d'abord que la richesse dont il est question renvoie à une notion tout à fait capitale, la notion de valeur qui est hautement problématique. Il constate en effet que les économistes sont en désaccord à ce sujet, les uns (l'école de Ricardo) la ramenant à des coûts de production, les autres (Jean-Baptiste Say) la ramenant à l'utilité. Dans les deux cas, les analyses restent abstraites, selon Engels, parce qu'elles ne tiennent pas assez compte du *modus operandi* de l'économie et du commerce. Contre J.-B. Say, il fait remarquer que l'utilité n'est pas une réalité en soi et qu'elle est toujours médiatisée par le marché, la monnaie et d'autres dispositifs sociaux. Contre les ricardiens, la critique est du même ordre, bien qu'un peu plus bienveillante. Engels accepte l'idée de coûts de production qui se décomposent en dédommagement de la propriété foncière et du Capital ainsi qu'en rémunération du travail. Mais il fait observer qu'il s'agit de phénomènes discrets et discontinus. On peut, certes, dire que le Capital est du travail accumulé mais il n'est pas que cela, puisqu'il est aussi appropriation, monopole, au même titre que la propriété foncière. Les coûts de production renvoient, en conséquence, à des modalités de calcul hétérogènes qui n'ont aucun caractère naturel. Le jeune Engels polémique à ce propos contre la théorie ricardienne de la rente foncière à laquelle il reproche de ne pas prendre en compte les bouleversements incessants des méthodes de production et l'élévation de la fécondité des sols. Il est d'ailleurs si persuadé de l'importance du progrès technique dans la dynamique capitaliste qu'il ajoute, dans les coûts de production, une rémunération pour le travail intellectuel.

De cet examen, Engels retient qu'il est difficile, sinon impossible, d'avoir un étalon solide pour mesurer la valeur à partir des coûts de production. La valeur de l'école ricardienne doit être, en réalité, considérée comme une valeur abstraite par rapport à la valeur réelle *(Realwert)* que l'on voit se manifester concrètement sur le marché sous la forme du prix. Autrement dit, on ne peut comprendre la valeur que si on relie les coûts de production à l'utilité socialement déterminée, que si on la saisit comme le rapport des coûts de production à l'utilité dans la concurrence, dans l'affrontement de l'offre et de la demande. La théorie abstraite de la valeur en reste, elle, à une sorte de statique des rapports économiques en présupposant, implicitement, que l'offre et la demande sont presque toujours en équilibre et que la concurrence est libre, c'est-à-dire exempte de phénomènes de monopolisation. Pour Engels, au contraire, la valeur est une réalité fondamentalement variable et dont l'expression monétaire, le prix, résulte de la conjonction de rapports de force et de la transformation ininterrompue des conditions de production. On serait tenté de dire que l'objectivité de la valeur est dans sa variabilité même et dans les déséquilibres qui la produisent et qu'elle suscite en retour. Encore une fois, il faut dire que la valeur n'est pas l'expression de processus économiques naturels, mais de processus sociaux.

Il y a une grande force dans les arguments engelsiens contre toute théorie naturaliste de l'économie, mais on doit cependant signaler une faiblesse de sa position. Elle n'explique pas pourquoi il y a de la valeur ; en d'autres termes elle n'explique pas pourquoi les produits du travail ont la forme valeur et pourquoi le travail lui-même prend la forme marchandise. En ce sens, Engels ne s'est pas arrêté suffisamment longtemps sur l'abstraction de la valeur, sur la valeur abstraite pour y déceler les processus sociaux qui conduisent à la valeur et à la valorisation. S'il y a une forme valeur, c'est bien parce que la production sociale est centrée sur la production de profits ou de valeurs en vue du profit, et cela sans que la soif personnelle de gains joue le rôle principal. Les individus sont pris en fait dans des mécanismes qu'ils ne maîtrisent pas et les transforment en agents et supports des rapports économiques. C'est tout cela qu'il faut prendre en compte afin de conceptualiser le rapport entre coûts de production et utilité (pour reprendre la terminologie engelsienne). C'est ce qu'Engels semble entrevoir en soulignant l'absence de conscience qui caractérise les relations sur le marché et dans l'économie et en postulant une sorte d'objectivité sociale des rapports économiques. Cela lui permet, malgré les incertitudes de sa théorisation de la valeur, de faire une analyse des contradictions sociales à partir des contraintes et des oppositions irrépressibles du combat concurrentiel. Il y a des affrontements entre capitalistes, des affrontements entre capitalistes et propriétaires fonciers, entre capitalistes et travailleurs salariés. Les luttes économiques et sociales sont en quelque sorte permanentes et universelles et n'épargnent aucune couche de la société. Contrairement à ce qu'affirment les économistes, il ne peut donc y avoir d'égalisation des intérêts en présence, tout au plus des combinaisons temporaires qui peuvent très vite faire place à de nouveaux affrontements. Dans ces luttes généralisées, ce sont évidemment les travailleurs salariés qui sont les plus défavorisés : ils subissent tout le poids de la propriété (capitaliste et foncière) et doivent faire face aux conséquences de la concurrence qu'ils se font à eux-mêmes sur le marché du travail et dans la production. Comme le dit Engels, le produit du travail se dresse contre le travailleur comme salaire déterminé par la concurrence et les conditions de production créées par la marche de l'économie.

La marchandise homme *(Ware Mensch)* est la véritable victime dans ce système d'intérêts opposés, puisqu'elle sert à produire et reproduire les richesses que s'approprie la propriété et ne peut percevoir elle-même qu'une partie limitée de ce qui est produit. Une telle situation d'infériorité et d'oppression (Engels ne parle pas encore d'exploitation) est un facteur d'instabilité fondamental qui se superpose aux déséquilibres déjà à l'œuvre dans le combat concurrentiel. Lorsque les travailleurs salariés ne sont plus utiles pour produire de la richesse, dans de bonnes conditions, ils deviennent une force de production excédentaire dont on se débarrasse pour une période plus ou moins longue. Il y a en même temps du capital excédentaire qui lui-même ne trouve plus à s'employer de façon profitable. L'économie produit ainsi de plus en plus de richesses et développe très largement ses capacités à produire, mais périodiquement elle tombe aussi dans la surproduction. La richesse se conjugue avec la misère, l'arrêt de la production dans certains secteurs avec son élargissement incessant à d'autres domaines. Il semble y avoir en permanence de la surpopulation, mais ce n'est pas en fonction d'une incapacité intrinsèque de l'agriculture (et de l'économie) à nourrir et entretenir des bouches nombreuses. Contrairement à ce qu'avance Malthus, il n'y a pas en fait de surpopulation absolue (trop de naissances par rapport aux ressources disponibles), mais une surpopulation relative par rapport aux mouvements erratiques de l'économie. Cela revient à dire qu'il n'y a pas de déterminisme naturel, en cette matière, selon Engels, mais un déterminisme social renvoyant à une division essentielle de la société; la scission entre capitalistes et ouvriers. Ce ne sont pas les moyens de subsistance qui font défaut, ce sont les emplois qui peuvent manquer.

Dans un court article publié en décembre 1842 dans la *Rheinische Zeitung* sur «la situation de la classe laborieuse en Angleterre», Engels avait déjà noté que les ouvriers britanniques jouissaient d'un niveau de vie supérieur aux ouvriers de France ou d'Allemagne en raison du niveau élevé des forces de production en Grande-Bretagne. Il ajoutait toutefois que ce bien-être relatif pouvait brusquement faire place à un chômage massif et faire d'ouvriers sans propriétés ni possessions des gens sans pain et tout à fait démunis. Les mutuelles, les fonds de soutien, dans les phases de crise aiguë, devenaient très vite insuffisants et inévitablement une partie des ouvriers tombait dans la criminalité et leurs femmes devaient très souvent recourir à la prostitution pour obtenir un minimum de moyens de subsistance. A la fin de l'article de 1844 («Esquisse d'une critique de l'économie politique»), le jeune Engels revient sur la question pour noter que la concurrence (c'est-à-dire l'accumulation du capital et le marché) est porteuse de servitude, d'une servitude que les hommes s'infligent les uns aux autres. A travers les mouvements de la concurrence, l'ordre social se transforme en désordre destructeur qui consomme des forces en perdition et secoue toutes les relations sociales. La criminalité, dans ce contexte, est une sorte de normalité anormale, qui se manifeste comme amoralité ordinaire ou encore comme impossibilité d'une morale sociale effective. Elle suit les courbes de l'activité économique et, pour Engels, il ne fait pas de doute que la société sous sa forme capitaliste offre et demande de la délinquance pour se reproduire. Les délinquants sont expulsés pour longtemps ou définitivement du processus de production et peuvent ainsi être remplacés par des forces nouvelles. Les seules limites à ces processus de dégradation des hommes, ce sont les limites des moyens de répression et de punissement. Dans l'esprit d'Engels le chômage et la criminalité doivent être, en conséquence, pensés comme faisant partie de la dynamique sociale et ce serait s'aveugler sur la réalité que de vouloir les réduire à des dérapages ou à des ratés de fonctionnement. Il s'ensuit que le progrès économique ne peut engendrer le progrès social tant que l'on reste dans le régime de la concurrence et de la propriété privée. Cela est particulièrement apparent dans ce qu'Engels appelle le système de fabrique et qu'il analysera en détail dans le livre de 1845 sur *La situation des classes laborieuses en Angleterre*. Le système de fabrique, c'est la grande industrie dominée par le renouvellement rapide de la machinerie (machines, équipements). Les temps de production deviennent plus courts et l'on peut produire plus et à un meilleur prix, mais ce progrès technique qui est indéniablement un progrès économique (plus de marchandises) entraîne un asservissement renforcé des ouvriers à leurs conditions de travail et d'emploi. Les capitalistes profitent très souvent des nouvelles machineries pour intensifier les cadences de travail et licencier les ouvriers ainsi devenus superflus. Le progrès de la technologie ne signifie pas diminution des souffrances et des risques pour les travailleurs salariés, il les reproduit sans cesse sur une échelle élargie dans la mesure où il permet une extension de la sphère de la production. Il n'est même pas exagéré d'affirmer que la technologie devient l'arme par excellence de la concurrence et de la propriété privée.

Le texte d'Engels est, à bien des égards, un texte hybride, elliptique et au statut incertain. Il est une mise en question radicale de l'économie politique en tant que théorie, mais il critique aussi la réalité de l'économie de l'époque. Il est à la fois réflexion épistémologique distanciée (sur la valeur par exemple) et programme de recherche pour agir. Il dénonce les effets de la dynamique capitaliste, mais il essaye d'en saisir les principes de fonctionnement. Ce n'est pourtant pas un texte ambigu : son but est clairement de stimuler la réflexion en posant des questions, en montrant les bévues de l'économie politique classique, en dévoilant des enchaînements nécessaires dans la réalité économique. Engels sait fort bien qu'il va vite en besogne et qu'il n'a pas résolu – et de très loin – toutes les énigmes de la théorie et de la pratique économiques, mais il est profondément convaincu que son intervention dans le champ de l'économie repose sur un fondement solide : la négation de la créativité humaine dans le travail salarié soumis à la concurrence. Il écrit avec fougue et mordant, il recourt à l'ironie et au sarcasme, pourtant ce qui prime chez lui, c'est l'effervescence intellectuelle, c'est le travail pour mettre au point un appareil conceptuel permettant d'avancer dans la connaissance du monde économique.

Comme on le sait, Marx a trouvé l'article du jeune Engels génial, et il y a tout lieu de penser qu'il en a reçu une forte impulsion. Dans l'introduction à ses manuscrits économico-philosophiques de 1844, où il cite explicitement Engels, il place son propre travail sous l'égide d'une critique positive de l'économie par rapport à la critique restée théologique des jeunes hégéliens qui n'est, elle, qu'une caricature de la spéculation et de la transcendance hégéliennes. Cette notion de critique positive n'est, bien entendu, pas positive ; elle fait référence à la nécessité de passer au crible les catégories, toutes les catégories de l'économie politique pour les mettre en rapport à la réalité économique. De façon significative, il multiplie les lectures, dont il tire de nombreux extraits, très souvent assortis de commentaires. Dans ses commentaires sur J.-B. Say, il note que ce dernier, avant même d'avoir développé le concept de valeur, l'utilise pour cerner la réalité de la richesse ou des richesses qui s'échangent. En d'autres termes, les relations d'implication réciproques, entre richesse, valeur, échanges ne sont pas éclairées, mais simplement exposées de façon circulaire (et subreptice). Et l'on retrouve une circularité du même ordre chez Adam Smith qui explique la division du travail par l'échange, et doit en même temps présupposer la division du travail comme condition de possibilité de l'échange. Dans ses extraits et commentaires sur Ricardo, Marx rejette comme Engels la théorie de la valeur-travail, mais, de façon très intéressante, il découvre la tendance des économistes à dévaloriser le phénoménal (souvent ramené à de l'accidentel) par rapport à l'abstrait, à ce qui semble être une loi sous-jacente. Nul doute que ce soit Engels qui ait inspiré Marx dans ses réflexions sur le pourquoi de cette tendance. Il commence à donner un début de réponse dans ses commentaires sur James Mill en faisant remarquer que celui-ci tente de déterminer la valeur sans tenir compte de ses modifications phénoménales et de ce qui vient la nier. L'abstraction n'est pas *a priori* irréelle, elle le devient par contre si on en fait un principe d'ordre supérieur à la réalité phénoménale, la vérité par rapport à ce qui ne serait qu'apparence. Il faut concevoir au contraire la valeur comme l'unité de l'ordre et du désordre, du nécessaire et du contingent, de la loi et de ce qui contredit la loi. Marx est certain d'avoir trouvé là un principe méthodologique pour comprendre le capitalisme, mais il cherche immédiatement à aller plus loin. Dans le même commentaire sur James Mill, il montre d'ailleurs que l'argent n'est pas seulement une médiation, un moyen d'échange, une marchandise comparable aux autres comme le disent les économistes, mais une force autonome qui exprime le rapport social des marchandises et des capitaux par-dessus la tête des hommes. Sa forme la plus achevée est le crédit où les hommes ne sont plus que des moyens de l'échange, des êtres-là *(Dasein)* des capitaux et des intérêts. Alors qu'ils croient agir, les hommes sont en fait agis par des agencements sociaux multiples (le marché, la concurrence, les capitaux, l'argent, etc.) où comme le dit Marx, toujours à propos de l'argent, la chose aliénée domine les hommes. C'est là qu'il faut chercher la solution au problème de l'abstraction, qui au-delà du problème théorique posé à l'économie politique classique, est une abstraction sociale. Le phénoménal, c'est-à-dire les hommes qui échangent et travaillent, est dominé par l'abstraction, mais il ne peut y avoir d'abstraction sans que les hommes y participent. Il y a là un paradoxe au sens fort du terme, une circularité que la critique de l'économie politique a pour tâche de démontrer.

C'est pour cela que, selon Marx, la critique positive doit être complétée par une critique humaniste, c'est-à-dire par une critique de la déshumanisation impliquée par la dynamique de la concurrence, des mouvements des capitaux et du travail aliéné. Il ne faut naturellement pas se dissimuler ce que cette critique humaniste a de problématique en opérant avec des notions comme «être générique», «essence de l'homme» et l'on a pu reprocher à Marx une conception essentialiste de l'aliénation faisant de la récupération des forces propres de l'homme l'enjeu essentiel de la lutte contre la propriété privée et le capitalisme. Toutefois, si l'on y regarde de près, il apparaît dans les *Manuscrits de 1844* une thématique qui se situe sur un tout autre plan, une thématique du questionnement sur l'homme lui-même, sur sa subjectivité et ses rapports à l'objectivité dans le cadre capitaliste. Elle transparaît en particulier dans les passages consacrés à la philosophie de Hegel. De façon, à première vue, surprenante, Marx affirme que Hegel et son abstraction assument le point de vue de l'économie politique. Si l'on se rend compte que l'auteur des *Manuscrits* ne fait pas de l'abstraction philosophique la même chose que l'abstraction de l'économie (à la fois théorique et pratique), il faut en conséquence admettre qu'il discerne entre elles des homologies significatives. Le mouvement de la conscience de soi est conçu sur le modèle du travail et de la consommation propre à l'économie politique. Celui qui travaille (qu'il soit capitaliste, ingénieur ou ouvrier) s'extériorise en objectivant son activité, d'une certaine façon il se perd dans le monde des choses, mais en même temps il se réalise dans ce travail parce qu'il s'affirme lui-même face aux autres et au monde et parce qu'il donne les moyens de s'approprier des richesses. De même la conscience de soi se perd dans l'objectivité pour se récupérer ensuite enrichie de cette objectivité qui se dressait auparavant contre elle comme une puissance étrangère. Mais elle ne peut le faire qu'en se faisant abstraction de l'homme ou encore homme abstrait des rapports sociaux capitalistes, c'est-à-dire homme pensant qui n'arrive pas à saisir les contraintes socialement objectives dans lesquelles il est pris et croit maîtriser par la force de sa subjectivité. La pensée que développe la conscience de soi est en quelque sorte prisonnière de ce qu'elle s'imagine dépasser pour l'avoir conceptualisé. En effet, le passage à des formes de pensée de plus en plus abstraites au-dessus de la matérialité est éloignement des processus réels en même temps que renonciation à les mettre en question.

La critique de l'économie politique esquissée par Engels prend dès lors une très grande ampleur. Elle devient un immense chantier où il faut sans cesse espérer de nouvelles fouilles, interroger la dynamique du capitalisme et la place que les hommes y occupent, interroger également les formes de pensée pour découvrir comment elles peuvent conduire à l'enlisement du travail théorique. La critique de l'économie politique est, en ce sens, une autocritique permanente qui ne peut jamais se satisfaire des résultats obtenus, et cela d'autant moins que le capitalisme est lui-même en perpétuel bouleversement. La tâche ne peut être qu'interminable et toujours à recommencer tant que le capital imprimera sa marque aux rapports sociaux. En même temps, elle est exaltante, parce qu'elle permet de sortir des sentiers battus et de penser autrement en se libérant d'entraves. Il n'est pas certain qu'Engels et Marx aient mesuré toutes les difficultés et les pièges de l'entreprise, lorsque, chacun à sa façon, ils ont voulu l'assumer dans les derniers mois de 1844 et les premiers mois de 1845. Une très grande aventure intellectuelle commence alors dont on n'a pas fini de mesurer la fécondité et l'importance.

Bibliographie

Marx, Engels, *Werke*, tome I, Dietz Verlag, Berlin 1964.

Marx, Engels, *Werke Ergänzungsband Schriften bis 1844,* Erster Teil, Dietz Verlag, Berlin 1968.

«Karl Marx. Chronik seines Lebens in Einzeldaten», Zusammengestellt vom Marx-Engels-Lenin-Institut Moskau, Mako Verlag, Frankfurt am Main 1971.

D. I. Rosenberg, *Die Entwicklung der ökonomischen Lehre von Marx und Engels in den vierziger Jahren des 19. Jahrhunderts,* Dietz Verlag, Berlin 1958.

Horst Ullrich, *Der Junge Engels*, VEB Verlag der Wissenschaften, Berlin 1961.

3. MARX L'OBSTINÉ

La pensée de Marx marque une césure dans l'histoire de la théorie : qu'on le veuille ou non, il y a un avant et un après Marx, et un après Marx qui ne veut pas et ne peut pas finir. Malgré l'effondrement du «socialisme réel» et la crise des organisations politiques qui revendiquent l'héritage de l'auteur du *Capital*, son œuvre est toujours l'objet de controverses et d'affrontements récurrents au-delà des phénomènes de mode. Il y a là quelque chose de paradoxal dans la mesure où Marx est un homme du passé (du XIXe siècle), dans la mesure aussi où il a eu des disciples qui ont tiré de sa pensée des dogmes à prétentions universelles. Marx ne doit-il pas, comme un autre, rendre des comptes pour tous les crimes ou méfaits qui ont été commis en son nom? Ne faut-il pas, à son propos, faire le travail du deuil pour le mettre à sa juste place et montrer qu'il est dépassé? Les réponses à ces questions qui *a priori* n'ont rien d'illégitime ne sont pas simples, mais on peut les cerner de la façon suivante : la pensée de Marx dans son inachèvement et sa tension vers d'autres façons de théoriser dérange, déstabilise aussi bien ses adversaires que ceux qui veulent être ses sectateurs. Elle n'est jamais au repos ou satisfaite d'elle-même, parce qu'elle pose des questions inhabituelles et qu'elle remet sans cesse en chantier ses propres élaborations. Pour préciser un peu mieux cette révolution théorique, on pourrait dire avec Adorno, en première approximation, que Marx conçoit la connaissance comme une réflexion du processus de travail et comme un rapport social (cf. Adorno, *Kants Kritik der reinen Vernunft*, Frankfurt, 1995, p. 260).

Il est vrai qu'avant lui, Hegel avait essayé de mettre en évidence les aspects objectifs (non transcendantaux au sens kantien) du penser, c'est-à-dire ses aspects processuels dans ses tentatives d'appropriation symbolique du réel. Le penser devait se mesurer à l'objectivité, non pas en restant engoncé dans sa subjectivité, mais en s'introduisant dans les rapports objectifs pour mieux les pénétrer. Mais ce travail du concept, s'il était bien pour Hegel un travail au sens fort du terme, était détaché des rapports de travail effectifs dans la société de son temps. Le penser accédant à l'idée (au plein développement conceptuel) échappait, selon Hegel, à la division du travail, alors que, pour Marx, les processus de pensée et la production des connaissances ne pouvaient pas ne pas être articulés aux rapports de travail et de production. Comme le montrent les textes de la période d'Iéna, notamment les textes sur la philosophie de l'esprit, Hegel, qui n'ignorait pas l'économie politique classique, avait longuement réfléchi sur les effets négatifs du travail subordonné et dominé dans l'économie et il en concluait que pour être véritablement libre et féconde la pensée devait s'élever au-dessus de la matérialité de ce travail. Le jeune Marx, au contraire, est très tôt persuadé, lui, que la conscience de soi, même lorsqu'elle s'est débarrassée de son subjectivisme comme le demandait Hegel, ne peut pas ne pas être affectée en profondeur par la division du travail. L'élévation de la pensée au-dessus du travail est elle-même liée à la différenciation des activités au sein de la société bourgeoise. La pratique théorique en raison (*Vernunftpraxis*) est dépendante des pratiques réelles qui rendent son exercice possible, et elle est forcément située dans le champ des forces sociales. Il lui faut prendre position, ce que Hegel admettait fort bien, mais aussi s'interroger sur ses propres implications dans les rapports sociaux et politiques, ce qu'il n'était guère prêt à prendre en compte. Le processus de la conceptualisation, pour lui, était un procès téléologique de passage de fini à l'infini, c'est-à-dire un procès de transfiguration du travail dans la puissance de la pensée dans le but de réconcilier l'idée et l'effectivité (*Wirklichkeit*) et la société avec elle-même.

La critique de l'idéalisme hégélien à laquelle procède Marx dans les manuscrits parisiens de 1844 est très clairement d'inspiration feuerbachienne. Il réprouve nettement la dévalorisation hégélienne du monde sensible et objectif au profit de l'abstraction spéculative, mais en même temps on le sent soucieux de préserver des éléments essentiels de la critique philosophique telle que la concevait Hegel, en particulier sa volonté de penser son époque de façon rigoureuse. Il ne veut ni revenir au transcendantalisme kantien, ni accepter la surestimation activiste de la conscience de soi que l'on trouve chez les jeunes hégéliens qui croient disposer avec elle du moyen privilégié de changer le monde. Toute la charge polémique de la *Sainte famille* quelque temps plus tard vise précisément les illusions d'une critique qui ne se pose pas la question de son rôle dans la société, mais affirme d'emblée sa supériorité par rapport à cette dernière à partir de considérations normatives. La véritable pensée critique, selon Marx, doit faire la preuve de sa capacité à analyser le monde social et la façon dont les hommes y sont insérés, et cela sans opposer au réel un devoir-être abstrait qui ne peut que se révéler très vite impuissant. Il ne peut y avoir de liberté sans qu'il y ait des relations sociales qui seraient elles-mêmes porteuses de liberté. Autrement dit, la conscience de soi ne peut rester seulement conscience philosophique, mais doit se préoccuper de forger des instruments intellectuels pour l'action et simultanément essayer de déterminer les obstacles qu'elle peut mettre elle-même à la transformation de la société. On peut d'ailleurs lire les textes sur la philosophie hégélienne du droit et de l'Etat comme une remise en question de la conscience philosophique dans ses rapports avec le pouvoir et les formes de domination. Marx y dénonce avec force la complicité ou la connivence du philosophe Hegel avec les figures contemporaines du pouvoir (l'Etat rationnel hégélien), mais on ne risque guère de se tromper en avançant qu'il incrimine aussi « le matérialisme sordide » (l'acceptation du fait accompli) de la conscience philosophique en général et son incapacité à poser sérieusement ce type de problèmes.

C'est pourquoi il n'est pas très pertinent d'attribuer au jeune Marx une conception restrictive du projet de critique de l'économie politique. Dès 1844 il est multidimensionnel et polyphonique, même s'il reste marqué par une conception essentialiste de l'homme et de l'aliénation. Différents thèmes se croisent et s'entrechoquent, se complètent et se combattent en poussant la critique marxienne de l'économie bien au-delà d'une critique des seuls rapports économiques. La critique de l'économie politique est, bien sûr, une critique de l'épistémé de l'économie classique, notamment de son traitement des rapports de travail. En même temps, elle est une critique de l'économie comme lieu où se nouent et se cristallisent des relations sociales et des relations des hommes à eux-mêmes que Marx qualifie d'abstraites. D'emblée, cette réflexion se situe au-delà des discours sur l'injustice ou l'inhumanité du capitalisme, elle se fixe plutôt comme objectif de saisir ce qui constitue et caractérise le lien social. L'agrégation des individus aux rapports sociaux est abstraite, parce qu'ils sont eux-mêmes des isolats sociaux qui, dans la concurrence, doivent faire abstraction de leurs propres présupposés sociaux (connexions aux autres et au monde social) pour s'affirmer et se préserver. On ne peut pas se produire soi-même sans la société (l'ensemble des assemblages et rapports sociaux), mais on doit le faire aussi contre elle. Il en résulte que la conscience de soi (un aspect de la production de soi-même) est elle-même abstraite et ne peut être qu'un support très problématique du travail théorique. Faire la critique de l'économie politique, c'est donc aussi dégager les conditions d'une critique efficace de la conscience théorique et se donner les moyens de penser autrement.

Cette thématique est particulièrement apparente dans le «Saint Max» de *L'Idéologie allemande*, texte souvent négligé en raison de son caractère très polémique, alors qu'il contient des développements de grande portée. Il y a en particulier des passages très éclairants sur l'exploitation mutuelle, c'est-à-dire l'utilisation que les individus font les uns des autres dans la vie sociale. Marx n'a pas peine à montrer qu'il y a là la présence d'un trait fondamental de la société bourgeoise, la relation de possession et de recherche de maîtrise que les hommes entretiennent avec le monde qu'ils produisent. Sans doute, l'exploitation mutuelle peut-elle apparaître au premier abord comme une manifestation de vitalité des individus ou encore comme l'établissement des relations aux autres dans la réciprocité. En réalité, il s'agit de relations asymétriques, inégalitaires et conflictuelles qui tournent à l'avantage des uns et au désavantage des autres et impliquent en outre une relation utilitaire à soi-même, c'est-à-dire une relation d'autopossession comme condition des relations de possession en général. Mais il faut encore aller plus loin et se rendre compte que l'exploitation mutuelle, au-delà de ce qu'en dit Stirner, se déploie surtout comme appropriation individuelle d'éléments de production collective. Au-delà de l'utilisation des individus dans les relations intersubjectives, il y a en effet l'utilisation des individus dans la production et plus précisément dans la division du travail ainsi que dans les formes de commerce (*Verkehrsformen*), c'est-à-dire les formes de l'échange et de la communication. C'est dire que l'extension des échanges et la diversification de la production vont de pair avec l'extension et l'intensification de l'exploitation et des relations utilitaires. La raison qui préside à ces développements est non seulement une raison utilitaire et calculatrice, mais aussi une raison prédatrice qui envisage les échanges matériels et symboliques entre les hommes sous l'angle quasi exclusif de la profitabilité. Dans un tel cadre, le savoir se présente comme un ensemble de compétences unilatéralement orientées vers la production de connaissances que l'on peut mettre en valeur et qui sont utilisables dans la division du travail.

Tout ce travail critique et autocritique de Marx se donne pour but de laisser derrière lui ce qu'il appelle le «pourrissement de l'esprit absolu» et la spéculation (au sens hégélien) afin de promouvoir la «science positive». On remarque effectivement qu'un certain nombre de développements dans *L'Idéologie allemande* ont des résonances empiristes. Il faut toutefois se garder de faire de Marx un positiviste, même si l'on peut se poser des questions sur la dialectique des rapports de production et des forces productives en tant qu'explication de la dynamique historique (qui apparaît dans le texte consacré à Feuerbach). Le Marx de 1845 retient toute une série d'éléments de la critique philosophique hégélienne, critique des catégories de l'entendement, critique des représentations, critique des oppositions rigides entre l'objectif et le subjectif, mais il les place dans un tout autre cadre de référence, celui de la mise en question des catégories économiques, de leur rigidité et de leur abstraction et de leurs effets sur les modes de pensée. A ce moment là, il ne se veut pas en possession d'une théorie – connaître ne peut pas être posséder ou disposer du monde – mais d'un mode d'appréhension et de formulation des problèmes. C'est ce qu'on voit à l'œuvre dans les thèses sur Feuerbach et un peu plus tard dans *Misère de la philosophie* et dans *Le Manifeste communiste*. Ce processus de conceptualisation critique et ouverte va être sinon arrêté, du moins déporté par la participation de Marx à la Révolution de 1848 en Allemagne. Mais, un peu plus tard, exilé à Londres, il reprend au British Museum des lectures très importantes en vue de poursuivre la critique de l'économie politique (à partir de 1850). Ce travail fréquemment interrompu par les querelles politiques de l'émigration et par des travaux alimentaires arrive à un palier très important en 1857-1858.

Marx est de plain-pied dans la critique de l'économie politique et se livre à un travail minutieux de démontage des rapports économiques et sociaux du capitalisme. Il n'est plus question, pour lui, de s'en tenir à des considérations générales sur la propriété ou la division du travail. Ce qui lui importe, c'est de cerner au plus près les déterminations formelles des mouvements du capital et de ses métamorphoses en tant qu'ils sont des manifestations de la valorisation, de la valeur qui se valorise. Comme il le dit dans les *Grundrisse*, le travail pour le capital n'est pas au premier chef un donné anthropologique, mais une activité qui pose de la valeur (*wertsetzende Tätigkeit*) et qui, en tant que telle, fait partie du Capital lui-même et se trouve entraînée dans ses mouvements. Le capitaliste n'achète pas le travailleur ou son activité en général, mais une activité tout à fait spécifique du point de vue de sa valeur d'usage, une activité qui conserve et développe le capital. Autrement dit, le capitaliste achète la partie variable de son capital et entend bien que le travailleur s'adapte à cette incorporation en conditionnant lui-même sa façon de travailler. Le salarié est en fait appelé à détacher de lui-même sa capacité de travail en faisant abstraction de ce qu'il aimerait faire ou voudrait être. La capacité de travail (plus tard Marx dira la force de travail) n'est plus ainsi qu'un élément dans la circulation et la production du Capital et le rapport social devient un rapport du Capital avec lui-même dans ses différentes figures et dans ses différents moments. Cela veut dire que la société est dominée dans son fonctionnement et dans ses relations essentielles par le formalisme de la valeur et du Capital, et que la socialité est la circularité du Capital. Le travail objectivé, dit encore Marx, est doté d'une âme par le travail vivant, mais il se constitue en puissance étrangère face à ce dernier. La capacité de travail apparaît sans substance face à une réalité qui ne lui appartient pas: son procès d'effectuation est le procès de sa déréalisation (*Grundrisse*, p. 358).

Aussi bien, par rapport à la force productive générale des capitaux, l'habileté et l'intelligence des travailleurs pèsent-elles assez peu, comme le remarque Marx. C'est dans les machines et le machinisme, c'est-à-dire dans l'utilisation capitaliste de la technologie que se cristallisent le savoir socialement apprécié et les savoir-faire. L'accumulation du savoir et des forces productives du cerveau social devient des propriétés du Capital (cf. *Grundrisse*, p. 586). Au sens fort du terme la réalité est posée par le Capital, elle est en quelque sorte le résultat de son être-là (*Dasein*) (*Grundrisse*, p. 364). Les formes de la valorisation dans leur mouvement (marchandise, argent, prix, concurrence, capital, salaire) s'affirment en conséquence comme les éléments formateurs des formes de vie pour les individus et les groupes. Les rapports quotidiens sont placés sous le signe des échanges marchands monétarisés, sous le signe des échanges avec les capitaux multiples et le Capital en général. Les rythmes de vie sont scandés par les rythmes de travail, l'horizon vital est délimité par ce que l'on peut atteindre dans la concurrence et par l'argent dont on dispose. Dans la circulation des marchandises et des capitaux, les individus sont bien abstraitement égaux, en tant qu'échangeurs de valeurs, mais par là même indifférents les uns aux autres. Ils sont libres dans les échanges (à concurrence de leurs moyens monétaires). L'indépendance personnelle ne peut jouer que dans les espaces ouverts par les séries de dépendances objectives auxquelles tous sont soumis. Cela n'exclut évidemment pas qu'il y ait des résistances à ce formalisme niveleur de la valorisation. On pourrait même dire que Marx l'estime inévitable, parce que le Capital, laissé à lui-même, libère des forces terriblement destructrices. Il y a ainsi des résistances contre l'allongement de la durée du travail, contre son intensification, contre la stagnation des salaires, etc. dans la sphère de la production. On peut même découvrir des foyers de résistance dans la vie privée, notamment les relations familiales, les relations d'amitié, les relations affectives. Ces relations constituent de fait autant de moyens de ne pas se laisser emporter ou submerger par l'indifférence et la froideur des rapports marchands. Elles permettent notamment d'avoir un minimum de relations intersubjectives et de ne pas se laisser réduire à l'état de mort-vivant ou à l'abêtissement *(Vertierung)* dans le quotidien. Il ne faut toutefois pas se dissimuler que ces multiples façons de résister sont ambivalentes dans la mesure où elles ne mettent pas directement en question les mouvements et les formes de la valorisation, dans la mesure aussi où elles n'interdisent pas et même présupposent des processus d'identification aux rapports capitalistes, aux hiérarchies sociales qui en résultent ainsi qu'aux rapports de pouvoir. On peut donc dire que les oppositions et les résistances au Capital ne sortent pas forcément de sa dialectique générale de la mise en valeur et qu'elles peuvent même agir sur lui comme un aiguillon pour se transformer.

C'est pour cela que Marx parle dans les *Grundrisse* de la subsomption des hommes et de leurs relations sous la dynamique du

Capital. Leur activité s'insère effectivement dans les mouvements du Capital et dans les champs qu'il structure. Les objets qu'ils produisent ou consomment sont des objets formés ou préformés par le Capital et en tant que sujets ils sont des sujets du Capital. Qu'ils soient salariés ou capitalistes importe peu, ils sont les supports de processus qui les dépassent. Leur subjectivité n'est, bien sûr, pas inexistante, mais dans le moment même où elle cherche à s'exprimer dans l'objet et à le dominer, elle est entraînée par lui vers les finalités du Capital. En termes hégéliens, l'auto-développement du tout, c'est-à-dire l'accession conceptuelle à l'objectivité dans le dépassement du subjectivisme et de la subjectivité particulariste, c'est littéralement l'auto-développement du capital qui le garantit. Les individus qui sont pris dans les filets de la valorisation ne peuvent se donner raison de ce qui leur advient, des déchirements qu'ils doivent surmonter qu'en acceptant les symboliques du Capital (l'enchantement de la marchandise, l'accumulation démiurgique et créatrice du Capital, le temps plein, les fantasmes de maîtrise). La pensée qui veut laisser derrière elle le fortuit, le contingent n'a apparemment pas d'autre ressource que de suivre les voies du Capital, celles de la sublimation et de la transfiguration, c'est-à-dire de la déréalisation. Pour les individus, le règne du Capital est en conséquence le règne de la schizoïdie, d'une vie qui ne se vit pas (cf. Adorno, *Minima Moralia*) dans la mesure où elle est éclatée, partagée entre des exigences et des expériences incompatibles. Tous les salariés soumis à l'exploitation subissent quotidiennement l'épreuve de la violence du Capital, violence de leur incorporation dans le Capital, violence exercée sur leur corps et leur esprit dans la formation et la consommation productive de leur puissance de travail. Pourtant, cette violence omniprésente dans les rapports sociaux est constamment niée, réduite à des contraintes objectives, c'est-à-dire «économicisée» et «naturalisée» selon des lignes de fuite vers une impossible normalité. Le capital agresseur réussit ce tour de force de culpabiliser l'agressé, obligé le plus souvent de retourner contre lui-même et contre son entourage tout ou partie de la violence à laquelle il doit faire face. En même temps, l'assujetti au Capital, guetté à chaque instant par la dévalorisation (de sa puissance de travail ou de ses possessions), doit s'engager dans un combat pour la reconnaissance sociale, c'est-à-dire pour la valorisation de soi-même aux yeux des autres et à ses propres yeux. Pour certains, l'issue de ce combat est apparemment positive et couronnée de succès, mais elle laisse un goût d'amertume parce qu'elle est achetée au prix d'automutilation et de rapports tendus et dégradants aux autres. Pour la grande majorité, ce combat qui est marqué par des espoirs et des ambitions déçus, ainsi que par les renoncements successifs, est en fait source d'humiliations sans fin. Il se termine dans la résignation et la recherche de substituts de réussite et de consolations plus ou moins illusoires. Pour évacuer la souffrance, les individus qui ne peuvent pas voir ce qu'ils font et ce qu'ils sont parce qu'engoncés dans des subjectivités dissociées doivent recourir à différentes formes d'évasion et de sublimation.

Aussi, malgré l'accumulation sans cesse élargie de valeurs et de capitaux, l'individu de la société capitaliste – constate Marx dans les *Grundrisse* (p. 448) – est-il un individu pauvre, voire sans individualité (*individualitätslos*). La société, paradoxalement, n'est pas composée d'individus, mais de rapports qui agissent par l'intermédiaire des capitalistes ou des travailleurs salariés. La transformation de la société implique par la suite que soit mis fin à cet état de choses et qu'apparaissent des individus universellement développés (cf. *Grundrisse* p. 79), mis en état d'actualiser leurs multiples connexions au monde (nature et société) en substituant leur socialité à celle du Capital et à sa subjectivité monstrueuse. Cela veut dire, entre autres, qu'il faut mettre fin au surcodage par le Capital (l'esprit objectif) et libérer les relations interindividuelles et entre groupes grâce au décodage des flux et communications de la valorisation (pour reprendre une terminologie de G. Deleuze et F. Guattari dans *Mille Plateaux*, Paris, 1980, pp. 552-591). De ce point de vue, Marx est très éloigné de toute idée de philosophie de la praxis (dans le sens par exemple d'Antonio Labriola), entendue comme praxis de sujets créant leur monde objectif dans des relations d'auto-transformation et d'auto-réalisation à travers l'histoire (cf. Giovanni Gentile, « La filosofia de Marx », in *Opere filosofiche*, Milan 1991, pp. 97-224). Il n'accepte ni l'idée d'une histoire cumulative et finalisée, ni l'idée d'un homme en possession de virtualités qui ne demandent qu'à s'actualiser. Dans les *Grundrisse* il parle bien de l'auto-effectuation des individus, mais cette auto-effectuation est tout le contraire d'une auto-effectuation monologique, prédéterminée. Elle se présente comme auto-effectuation multiple, comme un décentrement progressif par rapport à l'unilatéralité maniaque du Capital et comme lutte contre les phénomènes de déréalisation qui en découlent. L'auto-effectuation ou auto-réalisation est aussi bien une socialisation individuante qu'une individuation socialisante, elle ne jaillit pas des profondeurs de subjectivités clivées, elle prend appui sur de nouvelles pratiques sociales, elles-mêmes étayées par l'efficace de nouvelles énonciations sur la société et le monde.

Tout cet acquis apparaît pourtant contredit par le retour en force que fait Hegel dans les *Grundrisse* (références, tournures, terminologie, etc.). Comme on le sait, Marx dans une lettre du 14 janvier 1858 à Engels écrit que la logique de Hegel lui a été très utile pour mieux déterminer sa propre méthode et qu'il aimerait à l'occasion expliquer tout ce qu'il y a de rationnel dans la méthode hégélienne. La lettre reste très elliptique, mais les choses s'éclairent un peu mieux dans une lettre du 22 février 1858 adressée à E. Lassalle où Marx explicite sa conception de la critique de l'économie politique: «le travail dont il s'agit est une «critique des catégories économiques» ou if you like, le système de l'économie bourgeoise représenté de façon critique. C'est simultanément une présentation-exposition du système *(Darstellung)* et par cette exposition une critique de ce système» (Marx-Engels, *Ausgewählte Briefe*, Dietz Verlag, Berlin 1953, p. 124). La logique hégélienne qui est une logique de l'action et une dynamique de la conceptualisation doit donc, après transposition, servir à déployer l'exposition critique du système des catégories économiques. Il y a entre elle et les enchaînements et mouvements de l'économie des affinités qui peuvent être significatives. Autrement dit, la processualité logique (selon Hegel) qui s'empare et s'enrichit des contenus (le fini) présente des analogies avec le formalisme du Capital qui s'incorpore les hommes et la matérialité à travers les métamorphoses des formes de la valeur. Le *Darstellung* (l'exposition critique) peut notamment utiliser les syllogismes hégéliens parce qu'ils mettent en lumière les passages d'une forme à une autre et les médiations qui leur sont nécessaires (cf. Stavros Tombazos, *Le temps dans l'analyse économique. Les catégories du temps dans le Capital*, Société des saisons, Paris, 1994). Il est également possible de se référer aux critiques hégéliennes de la représentation (*Vorstellung*) pour mettre en question les représentations spontanées de l'économie. On peut en outre trouver de l'intérêt à la critique hégélienne de la réflexion qui met en évidence l'insuffisance des prises de distance normatives par rapport au donné.

Il reste que le *Darstellung* n'est pas la spéculation hégélienne, mais bien un contre-formalisme critique. La représentation-exposition des formes de la valeur ne fait pas qu'épouser le mouvement de ces formes, elle en montre les relations d'absorption-capture avec le monde du vivant, de la valeur d'usage et de la matérialité. Elle montre également que la dynamique des transformations de la valeur et du Capital suscite sans cesse des collisions qui nécessitent des réajustements : la valorisation (création et réalisation de valeurs) peut alors faire place à la dévalorisation (*Entwertung*) des capitaux, des marchandises et de la force de travail. Les formes et leur substrat humain et matériel mais aussi les formes elles-mêmes entre elles entretiennent en fait des relations qui peuvent être de coïncidence ou de non-coïncidence suivant les aléas de la valorisation. Cela signifie que dans sa tâche critique, l'exposition se doit de ne jamais en rester à la superficie, c'est-à-dire au niveau de la réalité économique et sociale qui fait paraître et en même temps dissimule le fonctionnement du Capital dans ses aspects contradictoires. Il lui faut éclairer des écarts et des liaisons, par exemple entre valeurs et prix, plus-value et profit, en explicitant des quiproquos récurrents entre formes et matérialité dans les processus de la valorisation qui font que le capital est pris pour un ensemble de moyens de production. L'exposition critique est mise en relations plurielles, décloisonnement symbolique contre les ressassements monologiques du capital et de la valeur, ce qui lui permet de produire des connaissances nouvelles, et d'ouvrir la perspective d'une réappropriation de l'intelligence confisquée par les mouvements de la valorisation. La théorie – le concret de pensée pour reprendre la terminologie marxienne dans l'introduction de 1857 – ne cherche plus à gommer les aspérités de l'empirie, à tout rendre lisse pour faire ressortir les régularités. Elle se donne au contraire pour tâche de relever les irrégularités, de dénouer ce qui est noué par les abstractions objectives de la valeur, ces formes de pensée cristallisées en dehors des hommes et inscrites dans les formes de la valeur. Elle donne une nouvelle vie à des expériences non réglementées enfouies ou refoulées. Comme le dit Adorno dans *Einleitung in die Soziologie* (Frankfurt, 1993, p. 91), elle est rébellion contre l'empirie. Elle ne cherche plus à dominer les pratiques, mais à les libérer en établissant avec elles de nouveaux liens, prémisses de nouveaux rapports sociaux de connaissance.

Après les *Grundrisse,* Marx se remet à l'ouvrage, en modifiant à plusieurs reprises ses plans pour trouver le mode d'exposition critique le plus adéquat. Les choses, toutefois, traînent en longueur, non seulement en raison des activités de Marx dans la 1re Internationale et d'une santé très fragile, mais aussi des tensions qui marquent l'entreprise. Marx doit à la fois ouvrir un nouveau champ théorique et rivaliser avec les économistes sur leur terrain sans s'y laisser enfermer (montrer les inconsistances et les erreurs de Smith et Ricardo par exemple). Il lui faut trouver les outils théoriques pour formuler les lois du mouvement du Capital et remuer un énorme matériel empirique pour étayer ses positions. Il ne se lasse jamais de reprendre des points déjà considérés comme acquis et d'essayer de nouvelles formulations. L'exposition critique (*Darstellung*) n'est pas en effet une séquence plus ou moins relâchée d'argumentations et de démonstrations, c'est avant tout un déploiement ordonné, logique (la logique de l'anti-Capital) de dispositifs conceptuels qui déstabilisent les dispositifs conceptuels et les énoncés de l'économie. En 1867, Marx réussit à publier le livre I du *Capital* et n'obtient qu'un succès d'estime, souvent fondé sur le malentendu et la méprise. La nouveauté de cette critique de l'économie politique est si radicale que l'œuvre n'est pas comprise. Le plus souvent, on la prend, pour ce qu'elle n'est pas, un traité d'économie et on lui reproche volontiers son langage abscons (les difficultés du chapitre I sur la marchandise). En général, on attribue à l'auteur du *Capital* une conception matérialiste de la valeur qui ramène celle-ci à une substance mesurée par le temps de travail, ce qui fait disparaître toute la complexité de l'élaboration marxienne, et notamment ce que Marx dit de façon très claire dans le chapitre I du *Capital*: «Par un contraste des plus criants avec la grossièreté du corps de la marchandise, il n'est pas un atome de matière qui pénètre dans sa valeur. On peut donc tourner et retourner à volonté une marchandise: en tant qu'objet de valeur, elle reste insaisissable. Si l'on se souvient cependant que les valeurs des marchandises n'ont qu'une réalité purement sociale, qu'elles ne l'acquièrent que tant qu'elles sont des expressions de la même unité sociale du travail humain, il devient évident que cette réalité sociale ne peut se manifester aussi que dans les transactions sociales, dans les rapports des marchandises les unes avec les autres» (*Le Capital*, Livre I, Editions sociales, Paris, 1976, p. 50).

Sur de telles bases, il est évidemment impossible de saisir la portée de l'opposition entre travail concret et travail abstrait sur laquelle Marx insiste tant. Inévitablement on est conduit à n'y voir qu'une opposition d'angles de vue ou de modes de représentation de l'activité productive alors qu'il s'agit d'une opposition-scission à l'intérieur même des activités humaines. Le travail abstrait et le travail concret ne se trouvent pas dans un espace-temps homogène. D'un côté le travail concret comme travail utile (produisant des valeurs d'usage) est exécuté par des individus de chair, par des corps et des intelligences en action en contact actif avec leur environnement (naturel et technique). D'un autre côté, ce travail vivant fait concession de lui-même au Capital en tant que travail abstrait accumulé. Il entre dans la sphère du travail abstrait où les dépenses individuelles de force de travail sont happées et traitées par des agencements multiples : despotisme d'entreprise, répartition du travail entre les branches, échelles de qualification, entrée des produits du travail dans la circulation des marchandises, combinaison des forces de travail entre elles par l'intermédiaire de la technologie et de la science appliquée. Marx souligne particulièrement ce dernier point : la journée de travail du salarié est une journée de travail combinée, aux effets multiples en raison de ses entrecroisements avec d'autres journées de travail. Le travail non payé que s'approprie le capitaliste déborde donc la fraction non payée de la dépense de travail du travailleur pris isolément. Il s'ensuit que si le travail nécessaire peut être ramené pour les salariés à des moyens de subsistance individualisés, il n'en va pas de même pour la plus-value ou survaleur qui ne peut jamais être complètement individualisée (il est vrai qu'il faut, tout de même, des individus pour le produire). Elle résulte en réalité d'une confrontation permanente entre l'ensemble des agencements et procès du Capital (procès de travail, procès de production, procès de circulation, procès de réalisation de la plus-value) et les travailleurs isolés dans leurs dépenses de force de travail.

Pour comprendre tout cela, il faut aller jusqu'au bout de l'exposition critique (*Darstellung*) pour lui permettre d'être une totalité concrète de pensée déconstruisant les généralités abstraites du Capital. Le travail dans ses manifestations immédiates, aveuglantes doit être médiatisé, c'est-à-dire développé dans ses multiples déterminations pour ne pas être fétichisé. Or, Marx doit constater qu'on s'empresse, autour de lui, de prendre le travail pour une réalité immédiate qu'il n'y a pas à médiatiser. Il est irrité quand il voit ce que deviennent ses élaborations sous la plume de vulgarisateurs zélés qui font des résumés du livre I du *Capital*. Il annote et tente de corriger dans la consternation le résumé ou abrégé de Johann Most. Il interdit d'ailleurs que son nom apparaisse d'une façon quelconque comme contributeur à une réédition de cet abrégé. Plus grave, pour lui, est le cours que prennent les choses dans la social-démocratie allemande en formation. Dans une lettre à W. Bracke en mai 1875, puis dans des notes marginales, il dit toute la colère que suscite chez lui le programme de Gotha pour l'unification des lassalliens et des eisenachiens (Liebknecht, Bebel). Il s'insurge notamment contre le culte du travail qu'il voit à l'œuvre dans le texte. Il fait remarquer que le travail n'est pas le créateur de toutes les richesses (si l'on entend par là des valeurs d'usage) et qu'il faut prendre en compte la nature. Il critique également avec une ironie amère la reprise dans le programme de la notion lassallienne du droit du salarié au produit du travail, car cela revient à gommer les aspects sociaux les plus essentiels du travail et à réduire la théorie de la valeur à une théorisation de type ricardien (sans les subtilités de Ricardo). De façon significative, ces protestations de Marx ont peu ou pas d'effets et il lui faut se résigner à voir ses critiques mises sous le boisseau pour une assez longue période.

Au cours de cette période, Engels appuie le plus souvent Marx contre les bêtises ou les âneries des dirigeants social-démocrates pour reprendre quelques propos peu amènes proférés par l'auteur du *Capital*. Mais on ne saurait pourtant parler d'une identité de positions entre eux malgré l'étroitesse de leur collaboration et la profondeur de leur amitié. Engels est un second violon (pour reprendre sa propre expression) qui joue sa propre partition et de façon très originale. Il ne répète pas Marx, il l'interprète et l'adapte à ses propres conceptions.

Dans un article sur Marx paru en 1878 dans le *Volkskalender* de Braunschweig, (cf. *MEW*, tome 19, Berlin, Dietz Verlag, 1962, pp. 96-106), il souligne ce qui constitue à ses yeux les deux découvertes les plus importantes de Marx. Il y a d'abord la lutte des classes comme moteur de l'histoire qui trouve elle-même son origine dans la nécessité pour les hommes de produire et reproduire leur vie dans des conditions et des modes d'organisation déterminés. La deuxième grande découverte est l'explicitation du rapport Capital-travail comme rapport entre les capitalistes possesseurs des moyens de production et de subsistance et les prolétaires qui n'ont que leur force de travail pour vivre et produisent de la valeur pour les capitalistes. Ce texte de vulgarisation montre à l'évidence que les deux amis sont sur des positions sensiblement éloignées, même si elles se recoupent sur bien des points, contre les simplifications outrancières des dirigeants social-démocrates. Depuis les *Grundrisse* au moins, Marx ne fait plus de la lutte des classes une clé de lecture de toutes les sociétés et ne fonde plus la notion de production sociale sur la simple production et reproduction de la vie (boire, manger, se loger), mais sur la production et reproduction des individus et de leurs rapports sociaux (ce qui implique évidemment du matériel et du symbolique). On peut en outre constater qu'Engels, à propos de la seconde découverte, tend à substituer au rapport premier entre les formes du Capital et de la valeur des rapports dérivés entre capitalistes et salariés, ce qui laisse de côté des aspects fondamentaux de l'analyse marxienne.

Après la mort de Marx, les divergences vont s'approfondir, alors même qu'Engels se veut fidèle exécuteur testamentaire et se dépense sans compter pour publier ce qu'on appellera les livres II et III du *Capital*. Dans un texte intitulé *Complément et supplément au livre III du Capital* où il expose assez longuement sa conception de la valeur et ses vues sur le fameux problème de la transformation des valeurs en prix de production, il saute immédiatement aux yeux du lecteur attentif qu'il développe une théorie historico-génétique de la valeur. Commentant des textes de Werner Sombart et de Conrad Schmidt qui font de la valeur un fait logique (Sombart) ou une fiction théorique nécessaire (Schmidt), il affirme de façon significative: «Aussi bien Sombart que Schmidt ne tiennent pas assez compte qu'il ne s'agit pas ici d'un processus purement logique, mais historique et de son reflet explicatif dans la pensée, de la recherche logique de ses rapports internes» (*Le Capital*, Livre III, Editions sociales, Paris, 1976, p. 29). Pour justifier cette prise de position, il cite un passage, il est vrai, ambigu de Marx où celui-ci écrit: «L'échange de marchandises à leur valeur ou à peu près nécessite un degré de développement moindre que l'échange au prix de production qui requiert un niveau déterminé du développement capitaliste» (*Le Capital*, Livre III, p. 179).

Mais si l'on regarde le texte marxien de plus près, on se rend facilement compte que Marx[1] ne cherche pas à faire un historique de la marchandise, mais à éclairer, comme souvent, son argumentation par des raisonnements auxiliaires et des illustrations historiques. En revanche, pour Engels, comme il le montre dans la préface au livre IV,

---

1. De façon tout à fait univoque, Marx écrit toutefois dans le livre I du *Capital*: «Ce n'est que là où le travail salarié forme la base de la production marchande que celle-ci non seulement s'impose à la société, mais fait, pour la première fois, jouer tous ses ressorts. Prétendre que l'intervention du travail salarié la fausse revient à dire que, pour rester pure, la production marchande doit s'abstenir de se développer» (p. 417).

développer ce n'est pas déployer un anti-formalisme critique, épouser des formes pour en faire ressortir les contradictions. Dans un passage tout à fait étonnant, il écrit : « On voit clairement pourquoi Marx, au début du livre I part de la simple production marchande qui est pour lui la condition historique préalable pour en venir ensuite, en partant de cette base, au capital ; on voit pourquoi il part précisément de la marchandise simple et non pas directement de la marchandise déjà modifiée par le capitalisme qui n'en est, du point de vue conceptuel et historique, que la forme seconde » (*Le Capital*, Livre III, p. 17). Il y a là manifestement un contresens, parce qu'Engels a lu dans le texte de Marx quelque chose qui ne s'y trouve pas. Dans le livre I du *Capital*, il n'est effectivement pas question de production marchande simple, mais de circulation marchande simple, c'est-à-dire d'un moment du déploiement des formes de la valorisation capitaliste. En procédant comme il le fait, Engels efface tout simplement la coupure entre les modes de production pré-capitalistes où la marchandise ne renvoie pas à du travail abstrait et le mode de production capitaliste où la marchandise est intrinsèquement liée au travail abstrait. Il introduit de la continuité, là où il y a de la discontinuité, ce qui ne manque pas d'avoir des conséquences redoutables. La valeur devient en quelque sorte un prolongement naturel des activités immédiates de production sans que l'on ait à poser au premier plan la question des modalités sociales, de captation de ces activités. Le travail pratiqué dans la société capitaliste ne peut plus être démonté, il devient une réalité massive, évidente et qui, dans son évidence, reste non discriminée et discrète[2].

Tout cela explique la sous-estimation par Engels de la portée et des enjeux du problème de la transformation des valeurs en prix de production. Pour lui, il s'agit essentiellement d'un problème technique où il faut déterminer et calculer des relations entre deux types

---

2. Les auteurs de *Lire le Capital* ont bien perçu les différences entre Marx et Engels et soulignent l'historicisme de ce dernier. Ils n'ont toutefois pas saisi dans toutes ses dimensions le problème du travail abstrait (abordé notamment par Louis Althusser). Cela les conduit à concevoir le procès du travail et le procès de production essentiellement comme des procès matériels et non comme procès de valorisation. On peut penser que cette impasse est due à une conception trop étroite du concret de pensée (simple résultat de production de connaissances) alors que chez Marx il est production intellectuelle opposée à l'abstrait de pensée (le penser Pur) accroché aux formes de pensée objectives (partie des abstractions réelles). Le concret de pensée est partie prenante de l'exposition critique.

de grandeur. Or, dans les textes laissés par Marx, il s'agit indéniablement d'un problème logique, au sens où il l'entend, c'est-à-dire un problème de relation du Capital avec ses propres composantes et déterminations ainsi que de relation avec ses présupposés matériels et humains (cf. sur ce problème Stavros Tombazos, op. cit., et Daniel Bensaïd, *Marx l'intempestif,* Paris, 1995). Il ne considère donc pas les valeurs comme des fictions théoriques ou même des hypothèses scientifiques utiles, mais bien comme des déterminations existentielles du Capital (*Daseinsbestimmungen*). Il ne peut pas en effet y avoir de renouvellement ou de reproduction élargie du Capital s'il n'y a pas des processus de création de valeur *(Wertschöpfung),* c'est-à-dire utilisation massive de la force de travail, c'est-à-dire de journées de travail pour produire des valeurs nouvelles comprenant du surtravail (ou de la survaleur). Certes, la création de valeurs, comme liaison indestructible, entre le capital et les journées de travail dans leur dynamique de métamorphose en travail abstrait (et en survaleur), n'est pas visible, mais elle produit des effets qu'on ne peut circonscrire. Plus exactement elle est une médiation en acte, une différenciation du Capital d'avec lui-même qui se manifeste dans un premier temps comme intériorisation, c'est-à-dire comme mouvement d'incorporation. Toutefois cette exploitation globale du travail par le Capital total, pour reprendre les termes de Marx, ne peut suffire au Capital, il lui faut compléter l'incorporation par l'extériorisation, c'est-à-dire par la réalisation de la plus-value et sa propre circulation. La survaleur ou plus-value, produite socialement est, par ces mouvements, répartie proportionnellement aux capitaux engagés (capital constant plus capital variable). A ce niveau qui est celui de l'apparence ou des phénomènes par opposition à celui de l'essence (la «*Wertschöpfung*»), «la valeur des marchandises, dit Marx, ne se manifeste plus directement que dans l'influence qu'exercent les changements de la productivité du travail sur la hausse et la baisse des prix de production, sur leur mouvement...» (*Le Capital,* Livre III, p. 749).

Dans le procès de transformation et dans son point d'aboutissement, le Capital finit par faire oublier d'où il vient et d'où il puise sa force. Il semble n'être plus confronté qu'à des problèmes de répartition entre facteurs de production. Marx écrit à ce sujet: «Les éléments composant la valeur de la marchandise s'affrontent comme revenus autonomes qu'on rapporte à trois facteurs de production tout à fait différents: le travail, le capital et la terre dont ils paraissent résulter. La propriété de la force de travail, du capital et de la terre, se convertit pour eux en revenu. Mais la valeur ne prend pas naissance du fait d'une conversion en revenu: il faut qu'elle existe avant de pouvoir être convertie en revenu et pouvoir prendre cette forme. Mais l'illusion que tout se passe à l'inverse se renforcera d'autant plus que la détermination de la grandeur relative de ces trois éléments représente des lois différentes: leurs liens internes avec la valeur des marchandises, leur limitation par cette valeur ne se manifeste nullement à la surface de la société capitaliste » (*Le Capital*, Livre III, p. 782). La boulimie du Capital peut ainsi se dissimuler derrière la concurrence entre les revenus, c'est-à-dire derrière ce que Marx appelle des rapports de distribution, en occultant simultanément les rapports de production. C'est pourquoi il y a en raison de ce chatoiement des apparences au niveau du mode d'apparaître des revenus triplement et triplicité des processus de fétichisation, c'est-à-dire après le fétichisme de la marchandise, et celui du travail (confondu, avec ses aspects immédiats) le fétichisme du mode d'acquisition des revenus. Les catégories économiques telles qu'elles se présentent aux agents de la société capitaliste sont celles de la surface ou du mode d'apparaître: elles fournissent des explications en trompe-l'œil qui ne donnent pas les moyens de se repérer vraiment dans la dramaturgie du Capital. Dans sa production et reproduction des catégories économiques, le Capital ne peut que susciter de l'inexplicable et de l'irrationnel pour ces masques de caractère en quoi sont transformés les hommes.

Cela vaut pour les capitalistes, mais aussi pour les travailleurs salariés, car le salaire dans son mode d'apparition comme prix du travail n'est, comme le dit Marx (cf. *Le Capital*, Livre III, p. 744), qu'une expression irrationnelle de la valeur de la force de travail. Faire fond sur le travail sous sa forme immédiate et sur le salaire pris comme prix du travail en tant qu'éléments d'orientation pour la construction d'organisations d'exploités, c'est en conséquence s'intégrer *nolens volens* à la reproduction des rapports sociaux. En fonction de ses propres méprises théoriques, c'est cela qu'Engels ne peut percevoir clairement, et ce qui l'amène à sous-estimer les dangers d'enlisement dans l'ordre capitaliste pesant sur les organisations du prolétariat. Il ne comprend guère les relations dubitatives, interrogatives et inquiètes que Marx entretient avec le mouvement ouvrier. Conseillé et censeur souvent écouté de la social-démocratie il n'accorde qu'un crédit limité aux attaques de Marx contre les notions « d'Etat-libre » ou d'« Etat populaire» que propage la social-démocratie allemande. Il serait injuste, bien sûr, de l'accuser de statolatrie, mais il est très éloigné des réflexions critiques de Marx sur l'étatisme, sur les liens qu'il peut avoir avec le fétichisme du travail et un égalitarisme abstrait. Dans *L'origine de la famille, de la propriété privée et de l'Etat* comme dans *L'Anti-Dühring*, on ne trouve pas d'analyses développées sur l'inclusion des mécanismes étatiques et politiques dans la reproduction élargie du Capital. En revanche, on y découvre des vues assez étonnantes sur la crise de la société capitaliste et sur la dynamique de la transformation sociale (ou de la révolution sociale). Le Capital est conçu essentiellement comme anarchie de la production, comme absence de planification consciente des processus économiques. Dans ce cadre, les rapports de production qui créent l'anarchie sont confrontés à une révolte grandissante des forces productives et plus précisément des moyens de production. Engels va jusqu'à écrire dans *Socialisme utopique et socialisme scientifique* : «La force d'expansion des moyens de production fait sauter les liens que leur a mis le mode de produire capitaliste» (*MEW*, tome 19, p. 225). Ce que Marx dans le livre I du *Capital* appelle la subsomption réelle sous le commandement du Capital dans la grande industrie est donc pour Engels lettre morte, et il ne craint pas d'affirmer dans son texte *De l'autorité* qu'on ne peut supprimer l'autorité dans l'industrie (y compris l'autoritarisme des marchandises) sans supprimer la grande industrie elle-même (cf. *MEW*, tome 18, p. 307). Ce qu'il propose en substance, c'est de substituer l'organisation prolétarienne à l'organisation capitaliste grâce à la saisie de l'Etat qui passera progressivement à l'administration des choses, et cela sans que les rapports de travail soient véritablement remis en question. De ce point de vue, le contraste avec Marx est on ne peut plus frappant, qui, lui, dans ses notes sur le livre de Bakounine *Staatlichkeit und Anarchie (Etatisme et anarchie)*, dit que le prolétariat, au cours de la période où il lutte pour renverser la vieille société, agit encore sur la base de celle-ci et par la suite se meut dans des formes politiques qui appartiennent au passé et n'a pas en conséquence atteint sa constitution définitive (cf. *MEW*, tome 18, p. 636).

Peut-on après cela s'étonner qu'Engels puisse au contraire qualifier les théories de Marx de «conception du monde géniale» contredisant sans s'en rendre compte, tout ce que Marx essaye de penser sous les termes de critique de l'économie politique ou d'exposition *(Darstellung)*. Apparemment, il n'y a pas, pour Engels, d'inachèvement véritable de l'œuvre de Marx, de tensions entre projet et exécution, d'hésitations en elle sur les voies à suivre pour progresser dans la critique. A ses yeux, elle est complète, parce qu'elle semble fournir une grille d'interprétation universelle de l'histoire et de la société qu'il suffit d'alimenter en faits nouveaux et en théorisations secondaires pour la perfectionner et la rendre plus opératoire. Cette tendance à polir les aspérités, à faire disparaître des problèmes ou des difficultés se retrouve dans ce qui reste un des grands mérites d'Engels, l'édition posthume des livres II et III du *Capital* présentés comme des ouvrages quasi achevés. Or, les chercheurs qui travaillent à la nouvelle MEGA *(Marx-Engels Gesamtausgabe)* le disent très brutalement: il n'y a pas de manuscrit quasi terminés du Capital mais une masse considérable de textes souvent disparates, avec de nombreuses variantes dont on ne retrouve qu'une partie dans les Livres II et III sélectionnés et arrangés par Engels. Ils préparent en conséquence non pas une édition plus complète des livres II et III, mais une édition la plus complète possible des manuscrits de Marx en leur laissant leur caractère de travaux en cours d'élaboration (voir à ce sujet l'article d'un collaborateur de la nouvelle MEGA, Rolf Hecker, «Zur Herausgeberschaft des Kapitals durch Engels. Resümee der Bisherigen», Edition in der MEGA in *Utopie Kreativ*, Berlin, novembre 1995, pp. 14-24). L'exposition *(Darstellung)* devrait reprendre par là toutes ses caractéristiques critiques et sans doute ouvrir de nouveaux horizons à la critique de l'économie politique.

Mais, sans attendre, rien n'empêche dans l'immédiat de tenter une nouvelle lecture des textes certainement authentiques, légués par Engels. Cela peut se révéler particulièrement intéressant pour les nombreuses notations sur les classes sociales, notamment dans le livre III. On peut faire à ce propos une première constatation: nulle part Marx n'y parle des classes comme de sujets agissants ou comme d'acteurs collectifs intervenant consciemment dans les rapports sociaux. Les classes sont pour lui des complexes de processus et de mouvements sociaux qui ne peuvent être assimilés à des entités stables. Les classes ne se reproduisent jamais à l'identique parce qu'elles sont en permanence restructurées par l'accumulation et la circulation du capital. Les changements dans les rapports entre capital-marchandise, capital-argent, capital industriel déplacent sans discontinuer les rapports entre les différents segments de la bourgeoisie et les changements ininterrompus des machineries (technologies) imposent en outre des transformations rapides des modes de gestion de la force de travail et de sa reproduction. De même la classe des salariés exploités (tous ceux qui produisent du surtravail) est soumise à des mutations incessantes de sa composition (hiérarchie des tâches, qualifications, modalités de formation, modes d'insertion dans le procès de travail et dans le procès de production, etc.) et se voit renouvelée très fréquemment par des migrations et les apports de la mobilité sociale (exode rural par exemple). Bien entendu, les classes se confrontent et s'affrontent, s'articulent les unes aux autres de multiples façons en se conditionnant dans leurs relations mêmes, mais il faut faire attention que dans ces échanges, elles sont toujours en médiation avec le capital, se transmettent les mouvements du capital tout en s'y adaptant. Il n'y a d'ailleurs, à proprement parler, pas d'unité des comportements à l'intérieur des classes, parce que la concurrence entre les individus et les groupes est la règle plus que l'exception. Sans doute y a-t-il chez les exploités et les dominés des modes spontanés de résistance à l'exploitation (contre l'intensification du travail, contre l'allongement de sa durée, contre les baisses de revenus, etc.) qui réunissent nombre d'entre eux, mais cela reste sporadique, intermittent et cela n'exclut pas des divisions et des oppositions entre eux sur la façon de se défendre ou d'obtenir le meilleur prix pour le travail.

En tant que fonctionnaires du Capital, les capitalistes trouvent, eux, plus facilement leur unité, malgré la concurrence des multiples capitaux, parce qu'il leur suffit de se plier aux mouvements du Capital et d'accompagner ses pressions sur la force de travail pour se l'incorporer en tant que capital variable. Comme le dit Marx, ils ne sont même pas obligés de comprendre ce qui se passe, car, quant au fond, ils ont seulement à surveiller le profit d'entreprise, les taux d'intérêt et les fluctuations sur le marché du travail pour se déterminer. L'irrationalité de ce qui se passe à la superficie des processus économiques ne les gêne pas outre mesure, puisque cette irrationalité n'est pas un obstacle pour l'entretien et la reproduction du capital. Pour les exploités, en revanche, les effets dévastateurs de la dynamique du capital, leur caractère le plus souvent inintelligible à partir de la forme salaire (comme prix du travail) dans son opposition aux autres formes de revenus (revenus du capital et rente foncière) créent une situation d'«incertitude ontologique» difficile à supporter (cf. Adorno, *Einleitung in die Soziologie,* p. 130). C'est ce qui explique de nombreuses oscillations entre instabilité et rigidité existentielles: on ne sait plus à quel saint se vouer ou au contraire on s'accroche et se raccroche à des identités et des certitudes forcées. Tout cela rejaillit naturellement sur les modes d'agrégation et de solidarité et sur les formes de l'action collective. Ce sont des individus secoués par la concurrence et marqués par l'isolement face aux dispositifs du Capital qui doivent agir. Au quotidien, ils se donnent souvent les moyens d'être solidaires face à la répression patronale, la maladie ou l'accident, mais dès qu'il s'agit de se forger des instruments pour intervenir collectivement dans des champs plus vastes et de façon durable, ils ont tendance à construire des organisations en extériorité par rapport à eux-mêmes. Le plus souvent ils y cherchent de la sécurité contre ce qui les déstabilise et un minimum de réconfort contre les sentiments d'impuissance qui les assaillent périodiquement. Ils se projettent dans des mythes millénaristes ou des récits sur la fin du Capital, ils donnent plus ou moins aveuglément leur confiance à des figures charismatiques et à de puissantes organisations bureaucratisées au niveau politique comme au niveau syndical. Dans un tel cadre, il peut sans doute y avoir une vie associative intense (associations mutualistes, associations culturelles, clubs de loisir, etc.) que tempèrent en partie les effets de la bureaucratisation des organisations de masse. Mais il faut bien voir que cela ne modifie pas fondamentalement la relation de délégation que les exploités ont avec les organisations censées les représenter et que cela ne change pas non plus les formes de vie dominées par les mouvements de la valorisation. C'est pourquoi, à sa manière aussi, le monde de l'organisation est pour eux un monde décevant et déroutant, ce qui peut conduire beaucoup à la résignation et au désarroi.

Il est vrai que, sans ces institutions, bien des batailles ne pourraient être menées et Marx, dans ses textes contre les anarchistes, ne se fatigue pas de répéter que les améliorations obtenues en matière de durée du travail, de hausse des salaires ont des effets positifs pour la vie des travailleurs en diminuant la pression que le Capital exerce sur eux. Sans luttes et sans organisations, les travailleurs salariés seraient comme individus encore plus isolés et il serait néfaste d'adopter une attitude de tout ou rien (par exemple se refuser à intervenir dans le domaine de la législation du travail). Toutefois, cela ne doit pas interdire de poser la question des relations de méconnaissance que produisent les institutions dites prolétariennes par rapport au monde du

Capital. En défendant les salaires comme revenus du travail, elles occultent la captation et le conditionnement des capacités d'activité des salariés en force de travail assimilable à du capital variable, elles occultent également le fait que, derrière le travail immédiat comme dépense d'énergie individuelle, il y a un rapport social ainsi que du travail combiné et collectif. La conclusion s'impose, même si Marx ne le dit pas explicitement : le rapport social de méconnaissance doit céder la place à un rapport social de connaissance des mécanismes de captation ou de capture du travail vivant par le travail mort (le capital). Pour cela, il faut en premier lieu faire apparaître la réalité de ce que Marx appelle le travailleur collectif et qui ne se réduit pas à la coopération dans les entreprises ou les sites industriels, mais englobe les multiples formes de combinaison des activités et d'interdépendances dans la production sociale. Ce n'est plus la valorisation (la *Wertsetzung*) qui est l'objet de connaissance privilégié, mais ce qui la déborde, les activités poïétiques des hommes, leurs échanges symboliques et matériels. A ce niveau il faut toutefois prendre garde à une méprise ; en aucun cas il ne s'agit de prendre la valeur d'usage, le travail concret, les communications pour des référents solides et fiables ou pour des points d'appui déjà acquis pour la transformation sociale. En effet ils ne peuvent perdre leur caractère second par rapport au Capital que si l'on procède à la déconstruction de l'axiomatique de ce dernier, c'est-à-dire à la déconstruction et à la dénaturalisation des principes de synthèse sociale et des énoncés opératoires de la valorisation qu'il impose aux individus de la société capitaliste (voir à ce sujet G. Deleuze, F. Guattari, *Mille plateaux*). Dans ce but, ce qui se passe à la superficie des rapports sociaux doit être mis en relation avec les lois de mouvement du capital. En même temps les échanges cognitifs entre les individus et les groupes doivent se dépouiller des formes d'appropriation possessive, d'accaparement et de hiérarchisation qui jouent en faveur de la valorisation particulariste des savoirs. En ce sens, la production de nouvelles connaissances est inséparable de la construction de nouveaux liens sociaux, de nouvelles temporalités opposées à celles du Capital pour faire remonter au jour tout ce qui est refoulé et oublié pour satisfaire aux exigences du Capital. La connaissance comme nouveau rapport social s'affirme ainsi comme dépassement de l'isolement, de la concurrence et surtout de la violence dans les relations interindividuelles.

Si l'on s'engage dans cette voie, la lutte des classes apparaît sous de nouvelles couleurs. Elle n'est plus seulement lutte contre l'exploitation économique et l'oppression politique, elle est aussi lutte pour l'affirmation d'individus associés et surtout lutte pour l'affirmation du travailleur collectif (ou du «général intellect») contre la seconde nature établie par le Capital et plus particulièrement contre la «naturalité» du travail de surveillance et de direction. Dans le chapitre XXIII du Livre III du *Capital*, Marx montre qu'un tel type de travail n'est pas intrinsèquement lié à la production de plus-value (ou survaleur) ou à la reproduction du Capital et qu'il peut être sensible à l'attraction du travailleur collectif et porté à s'y fondre. Il écrit à ce propos: «La production capitaliste, elle, est arrivée au stade où le travail de haute direction, entièrement séparé de la propriété du Capital, court les rues. Il est donc devenu inutile que ce travail soit exercé par le capitaliste lui-même. Un chef d'orchestre n'a pas besoin d'être le propriétaire des instruments; le «salaire» des autres musiciens ne le concerne en rien et n'a rien à voir avec ses fonctions de dirigeant... Affirmer la nécessité de ce travail comme travail capitaliste et fonction des capitalistes ne signifie rien d'autre que l'incapacité du vulgaire de se représenter les formes développées au sein de la production capitaliste dégagées et libérées de leur caractère capitaliste contradictoire» (*Le Capital*, Livre III, p. 359). Cette lutte pour déposséder le capital des puissances sociales et des puissances intellectuelles de la production rencontre, bien sûr, un obstacle de taille avec la très grande différenciation des fonctions et des tâches dans l'économie. Mais il n'est pas insurmontable si l'on oppose à la différenciation capitaliste qui est une différenciation hiérarchisée (de privilèges et de prérogatives) une différenciation socialisante et associative (mobilité des fonctions et des tâches, renouvellement des formations, etc.). Le Marx de *La critique du programme de Gotha* le dit très bien: il ne s'agit pas de niveler, d'aligner tout le monde à partir de considérations égalitaires abstraites, il s'agit au contraire de permettre à chacun d'avoir des connexions multiples et riches au monde et aux autres en s'ouvrant au maximum d'échanges.

On ne risque guère de se tromper en disant que Marx a en vue une sorte de procès d'exposition *(Darstellung)* pratique, où les individus s'appuient mutuellement (par opposition à l'exploitation mutuelle de Stirner) pour tirer le meilleur parti des situations, des événements et se sortir d'eux-mêmes. Cela fait ressortir à quel point la question des formes d'action et des formes d'organisation devient décisive. Sur ce point, Marx n'est pas très bavard, mais on peut facilement se rendre compte qu'il est très loin de ceux qui ont théorisé les formes d'action et d'organisation du mouvement ouvrier à l'époque de la IIe et de la IIIe Internationale. A titre d'exemple, on peut prendre le Lukacs d'*Histoire et conscience de classe* et ses *Remarques méthodologiques sur l'organisation*. Lukacs, dans ce texte, dénonce très efficacement les conceptions organicistes de l'organisation, c'est-à-dire les conceptions dominantes dans la IIe Internationale, marquées par l'idée que l'évolution de la société capitaliste conduit au socialisme par des processus quasi naturels (concentration et centralisation du Capital). Il n'a pas de peine à montrer que cet économisme optimiste laisse faire en réalité la logique du Capital et permet beaucoup d'adaptations opportunistes. Les formes d'organisation, celles du parti de masse social-démocrate en l'occurrence, se caractérisent quant au fond par le fait qu'elles n'impliquent pas de conséquences fortes pour l'action. Plus précisément, elles n'ont pas de liens avec des pratiques révolutionnaires et peuvent à bon compte se donner des allures démocratiques en tolérant des discussions entre réformistes et révolutionnaires à condition qu'elles ne soient pas suivies d'effets déstabilisants pour l'appareil. A ces conceptions quiétistes, Lukacs oppose une conception de l'organisation comme médiation entre théorie et pratique et comme moyen de faire face à la «crise idéologique intérieure du prolétariat» due au retard de sa conscience par rapport aux tâches révolutionnaires, particulièrement lorsque la société est ébranlée dans ses fondements (cf. *Histoire et conscience de classe,* Paris 1960, p. 343). Cette médiation, c'est le parti comme figure autonome de la conscience de classe et comme moment de la prise de conscience du prolétariat. Là où se manifestent des réactions plus ou moins chaotiques, le parti révolutionnaire introduit de la discipline et pousse à l'absorption de la personnalité dans la praxis (cf. *Histoire et conscience de classe,* p. 360).

Or, il y a là quelque chose de franchement contraire à l'idée marxienne de processus émancipatoires par rapport aux contraintes du travail et se concrétisant notamment par des tendances au développement d'individualités multilatérales. Si l'on se tourne vers les textes de Marx sur la Ire Internationale, on voit bien qu'il ne place pas les formes d'organisation sous l'égide d'une discipline de fer et d'une épuration quasi permanente. Dans un passage très significatif de *La Guerre civile en France,* il écrit: «La multiplicité des interprétations auxquelles la Commune a été soumise et la multiplicité des intérêts qu'elle a exprimés montrent que c'était une forme tout à fait susceptible d'expansion, tandis que toutes les formes antérieures de gouvernement avaient été essentiellement répressives» (*La guerre civile en France,* Pékin, 1972, p. 73). Il loue l'union et le concours fraternel que se donnent les ouvriers, souligne l'importance de l'initiative sociale dans les processus qui se sont produits sous la Commune, initiative sociale qui doit permettre au peuple de reprendre sa propre vie sociale. Il n'entend donc pas imposer des formes d'organisation et d'action prédéterminées, il appelle au contraire de ses vœux une pluralité de formes d'organisation, complémentaires et évolutives, c'est-à-dire se transformant au fur et à mesure que les processus émancipatoires s'approfondissent et libèrent le travail, «condition fondamentale et naturelle de toute vie individuelle et sociale» (*ibid.*, p. 182). Il est, certes, difficile de voir dans ces indications de Marx une théorisation élaborée de formes d'organisation et d'action, et *a fortiori* des formes politiques. Il faut reconnaître, en outre, qu'on reste aussi sur sa faim lorsqu'on lit les textes de Marx sur l'Etat, la bureaucratie, la dictature du prolétariat, etc. Mais on doit porter à son crédit l'obstination avec laquelle il reste jusqu'à la fin fidèle à l'exposition critique (la *Darstellung*), c'est ce qui fait qu'il reste encore à découvrir et qu'il est d'une actualité qui ne faiblit pas.

Bibliographie

T. W. Adorno (1993), *Einleitung in die Soziologie,* Suhrkamp Verlag, Frankfurt/Main.

T. W. Adorno (1995), *Kants Kritik der reinen Vernunft,* Suhrkamp Verlag, Frankfurt/Main.

D. Bensaïd (1995), *Marx l'intempestif,* Fayard, Paris.

G. Deleuze, F. Guattari (1980), *Mille Plateaux,* Editions de Minuit, Paris.

K. Marx (1953), *Grundrisse der Kritik der politischen Oekonomie,* Dietz Verlag, Berlin.

K. Marx (1953), *Ausgewählte Briefe,* Dietz Verlag, Berlin.

K. Marx (1972), *La guerre civile en France,* Editions en langues étrangères, Pékin.

K. Marx (1976), *Le Capital,* Livres I, II, III, Editions sociales, Paris.

S. Tombazos (1994), *Le temps dans l'analyse économique. Les catégories du temps dans le Capital,* Cahiers des saisons, Paris.

4. CRITIQUE DE L'ÉCONOMISME ET ÉCONOMISME CHEZ MARX

On reproche souvent à Marx d'avoir conçu son œuvre de critique de la société capitaliste dans une perspective économiste en sacrifiant, en particulier dans ses écrits de la maturité, à un paradigme de la production. La réalité sociale serait ainsi réduite à la production de la vie et au travail comme activité d'auto-réalisation. L'économique deviendrait par là la clé pour comprendre la constitution des sociétés. Pour prendre un exemple contemporain de ces critiques, on peut se référer à Jürgen Habermas qui croit pouvoir discerner chez Marx une sous-estimation préjudiciable de la communication et de son rôle dans les rapports sociaux en même temps qu'une surestimation des aspects instrumentaux et cognitifs dans l'agir humain. Il est vrai que, pour avancer de telles vues, Jürgen Habermas peut s'appuyer sur la tradition marxiste elle-même, sur ces innombrables commentaires, traités, manuels qui ont ressassé la prédominance de l'économie, du travail et ont interprété le passage à un autre type de société comme fondamentalement lié à une réorganisation de l'économie.

Pourtant si l'on veut bien se donner la peine de lire Marx avec attention, sans dévotion, ni déférence, mais aussi sans prévention, on peut trouver chez lui des mises en question explicites de l'économisme propre aux sociétés contemporaines. On peut d'abord constater qu'il refuse d'hypostasier le travail, et d'en faire une sorte de relation instrumentale transhistorique des hommes à la nature et à leur environnement. Le travail dont il parle n'est pas un donné anthropologique, une activité de production qui se caractériserait essentiellement par ses prolongements techniques (les instruments de travail, les outils de production) et par ses résultats observables (produits, services). Ce n'est donc pas au premier chef une activité (ou un ensemble d'activités coordonnées), c'est un rapport social, un agencement social spécifique d'activités. Il explique inlassablement dans les *Grundrisse*, comme dans le *Capital*, que le travail concret des individus dans la production est le support du travail abstrait qui alimente le renouvellement et l'extension du capital. En d'autres termes le rapport social de travail est un mode de captation d'une part essentielle des activités humaines au bénéfice d'une immense machinerie sociale (le mouvement des capitaux). Le travail dans la société capitaliste n'est en aucun cas dominé par la recherche de valeurs d'usage ou par une logique de la consommation, mais bien par une logique de la production pour la production de valeurs (capitaux et marchandises). L'économisme est inhérent à la société capitaliste, il est fondé sur l'autonomisation des mouvements de valorisation par rapport à ceux qui en sont porteurs, les travailleurs salariés qui voient leur échapper les conditions de production, et les capitalistes, qui ne sont guère plus que des fonctionnaires du capital. Le rapport social de travail n'est pas une confrontation directe, immédiate entre capitalistes et salariés, il est surtout rapport entre des capitaux, rapport entre les différentes composantes du capital, capital constant et capital variable, absorption du travail vivant par le travail mort.

C'est tout cela que Marx se propose d'élucider et de déconstruire en mettant en évidence les aveuglements de l'économie politique. Dans les *Théories sur la plus-value* (*Theorien über den Mehrwert*), il s'efforce notamment de montrer les faiblesses de la théorie de la valeur-travail de Ricardo. Pour ce dernier il s'agit essentiellement d'une théorie de la mesure par le temps de travail et les quantités de travail. Or, avant même de mesurer, il faut savoir ce que l'on mesure et se demander, comme dit Marx, ce qui constitue la substance du travail, et bien sûr, de la valeur. Pour cela, on doit se garder de faire appel à des référents naturels, mais au contraire on doit analyser des formes sociales en mouvement, et des dynamiques qui donnent forme à des relations sociales. Le travail comme activité n'est pas spontanément une réalité homogène et pour qu'il puisse devenir la partie variable du capital, il faut qu'il subisse toute une série de conditionnements et de métamorphoses. Il faut en particulier qu'il y ait conditionnement de la capacité d'agir et de travail des salariés pour en faire une force de travail, c'est-à-dire un mode d'intervention répétitif et estampillé (qualification, formation) dans la production. Le temps de travail, en ce sens, ne relève pas d'une temporalité naturelle, il est une résultante des métamorphoses du capital (le retour à lui-même après des transformations successives). Ces substances, le travail et la valeur, sont en ce sens des substances en mouvement qui passent de formes en formes et il serait vain de vouloir les étalonner à partir d'instruments de mesure simples, statiques et fixes une fois pour toutes. Comme le fait observer Marx contre Ricardo, la journée de travail n'est jamais identique à elle-même, et partagée selon les mêmes proportions entre travail nécessaire et survaleur[1].

Il y a en fait une dialectique complexe de la captation du travail vivant par le travail mort (la machinerie capitaliste). Les travailleurs salariés sont une réalité vivante, plastique qui est elle-même confrontée aux changements incessants des rythmes de l'accumulation du capital. Des ajustements, des adaptations, voire des mutations de relations entre les procès du capital et les procès de travail sont en permanence à l'ordre du jour. Les rapports entre capital et travail ne sont ainsi jamais vraiment au repos, même si le rapport social de production se reproduit à travers le mouvement même de l'accumulation sous la dominance du capital. C'est pourquoi il faut bien voir que l'objectivité de la valeur (et de la dynamique de la valorisation) qui s'impose à tous les agents économiques est de nature processuelle. Marx le signale en faisant remarquer que la valeur doit organiser sa propre représentation (*Darstellung*) et développer ses propres instruments de mesure à travers la valorisation. Il écrit de façon caractéristique, toujours dans les *Théories sur la plus-value*, que la grandeur de valeur n'est que la forme de la valeur ou la forme de la marchandise[2], et que, pour saisir l'économique, il faut recourir à ses déterminations formelles ou encore déployer sa déterminité formelle (*Formbestimmheit*). Ce langage peut sembler obscur de prime abord: il s'éclaire cependant assez vite, si l'on admet comme Marx que la dy-

---

1. Voir à ce sujet *Theorien über den Mehrwert*, tome II, p. 401. Berlin, 1959.
2. *Ibid.*, p. 168.

namique économique autonomisée et dominante par rapport aux autres activités sociales passe par-dessus la tête des hommes. Les rapports économiques sont, certes, produits et reproduits par les agents économiques, mais ils se présentent essentiellement comme des rapports sociaux entre des choses.

Pour employer un autre langage, on pourrait dire que la socialité est comme déposée dans les formes de la valorisation, et que les représentations objectivantes que ces dernières produisent sans discontinuer éblouissent et aveuglent les individus. Cela a pour effet d'occulter des aspects importants de l'exploitation, notamment ses aspects collectifs, ce que Marx appelle l'exploitation du travail combiné (ou encore de la journée de travail combinée) et qui, au-delà de la coopération dans les entreprises, joue sur toutes les interdépendances et synergies dans la production sans les reconnaître. Pour le capital, il n'y a pas en effet de travail social (ou de travaux socialisés), mais seulement des porteurs de force de travail isolés les uns par rapport aux autres, et cela bien que les salariés constituent ensemble un travailleur collectif multiforme en constante évolution. De ce point de vue, l'exploitation, au-delà des dépenses d'énergie consenties par les salariés individuellement, se manifeste comme négation sans cesse renouvelée des liens et des échanges qui ont lieu dans la production. La plus-value, comme la grandeur de valeur, est donc avant tout une forme sociale qui dépouille le travail de son caractère social alors même qu'elle le quantifie. Elle est à la fois appropriation et expropriation : appropriation particulariste de forces collectives et expropriation des connexions sociales que développent les individus dans le procès de travail. C'est ce que Marx exprime avec force dans le livre I du *Capital* lorsqu'il dit que le capital s'incorpore les puissances sociales et intellectuelles de la production. C'est ce qu'il essaye de faire comprendre à certains économistes socialistes d'inspiration ricardienne qui réclament pour les travailleurs le droit au produit intégral du travail. Le problème qu'il faut affronter n'est pas seulement de démontrer qu'il y a du travail non payé dans le procès de production, mais aussi de démonter la dynamique des formes économiques autonomisées.

On voit par là la grande originalité de la critique de l'économie politique que Marx voulait promouvoir. Elle ne pouvait se contenter de critiquer telle ou telle thèse d'Adam Smith ou de Ricardo : il lui fallait élucider également le rapport de l'économie en tant que réalité sociale, en tant que construction sociale de représentations et en tant qu'ensemble symbolique opaque et contraignant. Les grands économistes classiques ont été capables de mettre en lumière un certain nombre des forces motrices du capitalisme commençant, la faim de travail du capital, la concurrence des capitaux la division du travail, la logique de l'accumulation, mais, selon Marx, ils n'ont su mettre au point un appareil catégoriel susceptible de cerner, derrière la superficie, les lois du mouvement de l'économie. Ils se sont souvent égarés dans des inconsistances, ont confondu des niveaux d'analyse. Lorsqu'ils ont voulu cerner des catégories comme le salaire, le profit, la rente foncière, ils se sont empêtrés dans les contradictions et les solutions boiteuses. En fait, leur conceptualisation est restée linéaire en cherchant à aplanir les discontinuités et à établir des connexions immédiates là où il aurait fallu mettre au point des médiations. En fonction de tout cela, ils ont inévitablement oscillé entre généralités vides et empirisme à courte vue, sans pouvoir stabiliser leur discipline. Leurs successeurs ont, eux, purement et simplement renoncé à aller au-delà des apparences, et ont limité leur ambition à donner une formulation doctrinaire aux représentations (*Vorstellungen*) ordinaires sur l'économie[3]. C'est bien pourquoi la critique de l'économie politique doit mettre en question le mode de travail théorique propre à l'économie politique classique, autrement dit sa façon de penser son objet et de choisir son terrain de travail. Pour les économistes classiques, l'objet à connaître est en quelque sorte immédiatement donné: il est d'élucider les conditions d'une activité de production rationnelle. Ils n'ont ainsi pas de besoin de s'interroger sur la spécificité du mode de produire dans lesquels ils sont immergés. Ce qui les intéresse fondamentalement, c'est d'arriver à comprendre les obstacles qui s'opposent au développement continu de la production et non les rapports sociaux qui s'expriment et se renouvellent à travers la production. En raison de ces impensés, ils acceptent sans s'en rendre compte comme évidentes les cristallisations d'automatismes de représentations et de pensée dans les formes économiques, ce que Marx appelle les formes de pensée objectives («*objektive Gedankenformen*») ou encore les abstractions réelles («*Realabstraktionen*»). Ils ne peuvent en conséquence pénétrer le capital et le travail comme hiéroglyphes sociaux, comme fantasmagorie socialement déterminée d'une relation purement instrumentale et technique à la production.

---

3. *Ibid.*, t. III, p. 499.

En succombant au fétichisme des formes économiques, ils pensent en définitive à l'ombre du capital. Il en découle que la critique de l'économie politique ne peut être une meilleure théorie économique ou encore la recherche des lois positives de l'économie. Elle ne peut être qu'une autre façon de penser l'économie et, plus encore, une autre façon de penser les rapports entre activité théorique et société. Il lui faut réfléchir ses propres conditions d'exercice, penser ce qu'elle fait en pensant et son positionnement par rapport aux relations sociales. Elle n'aspire pas à une vaine neutralité sociale sous couvert d'objectivité scientifique, mais pour autant elle ne se laisse pas prendre aux pièges de la condamnation morale et du refus éthique du capitalisme. La tâche fondamentale qu'elle se fixe, c'est de mettre fin à des conceptualisations qui ne font qu'épouser les objectivités sociales sans les questionner et qui, par là même, ignorent superbement les obstacles et les barrières que rencontre le travail de connaissance.

Dans la recherche d'une nouvelle conceptualisation, la critique marxienne de l'économie ne prend pas à proprement parler le contrepied des concepts de l'économie classique, elle les déplace et les insère dans d'autres problématiques. Il ne s'agit plus de bâtir un système ou une axiomatique, mais de suivre des enchaînements de formes économiques (c'est-à-dire sociales), de rendre compte des médiations qui conduisent de la marchandise au capital porteur d'intérêt en passant par la monnaie. Il faut toutefois faire attention que cette conceptualisation prend à chaque pas des distances avec ce qu'elle conceptualise, qu'elle ne fait pas que théoriser des changements de forme, mais aussi des passages aux extrêmes, des déséquilibres et des crises. C'est ce qui explique l'affinité de cette conceptualisation avec la conceptualité hégelienne. Comme Hegel, Marx veut combler le fossé entre l'intellect et l'objectivité en détruisant des systèmes de représentations, et l'on comprend que la Grande Logique puisse exercer sur lui une telle fascination. Pour autant la dialectique marxienne ne conduit pas à la réconciliation apaisée de l'Esprit, du monde et de la société. Elle thématise au contraire la dialectique des formes sociales comme une dialectique des séparations sans cesse renouvelées et des unifications de processus toujours précaires. Ce sont les abstractions réelles qui mènent la danse dans un mouvement qui relève de la fuite en avant. Le capital se reproduit en multipliant les dégâts et sans se laisser arrêter par les catastrophes humaines que cela suscite. Les choses ne peuvent changer que si la nouvelle conceptualité critique se fait force sociale et politique pour remettre la société sur ses pieds et changer les modalités des activités humaines (notamment leur subsomption réelle sous le commandement du capital) [4].

L'entreprise critique de l'économie politique ainsi conçue est interminable, du moins tant que dure le règne d'un capital toujours en train de se transformer. Elle ne peut donc rester identique à elle-même et se présenter comme achevée et maîtrisant au préalable les changements de l'économie. Or, on peut douter que Marx ait été parfaitement conscient de cette constellation théorique. Le 10 octobre 1868 il écrit à Engels qu'il faut transformer l'économie politique en science positive [5] et les préfaces au *Capital* vont également dans ce même sens. Marx, il est vrai, n'entend pas la science dans un sens positiviste (à la même époque les références à Hegel sont toujours très nombreuses). On le sent toutefois pressé de damer le pion aux grands économistes et à leurs épigones (à cette économie vulgaire qui recherche la complétude). Il est en effet persuadé que le dépassement du capitalisme est à l'ordre du jour (il est contemporain des révolutions de 1848 et de la Commune de Paris) et il est convaincu qu'il lui faut livrer à un mouvement ouvrier en plein essor une arme théorique acérée, la formulation définitive des lois du mouvement de l'accumulation capitaliste, en vue d'affrontements plus ou moins imminents. Alors qu'il refuse des lois générales de l'histoire, il semble implicitement admettre que le sort du capitalisme est déjà scellé par ses contradictions économiques, d'ailleurs appelées à s'exacerber. La crise économique prend, dans ce contexte, une valeur emblématique: elle est le nœud où tout doit se dénouer. C'est vraisemblablement cela qui explique les longs développements sur la baisse tendancielle du taux de profit en fonction de l'élévation de la composition organique du capital [6].

Marx, apparemment, ne s'aperçoit pas qu'en s'engageant sur cette voie, il se montre infidèle à ce qu'il dit par ailleurs sur la préséance de la forme par rapport à la mesure. Ce sont de fait les grandeurs de va-

---

4. Cette reprise et cette transformation de la dialectique hégélienne ne se limite pas à une «coquetterie», mais elle n'a rien à voir avec le développement d'une philosophie de l'histoire.

5. Marx-Engels, *Ausgewählte Briefe*, Berlin, 1953, p. 245.

6. Voir à ce sujet les remarques critique de quelqu'un qui se situe dans une filiation marxienne, R. Brenner, *The Economics of Global Turbulence*, numéro spécial de la *New Left Review,* mai-juin 1998, pp. 11-12.

leur qui prennent le dessus sur la valeur comme substance-mouvement dans cette loi présumée. On peut faire des remarques analogues à propos du problème de la transformation des valeurs en prix de production. Dans les formulations de Marx, les calculs des valeurs et des prix de production, de la plus-value et des profits doivent être tout à fait congruents et compatibles entre eux en tant que grandeurs (quantités) sans tenir compte de la variabilité des mesures dans le mouvement des formes, sans tenir compte du fait que valeurs et prix ne renvoient pas à des référents naturels. On serait tenté de dire que dans cette entreprise impossible Marx s'est laissé prendre dans les filets de Ricardo.

Il serait faux évidemment de dire que cet économisme est affirmé et consciemment assumé. Bien des textes de Marx, en particulier les textes historiques, montrent qu'il ne néglige pas la dimension culturelle ou politique des problèmes qu'il aborde. Pourtant cet économisme, même s'il reste latent, a des effets tout à fait négatifs. Il restreint l'horizon de Marx, il l'empêche en particulier d'entrevoir toutes les conclusions à tirer de ses analyses sur le rapport social de travail, sur la captation de l'essentiel de l'activité des salariés qu'il entraîne. Il est frappant de constater qu'il ne s'interroge guère sur les conséquences du passage obligé de la socialité par les abstractions réelles, par ces objectivités sociales non maîtrisées qui imposent leur dynamique aux relations sociales. Il fait bien remarquer, dans les *Grundrisse*, que la société n'est pas composée d'individus, mais de rapports de rapports. Il n'essaye pourtant pas de savoir si cela n'aboutit pas à faire du rapport social quelque chose d'extérieur, de surimposé aux échanges entre les individus et entre les groupes sociaux. C'est pourquoi il lui est très difficile de saisir que les rapports sociaux ne sont pas là pour le déploiement des activités et des échanges humains, et que ce sont au contraire ces derniers qui sont là pour le déploiement des rapports sociaux. La socialité n'est pas proximité, elle est distance, elle se profile comme une seconde nature dans laquelle il faut trouver sa place et s'assurer un minimum d'espace à travers la concurrence et les affrontements. Dans ce cadre, les liens sociaux et la sociabilité ne sont jamais donnés une fois pour toutes, ils doivent en fait être conquis contre un environnement hostile, contre les rapports de valorisation-dévalorisation, d'appréciation-dépréciation dans ce que les hommes font les uns avec les autres, les uns contre les autres. Marx en a plus ou moins conscience, et il lui arrive de mentionner ce type de problèmes. Il ne les met cependant pas au centre de ses préoccupations.

On peut de même constater qu'il s'intéresse assez peu au sort que le rapport social capitaliste réserve à l'individuation. Il serait, bien sûr, injuste de lui reprocher d'ignorer les phénomènes d'oppression et d'exploitation auxquels les individus sont confrontés. Dans son œuvre, les dénonciations de la misère, des injustices et des souffrances infligées à la classe ouvrière, particulièrement aux femmes et aux enfants, sont très nombreuses. Il appelle de ses vœux une société où les individus seraient libérés des chaînes qui les asservissent, où le développement de chacun serait la condition du développement de tous. Dans les *Grundrisse* par exemple, il évoque l'apparition ou l'éclosion d'une individualité multilatérale, forte de la multiplicité de connexions permise par l'extension des échanges et des communications. Il s'inquiète toutefois assez peu des conditions qui seraient nécessaires pour qu'une telle individualité puisse voir le jour. Il insiste sur l'importance d'une libération de la temporalité et il estime indispensable de mettre fin aux phénomènes de séparation par le travail associé. En même temps il admet implicitement que les individus sont de plain-pied avec leur subjectivité, et ne sont donc pas clivés comme disent les psychanalystes, c'est-à-dire partagés entre l'adaptation aux contraintes sociales et la recherche de relations libres, entre la recherche de la jouissance dans l'affrontement avec les autres et la pacification des relations interindividuelles, et plus profondément encore partagés dans leur affectivité, amour et haine de soi, hypertrophie et atrophie du moi. Dans le rapport social capitaliste, l'économie des relations affectives est ainsi très clairement marquée par la cumulation des déséquilibres et une profonde instabilité dans la perception des expériences et la mise au point des perspectives de vie. L'individualisation en définitive est paradoxale, dans la société capitaliste, elle s'achète au prix d'une incapacité à utiliser pleinement et dans la réciprocité les connexions au monde et à la société: elle ne constitue pas un fondement solide pour la libération et des individus et de la société.

Cela revient à dire que les individus, avec leurs ambiguïtés, leurs ambivalences, et les faiblesses de leurs subjectivités participent de la reproduction des rapports sociaux, notamment parce qu'ils n'épargnent pas leurs efforts pour reproduire leur individualité paradoxale. Chacun essaye de défendre des acquis ou de conquérir de nouvelles positions dans le champ de la valorisation. Les «fortes» personnalités, qui sont telles parce qu'elles peuvent s'appuyer sur l'activité de beaucoup d'autres sans avoir à le reconnaître, cherchent, bien entendu, à être des hommes d'élite, voire des démiurges qui «réalisent» par-dessus la tête du commun des mortels. Ils sont prêts pour cela à se couler dans tous les mouvements de la valorisation et à favoriser les asymétries de pouvoir dans les rapports sociaux. Ceux qui sont placés en position d'infériorité, parce qu'ils sont du côté du travail salarié, tentent soit d'échapper à leur condition soit d'améliorer une situation précaire en faisant mieux que le voisin. Très souvent c'est l'échec qui sanctionne ces efforts, en laissant derrière lui des sentiments d'impuissance et de résignation, mais aussi de l'amertume et du ressentiment qui peuvent être projetés contre les plus faibles. Même si l'on admet qu'on peut toujours trouver de la révolte – au-delà de l'adaptation et de la résignation qui prédominent – cette révolte n'est pas par elle-même un mouvement social, pas plus qu'elle ne permet forcément d'accéder à une connaissance adéquate de ce qui se passe, surtout si l'on prend en compte les mécanismes de la subsomption réelle sous le commandement du capital pour utiliser la terminologie de Marx. Les connaissances sont en effet produites socialement et les intelligences individuelles ne peuvent s'abstraire de ce que Stephen Toulmin [7] appelle l'écologie de l'esprit, de l'organisation spatio-temporelle des échanges symboliques, c'est-à-dire des rapports sociaux de connaissance. Il serait, certes, absurde de postuler que les pratiques cognitives sont à sens unique et qu'elles ne traduisent pas des pluralités de points de vue et de grandes diversités sub-culturelles. Il faut néanmoins ne pas fermer les yeux sur le fait qu'elles sont fortement aimantées et polarisées par les activités de valorisation qui induisent des divisions et cloisonnements du travail intellectuel, ainsi que des modalités différentielles de circulation et d'élaboration des informations. Comme le dit encore Stephen Toulmin les idées sont des institutions et sont très souvent sélectionnées parmi les productions cognitives en fonction des contributions qu'elles peuvent apporter aux stratégies de recherche. Les idées, en conséquence, sont dépendantes de relations de pouvoir et des inégalités dans la répartition des ressources cognitives. Toutes les interrogations et toutes les argumentations n'ont pas le même poids dans la production cognitive. Certains savoirs deviennent légitimes, d'autres au contraire ne sont pas reconnus, voire purement et simplement refoulés à partir de critères qui ne

---

7. S. Toulmin, *Kritik der Kollektiven Vernunft*, Frankfurt, 1972.

sont pas toujours transparents (par exemple les savoirs pratiques des opérateurs dans l'industrie).

Les notations, les ébauches d'élaborations théoriques sur ces thèmes sont nombreuses chez Marx. Dans le *Capital*, il parle de la captation des puissances intellectuelles de la production par la machinerie sociale capitaliste, il critique avec beaucoup d'acuité la fétichisation des formes sociales (la chosification des marchandises par exemple) dans les pratiques quotidiennes et dans les pratiques théoriques. Il déconstruit avec beaucoup de virtuosité les catégories de salaire, de profit, de rente de l'économie classique pour éclairer les formes économiques et sociales. Mais, de façon surprenante, il s'arrête en cours de route ! Il abandonne en particulier un certain nombre de ces acquis théoriques, lorsqu'il est question de la lutte des classes et de l'analyse des classes. Sans qu'il le dise jamais explicitement, la classe ouvrière est posée par lui comme une entité forte, comme une sorte de structure qui produit des effets puissants sur ceux qui y sont inclus. L'exploitation économique (le travail non payé dans la consommation productive de la force de travail par le capital) est censée être le point de départ de phénomènes majeurs de résistance et de solidarité, puis d'organisation et de la lutte politique. Les seuls obstacles que Marx envisage sont soit la concurrence sur le marché du travail et les pesanteurs idéologiques, obstacles qui, à la longue, ne doivent pas empêcher le passage de la défense des intérêts immédiats (la vente de la force de travail dans de bonnes conditions) à la promotion des intérêts historiques à la libération du travail. Il n'examine donc pas la réalité de la classe ouvrière dans tout ce qu'elle peut avoir de contradictoire, de complexe et surtout d'oppressif. Les formes de vie dans lesquelles les ouvriers doivent organiser le conditionnement de leur force de travail, sa mise à disposition du capital et sa reproduction sont rien moins que transparentes. Pour les individus, elles sont à la fois familières et opaques, rassurantes et pleines de menaces. Elles ont toutes les apparences du naturel et de l'horizon indépassable, mais elles ne donnent pas les moyens de pénétrer les mécanismes de la socialisation capitaliste et de comprendre comment elle codifie et enferme les activités humaines en les séparant les unes par rapport aux autres. Cela n'interdit pas qu'il y ait des résistances aux pressions du capital, ni non plus que la coalition gréviste se prolonge en solidarité syndicale et en activité politique pour certains. Pourtant, cela n'autorise pas à tirer la conclusion que formes de résistance et formes d'organisation mettent fin à la subordination des formes de vie aux formes de la valorisation. On y est d'autant moins autorisé que les pratiques syndicales et politiques bureaucratisées s'insèrent parfaitement dans la compétition économique et politique propre aux sociétés capitalistes accordant un minimum de libertés démocratiques.

Au fond, Marx s'illusionne lui-même et cède à une véritable pétition de principe, lorsqu'il attribue un très haut degré d'expressivité et de prise de conscience à un enchevêtrement de formes sociales et de formes de vie comme la classe ouvrière de son temps. Il surestime la capacité des groupes sociaux et des individus opprimés à bousculer aussi bien les structures cognitives et culturelles que les limitations des pratiques sociales. Cela le conduit à transfigurer, voire à sacraliser le travail salarié qui, avant même tout processus de transformation du rapport social de travail, devient l'incarnation emblématique de l'émancipation. C'est cela qui le conduit à faire de la crise économique un élément essentiel de préparation à la transformation révolutionnaire de la société, un peu comme si la crise de surproduction et de suraccumulation mettait entre parenthèses des aspects fondamentaux de la domination capitaliste. La révolution, dans cette perspective, se fait apocalypse et parousie, comme si elle était éclatement des contradictions et illumination d'une scène jusqu'alors dans la pénombre. La révolution ne transforme, évidemment, pas la société comme par un coup de baguette, elle enlève à l'ancienne classe dominante les instruments de coercition et ouvre par là la voie à la transformation des rapports de production. Il serait, certes, injuste d'affirmer que Marx réduit la transformation révolutionnaire à ce seul aspect des choses. Les *Gloses marginales au programme de Gotha* et *La guerre civile en France*, si riches en aperçus sur les problèmes juridiques, sur les problèmes de la démocratie, font la démonstration du contraire. On ne peut cependant se départir de l'idée qu'il y a chez lui une tendance à la simplification et à la réduction des thèmes à soulever. La notion de travail associé qui fonctionne comme l'indicateur principal de la transformation des rapports sociaux n'est jamais élaborée analytiquement et reste en conséquence métaphorique. Plus grave encore, Marx ne s'interroge pas suffisamment sur les relations de pouvoir dans les rapports sociaux, ce qui hypothèque lourdement sa conception de la politique (et des phénomènes de violence qu'elle comporte).

Cela est tout à fait perceptible à travers certaines de ses incertitudes et de ses sauts théoriques. Il parle tantôt de dictature du prolétariat, tantôt de voie pacifique et parlementaire vers la transformation sociale, sans que cela corresponde à des théorisations très poussées. L'activité politique, en réalité, n'est pas véritablement questionnée, décortiquée dans ses articulations et ses applications aux pratiques sociales fondamentales. Elle correspond à des échanges entre les groupes sociaux et les individus sur les orientations à suivre au niveau des institutions. Elle est de ce point de vue confrontation sur les équilibres à créer ou à défendre dans les relations sociales, ce qui veut dire qu'elle ne peut s'affranchir par décret des rapports de pouvoir préalablement existants, en particulier des rapports de pouvoir passant par les automatismes sociaux et les mécanismes étatiques. En apparence, il peut y avoir égalisation des inégalités de pouvoir grâce à la représentation politique. En réalité cette dernière est tout à fait perméable aux pressions et contre-pressions venant des rapports économiques et cela d'autant plus que les groupes sociaux et les individus doivent se valoriser (ou se dévaloriser) les uns par rapport aux autres. La politique est par suite une compétition inégalitaire, où l'on a peu de chances de s'affirmer quand on dispose de peu de ressources économiques et culturelles. Il y a comme une sorte de droit d'entrée en politique, à tarifs plus ou moins prohibitifs, que beaucoup ne peuvent payer. Autrement dit, on ne naît pas au politique, on y accède par des processus complexes sans pouvoir jamais lui donner l'extension et la profondeur nécessaires pour intervenir sur les rapports sociaux. La politique n'est pas la puissance de multitudes articulées, mais l'organisation d'une circulation limitée et hiérarchisée des pouvoirs dans la société.

Cette limitation de la politique et du politique constitue inévitablement un obstacle à toute transformation sociale d'ampleur. Il faut, en conséquence, changer d'abord la politique pour pouvoir changer véritablement la société : cela signifie concrètement qu'il faut faire travailler la politique sur elle-même en vue de modifier la composition et la répartition des pouvoirs dans la société, en vue également de modifier peu à peu les relations de concurrence et de violence dans les rapports sociaux et interindividuels. Or, il apparaît bien que Marx ne cherche pas à formuler ce complexe de problèmes, qu'il ne peut, pour cette raison, approfondir. Il propose des modalités concrètes de perfectionnement de la démocratie, de gestion des affaires publiques en les coiffant de grands principes généraux. Les perspectives qu'il esquisse restent vagues et floues (par exemple le dépérissement de l'Etat) et la négation du capitalisme (et de la politique dont il est porteur) ne dépasse pas le stade de la négation abstraite. Marx, qui est si profondément hostile aux grandes constructions utopiques abstraites, se révèle ici incapable d'ouvrir la voie à la négation déterminée de l'ordre établi et des pratiques qui lui sont spécifiques, incapable, par conséquent, de tracer les contours de pratiques en voie de transformation au niveau politique, comme au niveau du quotidien. En prenant cette orientation, il est vrai involontairement, il laisse ainsi la porte ouverte à des constructions mythologiques, mythologie de la révolution, mythologie de la conscience de classe prolétarienne qui doit dire le sens de l'histoire, mythologie du parti révolutionnaire incarnation privilégiée de la conscience de classe. De fait, cette faille dans le dispositif théorique marxien sera à l'origine de toute une série d'errements catastrophiques du mouvement ouvrier, et surtout du mouvement communiste, tout au cours du XXe siècle.

Ces dérapages marxiens, dans le domaine de la théorie politique ont, comme on vient de le voir, quelque chose à voir avec l'économisme, un économisme qui relève de la présence d'un impensé dans la critique de l'économie politique, c'est-à-dire d'une pensée qui ne maîtrise pas son propre mode de penser. Le Marx qui se débat avec la dialectique hégélienne en tant que confrontation du penser avec le monde et la société, a certainement une perception intuitive de failles ou de manques dans le fonctionnement de la raison ou dans l'affirmation de la rationalité. Pourtant il n'explicite jamais ses intuitions et entre autres ne se demande pas quels sont les pièges que l'activité de pensée doit éviter dans le cadre des rapports sociaux de connaissance et quels outils critiques elle doit se forger pour ne pas se leurrer elle-même. C'est pourquoi il lui est quasiment impossible de se prémunir et de prémunir ceux qui viendront après lui contre des dérives acritiques dans la conceptualisation. Marx veut croire que la théorie peut s'emparer des masses et que les masses peuvent s'emparer de la théorie en corrigeant ses abstractions. Il ne semble pas se douter que les conditions du travail théorique ne permettent pas facilement de dégager une perspective simultanée de désenclavement de la théorie et de transformation des pratiques. La pensée critique elle-même n'est pas immunisée contre les changements de conjoncture intellectuelle, contre les tangages et les roulis théoriques suscités par les mouvements de la valorisation, contre les effets d'hypnose et de fascination qui naissent du jeu des abstractions réelles. Pour elle, il est impératif de prendre conscience que les processus de pensée sont, sans discontinuer, partagés entre la tendance à coller à ce qui se donne immédiatement pour le réel et la tendance à produire du fantasme, de l'idéal ou de l'illusion. C'est ce que Nietzsche appelle la pensée nihiliste, qui, pour s'écarter de son positivisme, fabrique des idoles et suit des lignes de fuite vers de faux dieux. Comme le monde de la marchandise, la pensée saisie par le nihilisme se doit d'exhiber sans cesse de la nouveauté et se faire amnésique en laissant derrière elle des cimetières conceptuels. C'est dire que la pensée critique n'a pas seulement besoin de prendre ses distances avec elle-même et de faire preuve de réflexivité, mais qu'elle doit s'interroger sur les conditions sociales de possibilité de la réflexivité pour arriver à ce qu'Adorno appelle la réflexion seconde. Le rapport social de connaissance doit devenir lui-même champ d'investigation, investigation des échanges intellectuels collectifs et de la production collective des connaissances. C'est ce que pressent Marx dans les *Grundrisse*[8] en faisant référence à un «general intellect» appelé à contrôler le travail social. Manifestement il ne conçoit pas ce «general intellect» comme une sorte de super-cerveau qui aurait à réagir centralement les processus sociaux. Il pense plutôt à des échanges intellectuels multiples, interdépendants, qui mobilisent et font circuler des savoirs au bénéfice de tout le monde. L'idée, à peine esquissée, est séduisante, mais il faut voir qu'aujourd'hui le «general intellect» est d'une certaine façon passif, c'est-à-dire soumis aux dispositifs de la valorisation et de la division intellectuelle du travail. Aussi si l'on veut mettre en œuvre une véritable révolution intellectuelle, faut-il se fixer comme objectif l'élucidation des conditions d'un autre fonctionnement du «general intellect», d'une activation des échanges cognitifs et des échanges sur les rapports sociaux à établir. L'usage de l'intelligence ne doit plus être un privilège et il faut donc se demander comment pourrait apparaître une autre division intellectuelle du travail et d'autres rapports au savoir. En allant dans cette direction, il deviendra possible de se poser autrement le problème de la transformation sociale, sans succomber à la tentation d'en faire une idole. A l'heure de la mondialisation *(Globalisierung)* cela n'a rien d'académique.

---

8. *Grundrisse der Kritik der politischen Ökonomie*, Berlin 1953, p. 594.

5. LA LECTURE SYMPTOMALE CHEZ ALTHUSSER[1]

On a souvent accusé Louis Althusser de scientisme et de dogmatisme dans les milieux les plus divers. Pourtant un certain nombre de ses textes ont une portée tout à fait antidogmatique et font craquer les coutures du corset de l'orthodoxie. Si l'on se réfère par exemple à la préface de *Lire le Capital,* on ne peut manquer d'être frappé par l'importance que prend la notion de lecture symptomale, lecture qui ne cherche pas à être une lecture entre les lignes ou ce qui pourrait être une simple lecture du soupçon, mais entend interroger les textes sur ce qu'ils doivent à ce qu'ils ne maîtrisent pas. Un texte n'est pas seulement intéressant parce qu'il organise logiquement, par les argumentations qu'il développe de façon apparemment rigoureuse, mais aussi par tout ce qui désorganise son ordre, par tout ce qui l'affaiblit. La notion de lecture symptomale ne doit donc pas être prise dans un sens essentiellement psychanalytique – les bévues de l'auteur – mais dans une acceptation beaucoup plus large: les difficultés subjectives (comment dire ce que l'on a du mal à comprendre) et objectives (la complexité du contexte) à situer et à cerner une problématique expli-

---

1. Communication au colloque sur Althusser de l'Université de Paris VIII (janvier 1991) déjà parue dans l'ouvrage *Politique et philosophie dans l'œuvre de Louis Althusser,* sous la direction de Sylvain Lazarus, PUF, 1993.

cite dans toutes ses implications. Comme le dit très bien Althusser, il ne peut y avoir de lecture véritablement féconde qu'à condition de renoncer à une lecture à livre ouvert en s'enfermant dans les limites d'une écriture qui serait révélation et d'une lecture religieuse qui lui ferait écho dans une transparence épiphanique. On présuppose que c'est le «logos» lui-même qui écrit et, dans la lecture, on se soumet à son verdict.

L. Althusser sait quant à lui qu'il n'y a pas de lecture innocente qui donnerait immédiatement le sens de ce qui s'écrit et se lit. La limpidité du texte et de sa réception est une illusion d'ordre idéologique qu'il faut combattre à tout prix. Il faut au contraire se convaincre qu'il ne peut y avoir de lecture linéaire, de lecture qui ne questionnerait pas les silences des textes, leurs bévues, les réponses sans question qu'ils peuvent contenir. La lecture symptomale doit en quelque sorte produire un autre texte qui éclaire et déplace le premier, rend lisible ce qui autrement aurait été illisible. Elle ne produit pas pour autant un nouveau texte plus parfait qui se contenterait de combler des manques conceptuels. Elle fait apparaître de nouvelles problématiques et de nouveaux objets à travailler. Surtout elle fait entrevoir une nouvelle façon de concevoir la théorie et de faire de la théorie. Il ne s'agit plus de subsumer des données sous des systèmes formels, il s'agit de faire bouger des dispositifs théoriques dans leurs relations à des dispositifs pratiques. La théorie produit des connaissances, mais elle ne peut être théorie de la connaissance, au sens où elle codifierait les rapports des sujets connaissants avec les objets à connaître. La lecture symptomale montre bien qu'il faut se méfier de ce prétendu face-à-face entre sujets et objets, entre connaisseurs et champ de connaissance, et qu'il faut se centrer sur les processus de pensée et les objets qu'ils produisent. La pensée n'est pas la propriété quasi juridique, la possession jalousement gardée de ceux qui font de la théorie à un moment donné, elle est la manifestation d'interactions théoriques, d'emprunts et de croisements intellectuels et de travaux en réseaux. Elle est travail permanent sur elle-même, et la rigueur théorique, elle la trouve moins dans la recherche de fondements que dans la confrontation de problématiques. La lecture symptomale, en ce sens, est une partie éminente du travail théorique, elle n'est pas seulement critique d'erreurs et de fautes, mais aussi mise en évidence d'indices nouveaux et de questionnements inédits. Elle est investigation, avant l'élaboration et la formalisation.

En procédant à la lecture symptomale du *Capital* de Marx, L. Althusser fait donc œuvre sacrilège et en même temps œuvre de dépoussiérage. Le texte de Marx n'est plus un texte sacré qui fournit des réponses constituées et délivre de la tâche ingrate de penser, c'est un texte dont l'intérêt se trouve dans son incomplétude même. Il n'est plus question d'interpréter *Le Capital* et de trouver la bonne recette de lecture, mais de le faire parler sur ses impensés et ses contradictions. Dans cette lecture, il n'y a pas d'orthodoxie qui tienne, que ce soit une orthodoxie du contenu (les propositions théoriques supposées de Marx) ou une orthodoxie de la méthode (la dialectique). *Le Capital* n'est évidemment pas n'importe quel texte (il est critique de la société capitaliste) mais, si l'on veut travailler sur lui, il faut lui refuser tout privilège épistémologique et le mettre littéralement à la question. L. Althusser rompt ainsi avec la tradition marxiste qui se préoccupe seulement de «développer», de «compléter» un corps de doctrine censé avoir produit l'essentiel des instruments intellectuels nécessaires à la compréhension du monde contemporain. Althusser part au contraire de l'idée qu'il y a une dramatique insuffisance des instruments dont on dispose pour faire ses comptes avec la société actuelle. Il lui faut par conséquent mener une guerre théorique contre la complaisance de beaucoup de marxistes dans ce domaine et procéder à une lecture symptomale inquiète de Marx et de son œuvre, mais qui soit aussi audacieuse pour produire des effets de subversion dans le champ théorique. La lecture symptomale ne peut se contenter de rectifier quelques thèses hasardeuses, elle doit avoir l'ambition d'aller jusqu'aux fondations théoriques qui sous-tendent l'œuvre de Marx.

On ne peut donc s'étonner que L. Althusser essaye de déceler dans *Le Capital* la philosophie implicite de Marx, celle qui est à l'œuvre dans la mise au point de catégories analytiques et dans le mouvement de la théorisation elle-même. Sans doute, *Le Capital* n'est-il pas le tout de la philosophie de Marx, mais il la dévoile dans ses effets, dans ce qu'elle proscrit et condamne. Pour L. Althusser, dans *Le Capital*, il n'y a pas de philosophie de l'histoire, il n'y a pas d'explication «économiste» et «techniciste» des mouvements de la société. En filigrane, on peut y observer la recherche d'un dépassement de toutes les conceptions téléologiques des processus sociaux, c'est-à-dire crypto-théologiques, qui assignent des objectifs ou des finalités préalables au foisonnement des mouvements sociaux. Dans *Le*

Capital, une grande partie des efforts de Marx sont tournés effectivement contre les explications métasociales, contre les schémas déterministes, contre les conceptions naturalistes de l'économie et des relations sociales. On peut par suite considérer qu'une grande partie des philosophes se disant marxistes se trouvent en porte-à-faux par rapport à Marx et son entreprise iconoclaste. La philosophie de Marx ne cherche pas des certitudes, ni des vérités définitivement établies, elle tente d'éclairer et d'étayer un déchiffrement critique de la société capitaliste. Elle ne se prétend pas infaillible, mais elle veut se donner les moyens de traquer les pesanteurs et les compromissions intellectuelles, c'est-à-dire les complicités avec l'ordre et l'état de choses existants. L'intention critique, bien évidemment, n'est pas une garantie contre les défaillances théoriques et l'intérêt de la lecture de Marx faite par Althusser est de montrer qu'il y a des failles dans les fondations et que le travail doit être remis sans cesse sur l'établi.

Althusser note ainsi que Marx n'arrive pas à déterminer quel est exactement son rapport à l'économie politique classique, plus précisément n'arrive pas toujours à situer les différences qui distinguent l'économie classique de sa critique de l'économie. Marx note que le mot plus-value est absent chez les classiques (notamment chez Ricardo), comme s'il ne s'agissait que de l'absence d'un mot et non de l'absence d'une conceptualisation. Comme le fait remarquer L. Althusser, Marx ne réalise pas toute la portée de sa découverte: la plus-value impose une véritable rupture avec la théorie de la valeur-travail dans sa version la plus élaborée (celle de Ricardo), rupture que Marx n'arrive pas à penser jusqu'au bout. Althusser fait également remarquer que Marx conçoit les catégories de l'économie politique classique comme des catégories qui refusent leur propre historicité, mais qu'il a du mal à cerner lui-même ce que peut être l'historicité de l'économie en postulant une sorte d'opposition-inversion entre l'ordre logique (l'ordre des catégories) et la succession historique (des catégories). Il ne s'aperçoit pas que l'ordre logique (le jeu des catégories les plus développées dans la structuration de l'économie capitaliste) est déjà théorie de la dynamique sociale et que la succession historique linéaire, vue sous l'angle du développement des catégories (du simple au complexe) relève de la genèse d'un mode de production ou d'une formation sociale sans fournir de clé pour saisir leur historicité spécifique. Pour L. Althusser, il ne fait pas de doute que ces incertitudes marxiennes renvoient à un rapport peu explicité et élucidé à la philosophie hégélienne, rapport placé sous le signe très métaphorique du renversement matérialiste de la dialectique. Marx se garde, bien entendu, de mettre la matière à la place de l'esprit, mais il ne s'interroge pas assez sur le finalisme inhérent au mouvement dialectique selon Hegel et à la circularité qui lie le commencement à la fin, faisant du mouvement un retour aux origines. Marx connaît trop bien Hegel pour avoir ignoré un certain nombre de ces problèmes, mais il a cru à une transposition sur un autre terrain et à partir d'autres prémisses sans maîtriser vraiment les règles et conditions de cette transposition.

C'est ce qui explique que Marx ne soit pas très au clair quant à sa propre philosophie et aux conséquences qu'elle peut avoir. Marx, a par exemple, renoncé aux théories de la connaissance, mais cela ne l'a pas conduit à construire une théorie de la production des connaissances. Il en résulte qu'il ne peut développer une théorie des différences entre idéologie et science et donc tracer une ligne de démarcation nette entre discours scientifique et discours idéologique. En ce qui concerne l'idéologie, Marx hésite constamment entre une conception dénonciatrice et une conception qui fait de l'idéologie un discours spécifique à des couches et des situations sociales. A propos de la science, les indications de Marx dans *Le Capital* sont limitées et l'on arrive mal à discerner ce qui le sépare des conceptions de la science dominantes à son époque (par exemple de certaines conceptions naturalistes) lorsqu'il s'exprime sur ce thème dans les préfaces au *Capital*. Il n'y a en fait chez lui ni théorie de la science ni théorie de l'histoire de la science (de la production du discours scientifique). En somme Marx n'a pas réfléchi la pertinence des objets scientifiques qu'il a construits (entre autres l'objet Capital) et n'a pas poussé l'élaboration de sa propre pratique scientifique dont les implications sont pourtant révolutionnaires. Il est assez frappant en particulier de voir que le statut de la critique de l'économie politique reste imprécis. Marx sait que son discours critique sur l'économie politique classique a une portée scientifique, mais il n'arrive pas à le saisir comme production d'une théorie régionale et historiquement située de l'économie et de ses effets de société et donc comme promesse d'un bouleversement des sciences sociales. Marx a également permis la découverte de ce qu'Althusser appelle le «continent histoire», mais sans en tirer toutes les conclusions nécessaires, notamment sans rejeter explicitement les vues qui font des temporalités historiques des temporalités linéaires et homogènes, sans se débarrasser non plus de la catégorie ontologique du «présent» qui sert de soubassement aux théories de la contemporanéité et de la coprésence (des phénomènes et des temps sociaux), ce qui permet d'occulter le jeu de temporalités différentielles dans les structures sociales. Un des grands mérites de Marx, selon L. Althusser, a été de mettre au point la notion de concret de pensée comme fruit de multiples déterminations abstraites et, par là, d'avoir réussi à se défaire des conceptions attribuant à la pensée une emprise directe sur le réel. Mais L. Althusser constate que dans ce domaine non plus Marx n'a pas vraiment théorisé la rupture qu'il était en train d'opérer et qu'il est parfois retombé dans des vues marquées subrepticement par la vieille dialectique du sujet connaissant et de l'objet à connaître. On retrouve enfin cette tendance à s'arrêter à mi-chemin, lorsque Marx traite de la totalité et de la contradiction sans vraiment prendre ses distances avec la totalité expressive et avec la contradiction dialectique.

Cette lecture symptomale de Marx est certainement très audacieuse. Elle fait descendre Marx d'un piédestal où l'on a eu tort de le hisser en le rendant inaccessible et par conséquent inutilisable. Elle restitue un Marx faillible, qui se trompe sur des questions qui ne sont pas mineures. Elle le rend par la suite accessible et utilisable! On peut penser avec lui, comme on peut penser contre lui et au-delà de lui. Cette lecture symptomale est en même temps rigoureuse et exigeante: elle invite à ne pas prendre Marx par petits morceaux, en l'utilisant de façon éclectique, mais au contraire à le prendre dans son mouvement pour déchiffrer la réalité capitaliste, dans les réussites et les échecs qui marquent cette entreprise. Autrement dit, la lecture symptomale faite par Althusser appelle d'autres lectures symptomales de Marx qui, au besoin, s'interrogeront sur les limites de la lecture althussérienne pour en prolonger les effets. Il n'est évidemment pas question ici de s'engager dans une telle entreprise. On se contentera de prendre quelques exemples. Dans *Lire le Capital*, L. Althusser affirme que la plus-value n'est pas quantifiable, sans s'étendre plus longtemps sur ce thème. L'affirmation est pourtant décisive dans la mesure où elle infirme toute une partie de l'élaboration marxienne (entre autres la transformation des valeurs en prix de production), dans la mesure où elle incite à développer une conception qualitative de la valeur et de la plus-value (survaleur) préalablement à toute considération de quantification. Elle oriente en fait la réflexion vers une conception «anti-naturaliste» de la valeur et du travail. Plus précisément, elle conduit à penser que le temps de travail n'est pas le fondement ou le référent de la valeur, mais qu'au contraire la mesure du travail humain est une expression de la forme sociale valeur et de la forme valeur des produits du travail. Il faut que le travail humain devienne la marchandise force de travail, il faut que le travail comme dépense concrète d'énergie matérielle et intellectuelle se transforme en permanence en travail abstrait pour que le calcul capitaliste puisse avoir lieu effectivement. L'appropriation de travail non payé, c'est-à-dire du surtravail, est en définitive le fruit d'opérations sociales qui établissent et expriment des relations de production (capital-travail salarié), c'est-à-dire traduisent la captation d'une partie des activités humaines par et pour la production et la reproduction du capital. Dans tout cela, l'égalisation et l'homogénéisation d'activités hétérogènes et sans cesse changeantes ne sont pas des réalités primaires, mais des réalités dérivées, bien que nécessaires, et liées à la contrainte de quantification inhérente à la reproduction du capital lui-même. Comme L. Althusser l'a bien compris, la dogmatique de la valeur travail mène à des impasses.

La lecture symptomale en tant que pratique théorique chez Althusser apparaît donc singulièrement féconde, mais elle est aussi hautement paradoxale, parce qu'elle s'arrête devant certains thèmes et textes de la tradition marxiste et communiste. Tout se passe comme si, face à certains blocs massifs de cette tradition, la lecture symptomale ne pouvait agir qu'à la marge ou périphériquement. On constate ainsi qu'Althusser essaye de penser mieux le «matérialisme dialectique» et le «matérialisme historique» que l'orthodoxie stalinienne, mais qu'il ne critique pas ouvertement la pesante métaphysique qui sert de théorie au mouvement communiste. Pendant des années, il accepte apparemment sans broncher l'idée qu'il existe une théorie «marxiste-léniniste». Il est vrai qu'un texte comme *Lénine et la philosophie* peut être interprété comme une façon de déplacer, de modifier ce «marxisme-léninisme» pétrifié. Il est vrai aussi que L. Althusser souligne à plusieurs reprises que certains concepts utilisés dans le mouvement communiste sont *in statu nascendi*, à l'état pratique et il lui semble pouvoir les privilégier par rapport à ceux qui ont pris une forme apparemment définitive dans la doctrine. A l'évidence il pense que la théorie du mouvement communiste peut être réformée et corrigée par des coups de pouce successifs et par une tactique d'enveloppement intellectuel. Il fait par conséquent comme si les bourdes théoriques du « marxisme-léninisme » ne faisaient pas système et comme si on n'avait pas à se poser le problème de son efficace et de ses liens à des pratiques déterminées, en somme le problème de son inscription et de son insertion dans un monde, celui du « socialisme réellement existant » et du mouvement ouvrier international. A la décharge de L. Althusser, on peut faire remarquer qu'il critique dans les théories et les pratiques du mouvement communiste un « économisme » tenace, un « historicisme » quiétiste (on va dans le sens de l'histoire), un « humanisme » satisfait qui se croit déjà possesseur de « l'homme nouveau ». Mais force est de constater que ces critiques sont conçues comme partielles, même si elles renvoient à des questions très importantes. L. Althusser voit des facteurs de stagnation ou de recul là où il faudrait voir des manifestations d'oppression et des germes d'auto-destruction.

C'est ce qui obère la thématique althussérienne de la critique de gauche du stalinisme, car elle ne peut aller jusqu'aux racines de ce qu'elle veut combattre. En effet pour aller jusqu'au bout d'une telle entreprise, il faut mettre en question les présuppositions de ce que l'on entend critiquer. En l'occurrence il est indispensable de remonter aux présuppositions de la tradition marxiste et de se poser le problème plus général du rapport à la tradition dans le monde contemporain. Le désenchantement du monde, pour reprendre la terminologie de Max Weber, désacralise la tradition et permet d'avoir avec elle un rapport plus libre. Mais en même temps il rend cette relation particulièrement difficile et complexe, parce que la tradition doit être ré-élaborée, épurée et enrichie par les différentes générations pour empêcher, selon les termes de Marx, que le passé ne soit un poids mort pour les vivants. Dans ce domaine il ne peut y avoir aucun tabou, ni non plus de pure et simple négation, car un travail doit être effectué sur la tradition en fonction des problèmes du présent et de l'avenir, en fonction des affrontements sociaux et des perspectives de transformation de la société. De ce point de vue, on ne peut pas dire que L. Althusser n'ait pas une certaine conscience du problème. On peut trouver plusieurs textes où il manifeste sa méfiance à l'égard de la tradition philosophique comme de la tradition marxiste, mais jamais il ne prend le problème à bras le corps comme un problème majeur de toute philosophie aujourd'hui. Il y a là un point aveugle sur lequel il y a lieu de s'interroger en soumettant L. Althusser, à son tour, à une lecture symptomale.

Dans l'œuvre d'Althusser, il y a une présence discrète, pour ne pas dire allusive, de Martin Heidegger, sous forme de mentions rapides qui créent autant d'absences. Cela signifie que L. Althusser considérait certainement Heidegger comme un philosophe de première importance, mais qu'il ne pensait pas nécessaire de placer un débat avec lui au centre de ses préoccupations. Cela signifie notamment que les thématiques de la destruction de l'ontologie, du dépassement de la métaphysique, qui ne devaient pas lui déplaire, ne lui paraissaient pas avoir de portée pour le renouvellement de la philosophie marxiste. Or, l'œuvre de Heidegger avant la «Kehre» (le tournant) est une tentative radicale pour régler les comptes avec la tradition philosophique[2] et la pratique philosophique afin de renouveler la façon de philosopher. On peut, bien sûr, faire remarquer que le point de départ de la réflexion heideggérienne est la critique de la tradition philosophique catholique. Mais il ne faut pas oublier non plus que cette réflexion s'étend très vite à la philosophie occidentale classique ainsi qu'à la philosophie antique pour élucider leurs présuppositions. Cette réflexion se concrétise très vite dans des thèses critiques sur les concepts de sujet, d'homme, de «cogito» qui offrent beaucoup d'analogies avec des thèses avancées par L. Althusser à partir de sa propre réflexion. Il n'apparaît donc pas trop aventuré ou hasardeux de se demander si la destruction heideggérienne de l'ontologie n'est pas à prendre au sérieux et si elle ne constitue pas un apport significatif à la philosophie.

En préalable, on peut sans doute objecter que la destruction de l'ontologie selon Heidegger est une sorte de remontée aux origines pour parvenir ensuite à une ontologie fondamentale. Mais cette objection tombe lorsque l'on prend en considération les travaux préparatoires à *Sein und Zeit*, en particulier ceux qui s'efforcent de radicaliser la phénoménologie de Husserl et de lui faire dépasser le transcendantalisme. Dans les cours sur *L'herméneutique de la facticité*[3], la destruction de catégories ontologiques comme sujet, personne, homme, présent, présence permet d'accéder à la compréhen-

---

2. Voir à ce sujet le livre de Werner Marx, *Heidegger und die Tradition,* deuxième édition, Hambourg, 1980.

3. Cf., Martin Heidegger, *Ontologie (Hermeneutik der Faktizität),* Gesamtausgabe Band 63, Frankfurt/Main, 1988. Voir également *Logik die Frage nach der Wahrheit,* Gesamtausgabe Band 21, Frankfurt, 1976.

sion du *Dasein*, mais celui-ci n'est pas une origine ou un fondement, il n'est pas non plus l'objet d'un avoir, pas plus que d'un savoir au sens habituel du terme. Comme le dit Heidegger, le *Dasein* a un caractère d'évidence labile et se prête mal à un croire dans l'évidence. Le *Dasein* comme rapport à l'être, comme interprétation de ce rapport ne possède pas les assurances ou les certitudes que donnent les théories théomorphiques ou anthropomorphiques. Il est jeté dans le monde, il est être-dans-le-monde, il n'est pas un fait, et l'herméneutique de la facticité qui permet de le dégager des sédimentations prédicatives n'est pas le point de départ de la philosophie, tout au plus le travail nécessaire pour l'empêcher de s'égarer. Pour Heidegger, tout au moins pour le Heidegger d'avant la «Kehre», la philosophie doit reconnaître sa précarité et la nécessité de traquer de façon permanente ses propres illusions. A proprement parler, elle n'est pas articulée à une ontologie positive, mais à une ontologie négative, ce qui doit lui permettre de dépasser le subjectivisme et l'objectivisme. Etre-dans-le-monde, ce n'est pas de façon primaire vivre au milieu d'étants réduits à une existence matérielle indifférente, déconnectée de ses relations au *Dasein*, c'est au contraire être en relation avec les étants. Le *Dasein* n'est pas une réalité solipsiste, il est sans doute rapport à soi, mais aussi rapport au monde et aux autres dans la mesure où il est être-dans-le-monde.

La philosophie n'est pas en ce sens une réalité autarcique, produite par la conscience subjective, elle est interrogation sur le *Dasein* sur son être-dans-le-monde, sur sa capacité à devenir sujet avide de maîtrise, mais aussi sujet qui se perd dans une objectivité seconde (du mutisme des choses) et dans le refoulement de l'angoisse (conséquence de l'être-dans-le-monde) et de tout ce qui n'est pas familiarité.

L'interpellation du sujet ne renvoie donc pas de prime abord à l'idéologie (et plus précisément à l'idéologie juridique), mais à des modalités complexes de l'être-dans-le-monde, à sa structuration profonde. Elle relève en particulier de la temporalité, d'une temporalité du présent et du maintenant *(Jetzt Zeit)* qui est fermeture du *Dasein* et affirme son hégémonie sur le passé et le futur (le présent comme point de passage obligé dans un temps vulgaire de la succession indéfinie). Dans un tel cadre la philosophie n'a certainement pas à énoncer des vérités premières sur ce que doit être le rapport à l'être, et l'être-dans-le-monde du *Dasein*. Elle n'est pas «prima philosophia» ou «philosophia perennis» mais réflexion provisoire et toujours recommencée sur les possibilités du *Dasein*, le devancement de la mort dans la finitude. Elle est pour cela réflexion sur l'historicité et tout ce qui peut la bloquer en histoire linéaire infinie, sans pour autant être philosophie de l'histoire. Elle n'a pas à dire le sens et n'a même pas à faire des rappels à l'ordre, car elle n'est pas en possession d'un ordre. Elle a simplement à poser des questions là où on n'en pose généralement pas, là où règne l'indifférence la plus satisfaite.

Faut-il alors admettre que la destruction de l'ontologie selon Heidegger jette toute la clarté nécessaire sur les problèmes posés jusqu'ici ? A dire vrai, la réponse ne peut être que négative pour quelques raisons essentielles. Il faut faire remarquer en premier lieu que Heidegger n'a jamais vraiment élaboré les concepts de *Mitsein* (être avec), *Miteinander sein* (être ensemble), ce qui signifie qu'il n'a pas de véritable conception de l'intersubjectivité comme élément essentiel de l'être-dans-le-monde. Il définit bien le langage comme dialogue *(Gespräch)*, mais il n'en fait pas un élément essentiel de l'interaction et de l'intersubjectivité.

Il ne peut par suite poser clairement la question de la socialité, pas plus que celle de l'individualité. La socialité n'est pas pour lui un élément essentiel de l'être-dans-le-monde et de son environnement *(Umwelt)*, ni non plus la résultante complexe de combinaisons de relations intersubjectives, de réseaux d'interactions et d'institutions inscrits dans et portés par des jeux de langage, elle est tout simplement «Gemeinschaft» (communauté), c'est-à-dire du social simple, postulé sans discontinuités et sans différenciations majeures[4]. De même l'interpellation du *Dasein* en sujet et sa constitution en individu sont saisies par Heidegger, au-delà des déterminations primaires par le refoulement de l'angoisse, l'abandon au présent et à la tyrannie du «on», comme passant essentiellement, au niveau des déterminations secondaires par la religion, la théologie, la philosophie et leur histoire. Dans un tel cadre, il ne peut y avoir de véritable dialectique de l'individualité et de la socialité et de leurs conditionnements réciproques. Surtout il ne peut y avoir une compréhension de leur historicité conjointe et disjointe, de leur composition et de leur opposition. L'histoire n'y trouve pas son compte, puisqu'elle devient histoire de la métaphysique occidentale et histoire de l'oubli de l'être au lieu de chercher à être histoire des hommes dans leurs difficultés à être dans

---

4. Cf. Werner Marx, op. cit.

leur monde et entre eux. La philosophie n'y trouve pas son compte non plus, puisque, dans sa version heideggérienne, elle ne peut penser son rapport à la politique autrement qu'en termes de destin de la communauté nationale (avant la «Kehre»). Il faut ajouter qu'il est tout aussi difficile de penser philosophiquement le rapport aux sciences dans la perspective heideggérienne puisque les sciences relèvent seulement de la «techné», de l'oubli de l'être ainsi que de la hantise de la maîtrise du monde. Dans cet aplatissement, il n'y a plus assez de place pour une réflexion différenciée sur le rôle et la place des sciences dans la marche de la société, et dans l'histoire d'aujourd'hui.

Les déficiences heideggériennes que l'on vient de mettre en lumière ne sont pas telles qu'elles disqualifient toute l'œuvre. Elles permettent au contraire de mieux faire le tour des forces et des faiblesses de la pensée de Heidegger, de mieux situer les lieux où il doit y avoir confrontation avec elle. C'est pourquoi l'on regrettera de nouveau que L. Althusser n'ait pas procédé à cette confrontation pour élargir son propre horizon, éclairer sa propre thématique philosophique. On peut toutefois avancer une hypothèse pour expliquer cette abstention althussérienne. Confronté à la contamination de la philosophie par les sciences sociales et humaines, à son parasitage par des discours positivistes d'origines diverses, L. Althusser est très soucieux, trop soucieux de préserver sa spécificité et sa rigueur. C'est pour cela que, selon lui, une partie importante de l'activité philosophique consiste à tracer des lignes de démarcation avec d'autres domaines et surtout avec des discours abusivement baptisés philosophiques. La philosophie, c'est-à-dire la philosophie marxiste, ne peut se penser comme toute-puissante, comme système de tous les savoirs régionaux, comme détentrice de la vérité. Elle doit être à la fois modeste et ambitieuse. Modeste, elle n'a jamais à être discours de la totalité, discours plein sur le monde et la société. Ambitieuse, elle ne renonce jamais à questionner de nouvelles découvertes (l'inconscient freudien par exemple). Elle entretient des rapports permanents avec les sciences comme avec la politique pour produire de nouvelles thèses philosophiques. Mais elle ne se dissout jamais dans ces rapports, elle revient toujours à elle-même pour tracer de nouvelles lignes de démarcation. Elle ne parle à la place de personne, mais essaye de dire ce qui autrement ne sera pas dit. La philosophie marxiste vit ainsi largement sur elle-même, se préservant des coups du monde extérieur et d'autres pensées. Il y a là une conception assez paradoxale de la philosophie marxiste. On a l'impression qu'elle doit se protéger contre la société et le monde qu'elle veut contribuer à libérer. Son efficacité serait en quelque sorte conditionnée par sa capacité à prendre des distances, et non par sa capacité à remettre en question et à basculer quand le besoin s'en fait sentir. Cette conception rigoriste de la philosophie qui contraste si fortement avec les prémisses anti-dogmatiques de la lecture symptomale a finalement coûté assez cher à L. Althusser. La philosophie ne peut plus vraiment intervenir dans le champ intellectuel, elle n'a plus suffisamment de moyens pour stimuler les discussions théoriques. En fait, elle incite largement à laisser les choses en l'état et tend elle-même à l'immobilisme. On peut penser par exemple que l'adoption de cette conception rigoriste l'a empêché de développer une conception satisfaisante du «continent histoire», c'est-à-dire une conception de l'histoire comme ouverture, comme dépassement d'historicités figées et répétitives, comme mode d'apparition de nouvelles temporalités sociales. Cela est d'autant plus frappant que dans les textes de *Pour Marx* (notamment «Contradiction et surdétermination») il laissait justement espérer une conception anti-déterministe de l'histoire et de la lutte des classes en insistant sur les inégalités de développement, sur les déséquilibres qui marquent les processus sociaux et les conjonctures politiques. Des remarques du même ordre peuvent aussi être faites à propos de sa conception des sciences où la dialectique mouvements scientifiques-transformations de la société est très peu élaborée, malgré quelques indications intéressantes.

Althusser a certainement perçu cette situation de relative impasse théorique lorsqu'il a procédé à des autocritiques et des rectifications au début des années 70 et introduit la lutte des classes dans la théorie. La philosophie ne se situe plus alors dans un empyrée presque inaccessible. Elle redescend sur terre en réfléchissant les effets de la lutte des classes dans le champ intellectuel et en se faisant lutte des classes dans la théorie. La philosophie marxiste ne trace plus seulement des lignes de démarcation, elle se fait aussi intervention pour changer la conjoncture théorique à partir de problèmes posés par la lutte des classes. On ne peut plus philosopher indépendamment des luttes sociales, idéologiques et politiques entre les classes et des horizons qu'elles peuvent faire découvrir. Les luttes idéologiques en particulier sont prises dans des jeux de cèlement et de décèlement des rapports et des affrontements de classe, et l'intervention de la philosophie pourra consister à mettre en lumière des enjeux qui autrement ne seraient pas formulés. Mais si la philosophie se fait réflexion de et sur la lutte des classes, ne risque-t-elle pas de devenir une sorte de pragmatique de la lutte des classes, secrètement travaillée par une téléologie de l'histoire (la société sans classes)? La philosophie en tant que lutte des classes dans la théorie ne risque-t-elle pas non plus de légiférer à tort et à travers dans la théorie? L. Althusser était parfaitement conscient de ces risques (cf. sa préface au livre de Dominique Lecourt sur Lyssenko) et la thématique de la lutte des classes dans la théorie se fait plus prudente au fil des années. La philosophie ne se retire pas de la lutte des classes, mais elle n'est plus elle-même directement lutte des classes, elle pose des questions à la lutte des classes, qui cesse par là même d'être sacralisée.

A partir de là, et la crise du mouvement communiste n'y est pas pour rien, L. Althusser va mener une lutte frontale, douloureuse contre le dogmatisme en proposant une réflexion radicale sur les déformations et les tragédies de l'histoire du marxisme et donc sur la crise du marxisme aujourd'hui qui est la bienvenue. Il n'y a plus à rechercher une philosophie marxiste, mais à penser philosophiquement et théoriquement la crise générale du marxisme. L. Althusser sait dès lors et il le dit hautement qu'il faut se débarrasser de tous les fantasmes de la maîtrise historique qui ont hanté le marxisme dès sa naissance. Les instruments théoriques légués par Marx ne constituent pas un corpus théorique cohérent et la critique de l'économie politique est non seulement une entreprise inachevée et pleine de trous, mais aussi une entreprise à la limite vouée à rencontrer des échecs à partir d'un certain nombre de prémisses erronées. Aussi bien une des tâches essentielles de la philosophie devra-t-elle être dorénavant de penser crises, contradictions, échecs comme composantes du devenir historique. Au fond L. Althusser propose une lecture symptomale élargie, c'est-à-dire une lecture qui, au-delà des textes fondateurs, s'étend aux textes dérivés et à leur conceptualisation. Il ne peut y avoir de rigueur philosophique et théorique que dans une lutte incessante contre le dogmatisme.

Le parcours philosophique de Louis Althusser a été un parcours exemplaire quoiqu'en disent certains parce qu'il ne s'est pas épargné et qu'il a refusé de se réconcilier avec le monde tel qu'il est.

6. ALTHUSSER ET LES SCIENCES SOCIALES

La méfiance d'Althusser à l'égard des sciences humaines et sociales est restée très grande dans tous ses écrits des années soixante-dix. Dans *Positions*, il parle même à leur propos d'imposture, mais, et c'est cela qui est frappant, il ne se donne guère la peine de justifier ce rejet global. Dans ce domaine le philosophe n'a, semble-t-il, pas besoin de procéder à des examens critiques spécifiques, il lui suffit apparemment de dénoncer l'humanisme théorique qui préside aux destinées de ces disciplines. Althusser trace donc une ligne de démarcation apparemment vigoureuse, mais qui a le désavantage de laisser les choses en l'état en affichant un superbe dédain qui est aussi indifférence par rapport à ce qui se produit dans le champ théorique incriminé. La démarcation en fait ne rend pas visible ce dont elle se démarque, elle le rend à la limite invisible. Le philosophe condamne, mais ne cherche pas le conflit pour vider le trop-plein d'un discours, pour rectifier, déplacer des problématiques, susciter des réorientations théoriques. Certes, la philosophie n'a pas à se faire science sociale sous peine de perdre sa raison d'être, mais l'indifférence au développement de connaissances (au moins de connaissances pratiques) ne peut que réduire sa capacité d'étonnement ou de questionnement.

Il faut ajouter qu'Althusser lui-même est critique de la non-intervention lorsqu'il ajoute à la thématique de la lecture symptomale celle de la lutte des classes dans la théorie. Il n'y a pas de lieu où l'on produit des connaissances qui ne soit marqué par les effets des affrontements sociaux. Il faut sans doute se garder de mettre directement en relation développements théoriques cognitifs et positions de classe, il y a de toute façon filtrage, réfraction des problèmes par les intellectuels comme élite du savoir et par l'organisation des champs du travail théorique. Par contre il peut être tout à fait légitime de saisir les sciences sociales comme fondamentalement instables et comme travaillées par des conflits incessants (latents ou ouverts). Les bévues, les inconsistances, les irrationalités sont autant de défaillances qui renvoient, par exemple en sociologie, à l'insuffisance ou au caractère unilatéral des problématiques formulées face au champ social. Il faut déchiffrer les balbutiements ésotériques constitués par les erreurs, les oublis, les vacuités du travail théorique pour déranger les arrangements du discours exotérique de la discipline, et réduire à néant ses prétentions à la transparence. On peut ainsi admettre que les sciences sociales sont imprégnées par l'humanisme théorique, et méthodologiquement marquées par l'empirisme, sans qu'elles perdent pour autant tout intérêt pour un regard critique. Le verrouillage dans un socle épistémologique ou l'enfermement dans un paradigme ne peuvent jamais être complets, au point d'empêcher le surgissement d'incongruités dans les énonciations ou les formulations théoriques.

Si l'on se tourne vers la sociologie classique, celle de Simmel, Weber et Durkheim, on constate que, confrontée à la croissance du mouvement ouvrier et à la présence du marxisme dans le champ de la théorisation sociale, elle a formulé des problématiques complexes, non dénuées d'ambiguïtés, mais qui présentent souvent l'intérêt de mettre le doigt sur des faiblesses du marxisme théorique de l'époque. Peut-on se passer aujourd'hui de la sociologie de la culture développée par Simmel à partir d'une analyse de la monétarisation des relations sociales? Il suffit de formuler ces questions pour se rendre compte qu'il est impossible d'y répondre de façon négative. Cela ne veut pas dire, bien sûr, qu'il n'y ait pas toujours de nouvelles questions à se poser sur la sociologie. La lecture symptomale est en réalité une tâche qu'il faut toujours recommencer en fonction des modifications qui se produisent dans le champ d'investigation, en fonction aussi des relectures qui sont faites de certaines théorisations sociologiques. A partir de là il faut sans cesse s'interroger sur le statut épistémique que se donnent les sciences sociales comme la sociologie, mais aussi sur les changements d'horizon qui se font jour. De ce point de vue, il est significatif que beaucoup de remises en question se soient produites depuis quelques décennies. On peut par exemple se reporter à la sociologie phénoménologique d'Alfred Schütz qui se veut post-cartésienne et cherche à rompre avec les conceptions subjectivistes du social. On peut aussi se tourner vers la sociologie de la connaissance de Karl Mannheim qui, dans *Ideologie und Utopie,* se donne explicitement pour tâche de dépasser les thématiques mécanistes et individualistes génétiques en sociologie.

Il n'est sans doute même pas exagéré de dire qu'une partie très importante de la sociologie contemporaine s'efforce de penser le social en relation avec l'intersubjectivité, en cherchant à échapper aux pièges du psychologisme (motivations, volitions) et du behaviourisme (dynamique simple des comportements). Dans la sociologie pragmatiste de G.H. Mead, dans la sociologie phénoménologique, voire partiellement dans l'ethnométhodologie, les pratiques des acteurs sont saisies comme des pratiques interactives qui s'insèrent dans des séquences et des réseaux d'interaction, mais aussi dans un monde social vécu *(soziale Lebenswelt),* constitué par des normes, des institutions, des traditions culturelles, des savoirs organisés. Dans cette perspective, il y a une objectivité sociale qui ne se résume pas aux structures économiques (relations de production, marchés, échanges, etc.), mais les déborde et les envahit en apparaissant comme leurs conditions de possibilité. Le social est production permanente de socialité, par modification, transformation, du monde social vécu et de l'objectivité sociale, mais aussi par l'innovation symbolique. Le social est en outre production permanente d'individualité, dans la mesure où il crée les conditions et les modalités de l'intrapsychisme et de l'intériorité. La dialectique du social, en ce sens, n'est pas une dialectique des sujets confrontés aux objets, mais le déploiement complexe de relations sociales, de pratiques intersubjectives et de pratiques individuelles qui travaillent les unes sur les autres. La sociologie aujourd'hui se dit multi-dimensionnelle, la plupart de ses représentants affirmant qu'elle a trouvé sa majorité en renonçant à des principes d'explication méta-sociaux et en repoussant toute subordination à des philosophies de l'histoire.

Il ne s'ensuit pas, pour autant, qu'au-delà de la diversité des courants et des écoles, la sociologie donne l'impression d'avoir des assises solides. On parle très souvent de crise depuis les années 60, crise des grandes théories générales, abandon de l'objet «Société» pour lui substituer des objets plus restreints, crise de l'empirisme quantificateur (mesure des attitudes et relations), crise des théories de niveau intermédiaire qui reflète elle-même une crise de la théorisation et la montée des orientations purement descriptives. La sociologie a du mal à rendre compte de ce qu'elle fait et du rôle qui est le sien dans le mouvement général de la société. Elle sait qu'on lui demande de plus en plus de préparer des interventions dans le domaine social (ghettos, quartiers en difficultés, délinquance, etc.), qu'elle participe à la mise au point de décisions (rôle d'expertise). Comme d'autres sciences sociales, elle pénètre peu à peu dans le monde social vécu en tant que savoir vulgarisé censé fournir des indications pour les pratiques ou les justifier. D'une certaine façon la sociologie accompagne les mouvements et les évolutions de la société, les facilite et participe à la scientifisation des pratiques sociales. Pourtant, il est difficile de dire que cette participation maintienne véritablement le quant-à-soi de la sociologie par rapport à la dynamique sociale et technologique. Beaucoup de sociologues semblent succomber à ce que Th. Adorno appelle le voile technologique, et cela sous deux formes. Les uns se rallient à une sorte de laisser-faire sociologique qui consiste à expliciter ce qui se passe sans se préoccuper des contradictions ou des tensions sociales sous-jacentes à la marche de la société. D'autres essayent de trouver dans une sociologie des émotions, de l'affectivité et des sentiments une sorte de terrain de compensation, ou plus exactement une sorte de contrepoids à la dominance des relations stratégiques et technologiques.

Il faut donc bien se dire que la sociologie, à partir de telles prémisses, ne peut qu'avoir beaucoup de mal à défendre une autonomie théorique en principe instituée depuis longtemps. Elle court constamment le risque de se faire tautologique par rapport aux contextes qu'elle entend étudier. Les duplications auxquelles elle procède peuvent, certes, être très complexes, mais elles ne permettent pas de prendre un recul ou des distances théoriquement élaborées et déterminées par rapport aux développements sociaux. On constate en particulier beaucoup d'équivoques et d'incertitudes sur les modalités d'agrégation des pratiques individuelles, des pratiques intersubjectives, des pratiques collectives, sur les relations des pratiques aux institutions. Beaucoup de sociologues avancent sur ces problèmes des thématiques intéressantes et intelligentes, mais il y a des oscillations considérables quand il s'agit de pondérer les différents niveaux du social : quel poids attribuer à l'individuel, à l'intersubjectif, au collectif ? Beaucoup se reconnaissent dans « l'individualisme méthodologique », mais il y a beaucoup d'interprétations différentes, voire divergentes de cette orientation théorique, et constater que l'individu est au point de passage obligé pour toutes les relations sociales ne dit pas comment il faut concevoir la présence de l'individuel dans le social, ni du social dans l'individuel, ni non plus les logiques de développement et l'historicité à l'œuvre dans l'un et l'autre, ni non plus les modalités de leur intrication dans les séquences d'interaction et dans les pratiques. On peut évidemment faire référence, comme le fait Althusser, à la détermination par l'économique en dernière instance, mais encore faudrait-il déterminer quel est le statut de l'économique par rapport au social et cerner les conditions de son autonomie relative par rapport à d'autres niveaux (politique, culturel). En d'autres termes, cela revient à dire qu'il y a dans les sciences sociales et plus particulièrement en sociologie un point aveugle, le rapport social et sa configuration spécifique dans la société capitaliste. De façon caractéristique, les médiations entre individuel, intersubjectif, collectif semblent ne pas exister et les formes de coagulation entre ces différents niveaux ne semblent pas obéir à des règles constantes et univoques.

Marx lui-même ne s'est jamais explicitement prononcé sur le problème, mais on peut trouver dans les textes de la maturité un certain nombre d'explications intéressantes. Dans les *Grundrisse*, il affirme ainsi que la société capitaliste n'est pas composée d'individus, mais de rapports sociaux. Paradoxalement il insiste en même temps sur le fait que, dans ce cadre, les connexions des individus au monde (notamment le métabolisme avec la nature) et à la société se développent et s'étendent : les individualités deviennent potentiellement très riches, mais, et il faut insister sur ce point, ces potentialités ont du mal à s'actualiser en fonction des rapports sociaux capitalistes. Selon Marx, cela tient à ce que les liens sociaux sont largement extérieurs aux individus et passent par des médiations externes comme le marché et les échanges de valeurs. Les rapports interindividuels et intersubjectifs, malgré leur apparente immédiateté, sont en fait profondément médiatisés par les mécanismes de la valorisation dans leurs manifestations et leurs orientations les plus significatives. La forme valeur qui s'impose au travail (transformé en force de travail) et aux produits du travail tend en effet à étendre son emprise sur toutes les formes sociales et les formes de vie. Les activités les plus diverses sont comme polarisées et fascinées par le jeu de la valorisation. Que l'on s'associe, que l'on communique, que l'on s'exprime, que l'on cherche une relation affective, que l'on tente de se reconnaître dans une norme sociale, l'on est peu ou prou conduit à instiller dans ces formes d'activités ou de relations des éléments d'évaluation ou d'appréciation marqués par la valeur marchande comme référent général des échanges sociaux et interindividuels. Lorsque Marx parle de rapport social, il ne vise donc pas seulement le rapport de production (le rapport capital-travail), mais bien l'unité complexe du rapport de production, du rapport de circulation et de distribution, ainsi que des formes de l'échange et des relations de communication, le tout sous la dominance du Capital. En ce sens, le rapport social n'est pas réductible à une sommation ou à une combinaison de réseaux d'interactions et d'institutions, il est au contraire affirmation d'une logique sociale grâce à l'inscription des activités dans les métamorphoses de la forme valeur du Capital.

A proprement parler le rapport social n'est pas visible, parce qu'il avance et se déploie sous de multiples masques, celui de la technologie, celui de l'esthétique de la marchandise, celui de la profusion des objets, celui de la multiplicité des investissements vitaux, celui du déplacement incessant des perceptions du monde. Pourtant, s'il n'est pas visible, il fonctionne comme une sorte de principe de réalité, comme un rappel au bon ordre des choses par l'incitation et la sanction (récompenser et punir matériellement aussi bien que symboliquement). On se heurte au rapport social, quand on doit faire de soi-même un instrument de valorisation, quand on découvre qu'il est difficile de distinguer dans l'autre celui qui évalue et celui qui s'ouvre en écoutant ses interlocuteurs. Pour participer effectivement à la dynamique sociale, il faut en fait accepter les difficultés à être que provoque l'adaptation au rapport social, c'est-à-dire l'entrée dans la socialité (autrement dit, les différentes formes et étapes de la socialisation des individus) ce qui entraîne forcément insatisfactions, frustrations et souffrances. Le rapport social produit en permanence des écarts avec les groupes et les individus ; il surcode les langages et les idiomes des relations-communications, mais il ne peut empêcher qu'on ne parle jamais totalement comme il le faudrait. Il se fait dictature sur la temporalité, il occupe tous les terrains, ce qui veut dire qu'il a une présence envahissante dans toutes les ramifications de la socialité, mais en même temps cette présence est contrée par les absences qu'elle crée, par les creux et les manques qu'elle suscite. Il y a comme une sorte de duplicité, comme un avers et un revers du social, de l'individuel et de l'intersubjectivité dans leurs modalités les plus diverses, dans leurs intrications les plus étroites, dans leurs dimensions les plus multiples. Le social, l'intersubjectif et l'individuel sont à la fois unité et présence, mais aussi scission, disparité et désynchronisation. Le rapport social, en ce sens, ne peut être saisi comme une totalité organique et expressive dans l'harmonie du tout et des parties, mais bien comme un tout complexe et structuré, pour reprendre la terminologie d'Althusser, dans lequel les déséquilibres et les inégalités de développement sont permanents. Cela est d'autant, plus vrai que les mouvements du capital bouleversent dans la discontinuité les équilibres sociaux et que le rapport social exclut massivement de la socialité groupes et individus alors même qu'il multiplie les formes d'intégration.

C'est pourquoi, si les rapports sociaux ne sont pas véritablement visibles, le rapport social comme structuration abstraite des relations sociales peut, lui, devenir lisible dans ses fragmentations, dans ses défaillances, dans les résistances et les obstacles qu'il rencontre en déployant sa dominance. Comme l'ont bien vu W. Benjamin, S. Kracauer et après eux Th. W. Adorno, le détail, le singulier dans leurs brisures peuvent signifier autrement que dans le discours dominant et laisser apparaître les contraintes de la dynamique sociale ainsi que la fragilité des liens sociaux (des solidarités en particulier). Les échanges quotidiens, les textes improvisés et éphémères, les façons de vivre, les inscriptions de la socialité dans les objets et dans les habitations relèvent donc eux aussi de la lecture symptomale, d'une lecture symptomale qui peut se révéler particulièrement féconde, si l'on s'en sert pour faire dire aux textes des sciences sociales ce qu'ils n'arrivent pas à dire afin de faire apparaître de nouvelles problématiques. Cela ouvre par conséquent la voie à une critique des sciences sociales qui pourrait s'articuler sur la critique de l'économie politique esquissée par Marx. Mais qu'on ne se méprenne pas, la notion de critique à laquelle il est fait référence ici ne doit pas être confondue avec une notion normative (le réel mesuré à un devoir être) ni non plus avec la mise en œuvre d'un idéal scientifique prédéterminé. La critique des sciences sociales n'a pas pour but de réaliser la philosophie ou l'essence de l'homme, ou encore de découvrir les secrets d'une société harmonieuse, elle cherche simplement à mettre en lumière (à lire) des mécanismes sociaux, des constructions dans la pensée et dans la réalité qui s'opposent à la formulation de problèmes et à la conceptualisation d'affrontements sociaux. La critique entend mettre fin à des blocages théoriques comme à des blocages pratiques afin de rendre possibles des interventions des hommes sur leur propre socialité et sur la reproduction sociale. Elle n'a évidemment rien à prescrire et ne peut jamais dicter aux acteurs le sens de leurs actions. Elle est une critique laïque qui entend participer au désenchantement de la science.

Comme on l'a vu, L. Althusser a refusé de s'engager sur cette voie et a préféré s'orienter vers un matérialisme historique qui serait une science des formations sociales et ouvrirait à la réflexion scientifique le continent histoire. Mais sur ce matérialisme historique qu'il voulait dégagé des pièges de l'historicisme, il n'a en définitive donné que peu d'indications, certaines très intéressantes sur les temporalités sociales et leurs scansions différentielles (point de départ d'une critique de la temporalité linéaire, pleine et cumulative du capital), d'autres beaucoup plus allusives et métaphoriques sur la lutte des classes (présentée comme une sorte de loi ou de principe) ou sur l'histoire comme procès sans sujet (idée qui n'a jamais été vraiment explicitée et élaborée). Aussi bien peut-on se demander s'il ne s'est pas trouvé confronté à une impasse en ne se posant pas le problème des historicités spécifiques au capitalisme et aux mouvements du capital dans leurs décalages avec les historicités des classes et des groupes sociaux. La lutte des classes à laquelle il fait souvent référence n'est jamais vraiment déterminée dans son articulation aux rapports sociaux, dans sa dynamique, ses points d'application et ses effets. En réalité la lutte des classes fait office de «deus ex machina» pour combler des vides théoriques, et lorsqu'on la relie au procès sans sujet et aux masses qui font l'histoire, on est très près d'une sorte de téléologisme qui n'ose s'avouer et d'une sorte de théodicée transhistorique implicite. L'aveuglement devant le problème des sciences sociales a fait payer à Louis Althusser un prix théorique relativement élevé.

Cela dit, il ne faut pas sous-estimer les difficultés d'une entreprise de critique des sciences sociales appliquant à celles-ci une méthodologie d'inspiration marxienne: risque de synthèses éclectiques, tendances à l'empirisme et au positivisme, mise en relations de problématiques hétérogènes, transpositions d'élaborations théoriques sans précautions, etc. C'est pourquoi il peut être intéressant d'examiner deux tentatives anciennes de mise en relations du marxisme avec les sciences sociales, celle de Max Horkheimer et celle de Karl Mannheim. Toutes les deux, partant de présuppositions très éloignées, ont abouti à l'échec, mais ces deux échecs sont significatifs et peuvent livrer des indications théoriques précieuses.

Dès le début des années trente, la position de Max Horkheimer par rapport aux deux variantes du marxisme orthodoxe, la variante social-démocrate et la variante soviétique, est très critique. Il refuse le positivisme du marxisme kautskyen et le matérialisme métaphysique des marxistes soviétiques. Apparemment, cela le place à proximité du Georges Lukacs d'*Histoire et Conscience de classe* et du Karl Korsch de *Marxisme et philosophie,* dont il a indéniablement subi l'influence. En réalité, il se sépare de ces derniers sur un certain nombre de points essentiels. Comme Lukacs, il pense que le marxisme doit se donner une philosophie en se confrontant à la philosophie classique allemande, mais contrairement à lui il repousse la philosophie hégélienne de l'identité processuelle du sujet et de l'objet en tant que fondement d'une théorie de l'histoire. Comme Karl Korsch, il est persuadé que la théorie ne peut être contemplative et doit se soumettre à la vérification des épreuves historiques, mais il refuse le pragmatisme révolutionnaire de celui-ci, car il ne veut pas surestimer la portée épistémique des succès ou des échecs du mouvement ouvrier. C'est plutôt dans la capacité ou non du prolétariat à assumer certaines valeurs élaborées par l'«Aufklärung» et la philosophie classique allemande, autodétermination, émancipation de l'oppression et de l'exploitation, et jamais vraiment adoptées par la bourgeoisie, qu'il voit la véritable épreuve historique. Il ne croit certes pas que la conscience de classe du prolétariat soit prédestinée, comme chez Lukacs, à devenir le sujet-objet de l'histoire, l'unité réalisée de la société, mais il pense qu'elle doit pouvoir prendre en charge mieux que celle des autres couches sociales les aspirations à l'auto-réalisation.

Le marxisme doit donc se faire philosophie sociale pour tester les conditions de possibilité et de réussite de la préoccupation émancipatrice dans le prolétariat, dans le contexte général de la lutte des classes. Plus précisément, il doit se faire philosophie sociale pour maintenir une tension permanente entre exigence philosophique et réalité sociale et pour forcer la critique philosophique à se mesurer à la matérialité des relations sociales. La philosophie sociale est pour une part réflexion philosophique sur la société, pour une part science sociale (surtout de la culture) qui, au-delà de la critique de l'économie politique, s'efforce de saisir les manifestations concrètes d'élaboration, d'adaptation et de rejet des valeurs socioculturelles. Horkheimer ne se pose apparemment pas le problème d'une critique globale des sciences sociales, même s'il y fait quelquefois allusion. Il cherche surtout à trouver dans les sciences humaines et sociales de son époque des instruments analytiques afin de les réutiliser de façon critique pour faire progresser la connaissance des classes et de leurs rapports à la culture. Il est particulièrement désireux, dans ce cadre, de comprendre les phénomènes de soumission à l'autorité et à la culture dominante, et comment à partir de là s'établissent des rapports de domination. Il n'ignore évidemment pas les interactions entre sphère matérielle et sphère culturelle, mais pour réagir contre l'économisme rampant de la littérature d'inspiration marxiste, il s'intéresse avant tout aux phénomènes de socialisation. Au-delà des conflits et des intérêts de classe, il lui paraît en effet décisif de comprendre comment se dessinent les rapports à l'autre et aux institutions. Max Horkheimer est suffisamment audacieux sur le plan théorique pour saisir que, dans cette perspective, la psychanalyse peut être d'un apport irremplaçable et qu'elle peut renouveler les vues que l'on a sur la famille et l'acquisition dans son sein de schémas d'interprétation du monde et de la société. La psychanalyse (tout au moins un certain nombre de ses thèmes) va donc servir d'armature à la grande enquête des années trente sur l'autorité et la famille et mettre en lumière que dans plusieurs couches sociales, et particulièrement dans celles issues de la classe ouvrière, l'acceptation inconsciente des schémas autoritaires de comportement est très répandue et vient faire obstacle à la perspective de l'émancipation.

Les recherches sur l'autorité et la famille conservent encore aujourd'hui un grand intérêt, parce qu'elles agissent comme un décapant sur la mythologie de la classe ouvrière libératrice ou sur la rhétorique des intérêts de classe. On peut se demander toutefois si elles ne sont pas l'expression d'une impasse théorique. Conformément à certaines thématiques de la métapsychologie freudienne, l'accession à la culture y est perçue essentiellement sous l'angle de l'auto-répression des pulsions en écartant un aspect essentiel, celui de la production symbolique à partir de l'inconscient et cela en décalage ou en opposition avec les dispositifs discursifs des échanges conscients en vue de la valorisation. L'audace théorique de Horkheimer et de ses collaborateurs ne peut ainsi aller jusqu'à une critique radicale de la psychologie et finit par s'enliser dans les sables d'une psychologie sociale matérialiste qui ne peut servir de base à une théorie de la lutte des classes. Cela se fait sentir dans le traitement du nazisme dans les années qui suivent la prise du pouvoir par Hitler en janvier 1933. L'accent y est mis pour l'essentiel sur l'acquiescement des masses au nazisme, beaucoup moins sur les aspects sociaux et politiques du problème. Autrement dit, on ne trouve pas dans les textes de «l'Institut pour la recherche sociale» d'étude systématique du rapport social, de son articulation en rapports de classe et des relations qu'il entretient avec le système politique dans la conjoncture marquée par le nazisme.

En Allemagne à partir de l'époque bismarckienne, le rapport social capitaliste s'est cristallisé très rapidement, mais en suscitant d'assez grandes difficultés d'intégration, sur le plan social en raison de la rapidité de l'industrialisation et de l'ébranlement des statuts sociaux traditionnels, sur le plan culturel en fonction des différences régionales et religieuses, sur le plan politique à cause du caractère autoritaire des institutions impériales. La Première Guerre mondiale, la révolution de novembre 1918, puis la crise économique de 1929 ont encore accentué la fragilité de l'intégration au rapport social, et les institutions parlementaires de Weimar, qui ne pouvaient s'appuyer sur une culture politique démocratique dans l'appareil d'Etat et dans les principales organisations politiques, suscitaient d'autant moins d'adhésions qu'elles se comportaient souvent de façon réactionnaire. Comme l'a très bien vu Ernst Bloch dans *Erbschaft dieser Zeit,* dans le cadre d'une historicité aussi éclatée, les classes vivent dans des temporalités décalées, ce qui leur rend très difficile l'établissement de relations régulières et soutenues. Les pratiques politiques ont du mal à trouver des assises, à formuler des objectifs clairs, et encore plus à définir des stratégies pour gérer ou conquérir l'Etat. Le camp conservateur lié à la bourgeoisie et à la grande propriété foncière garde la nostalgie du régime impérial, les forces du centre droit et du centre gauche sont tiraillées dans des sens opposés (notamment en matière de politique sociale à partir de 1929), donc ne peuvent maintenir leur coalition. Face à une mouvance républicaine très incertaine, l'extrême droite nazie développe avec vigueur une véritable mythologie qui déréalise les affrontements et prétend préparer la résurrection et la réconciliation de la nation (sur le dos de ses ennemis). Dans ce jeu de destruction de la politique, elle est rejointe par le Parti communiste qui mène de son côté une agitation incantatoire, hallucinatoire de dénonciation de la social-démocratie et de proclamations pour une Allemagne soviétique. Il suffit par conséquent de quelques glissements politiques, le ralliement de la droite à une coalition pour l'ordre avec l'hitlérisme pour que le régime de Weimar soit transformé de l'intérieur en régime totalitaire (prise de pouvoir légale).

En dernière instance, les choses se sont décidées au niveau politique et l'orientation de l'Internationale communiste, imposée au Parti communiste à partir de 1928, n'est pas pour rien dans le dénouement de 1933. Il est par suite difficile de parler d'un déterminisme historique qui aurait conduit nécessairement de Bismarck à Hitler : le nazisme a triomphé dans une conjoncture de crise marquée par une constellation de forces instables. L'instant de la décision n'y a, certes, rien eu de fortuit (il s'insère dans des chaînes d'évolutions et d'événements), mais il a aussi toute une série de caractéristiques contingentes. Pourtant, dans l'émigration, Horkheimer et ses collaborateurs ne vont pas tellement s'interroger à propos du nazisme sur les rapports entre analyses structurales, analyses d'évolution et analyses de conjoncture, mais vont privilégier l'inscription de ce qu'ils appellent le rapport de dépendance dans le psychisme des masses. Le rapport de dépendance (par rapport aux institutions et à la dynamique économique capitaliste) est produit par une socialisation familiale autoritaire qui, à notre époque, ne prend plus les formes extrêmes de la socialisation dans la famille patriarcale, mais n'en a pas moins des effets négatifs. Les individus se bercent de l'illusion de liberté, d'autonomie, alors qu'ils sont prompts à se raccrocher à de multiples formes d'autorité aussitôt que les situations qu'ils doivent affronter sortent de l'ordinaire. Les comportements de masse ou individuels se dépouillent en fait très vite de leur apparente rationalité pour se réfugier sous la houlette de puissances tutélaires, de mythes pseudo-fondateurs qui flattent les nostalgies communautaires et les désirs de prise en charge. Il faut d'ailleurs ajouter que la rationalisation capitaliste, en soumettant les activités sociales et individuelles à des mécanismes impersonnels de dépendance, c'est-à-dire à des sortes de contraintes objectives, accentue cette tendance à rechercher des compensations dans l'irrationnel. La rationalisation capitaliste est en effet une rationalisation du monde des moyens qui impose aux individus de se faire eux-mêmes moyens de processus très peu résistibles. Pour beaucoup la vie est largement abandon de soi et la conduite de la vie devient une sorte de quadrature du cercle entre l'affirmation de soi comme fin et la pratique de soi comme moyen. La plupart des individus, en réalité, se contentent de balancer entre soumission morne, évasion triviale, et croyances irrationnelles en des sauveurs.

Au début des années quarante, Max Horkheimer qui a eu sous les yeux les succès des nazis, les purges sanglantes du stalinisme et qui aux Etats-Unis fait l'expérience de l'efficacité de l'industrie culturelle dans la production du rêve et de l'évasion, se convainc définitivement que la classe ouvrière, prise dans les rapports de dépendance, ne peut se faire l'agent de l'auto-détermination et de l'émancipation sociales. Cette conclusion, quelque temps après, va le conduire à mettre en question la capacité de la Raison de l'«Aufklärung» à fonder un projet émancipateur et à le soutenir. Il y a en effet dans cette raison comme un défaut d'être, et à être, dû à la prédominance des préoccupations instrumentales sur les préoccupations pratiques-éthiques dans les usages qu'on en fait. Ce défaut d'être n'est évidemment pas une distorsion originaire, mais le fruit d'une histoire. En se forgeant contre le mythe et les mythologies, la raison s'est chargée en même temps de ruse, de violence, de volonté dominatrice pour triompher des obstacles. Son affirmation ne peut donc être considérée comme une évolution historique non problématique: la raison a joué sur le mythe du progrès, mais elle a surtout fonctionné pour exploiter et dominer le monde. Elle est elle-même devenue un mythe, celui de la toute-puissance et de la maîtrise des hommes sur eux mêmes et sur leur environnement. Elle est aussi devenue une expression exacerbée de subjectivisme, c'est-à-dire oubli d'une grande partie de la complexité des relations des hommes à la nature et à leur propre nature, dans l'exaltation du faire et de ses techniques au détriment de la réflexion sur ce qu'est la rationalité. Malgré les apparences, l'histoire de la raison est une histoire régressive, l'histoire de sa rupture avec ses propres présuppositions et de sa transformation en mythologie de la science satisfaite d'elle-même.

Par conséquent le parcours de l'humanité relève globalement d'une philosophie de l'histoire négative et d'une dialectique négative de la raison comme cela est explicité dans le livre commun de Max Horkheimer et Theodor W. Adorno *Dialektik der Aufklärung*. La raison qui se retourne contre elle-même se renie dans et par son fonctionnement, et la société capitaliste où elle triomphe est une société de la fermeture et de l'impasse historique. Il en résulte, bien entendu, que le projet d'une philosophie sociale faisant pénétrer des thématiques matérialistes dans les sciences humaines et sociales s'avère irréalisable. Il ne peut être question de faire travailler de façon affirmative et positive les sciences sociales sur les contextes contemporains. Il s'agit au contraire de dévoiler, pratiquement à chaque pas, leur mauvaise positivité, c'est-à-dire leur connivence avec l'ordre social existant. Certes, tout travail de type sociologique ou psychologique n'est pas impossible, mais il ne peut que dire la récurrence des préjugés, de l'oppression, de la dégradation de la culture, sans pouvoir déchiffrer la fausse totalité qu'est la société actuelle. On peut, il est vrai, se demander si la théorie critique ne risque pas de tomber dans des apories irréductibles en postulant selon les termes d'Adorno un rapport d'aveuglement universel. Par quel privilège peut-on soi-même se libérer d'une cécité posée comme générale ? Il n'y a pas de réponse claire à cette question chez Horkheimer, mais Adorno, lui, déplaçant la problématique de départ, cherche une échappée dans la formation d'une dialectique négative qui chasse le trop-plein de la pensée et de ses contenus en travaillant avec le concept contre le concept pour lui faire reconnaître le non-identique à la conceptualisation. La pensée doit se débarrasser de sa fantasmagorie de toute-puissance en découvrant sa propre vacuité et sa propre impuissance à absorber l'objectivité. Comme il l'écrit dans la *Dialectique négative,* il s'agit de migrer de la métaphysique, au moment même de sa chute, dans la micrologie, c'est-à-dire dans la lecture critique d'une vie qui ne vit pas, d'un quotidien mutilé et atrophié. Autrement dit, il faut renoncer à l'hypostase de l'émancipation (les valeurs humanistes) pour traquer la multiplicité des formes de l'oppression et lui opposer de multiples négations déterminées. Il ne peut plus être question de réaliser la philosophie en faisant du monde un simple champ d'intervention, il s'agit de laisser le monde, celui qui ne se livre pas à la première lecture, intervenir sur la philosophie pour qu'elle puisse élargir ses propres questionnements et s'opposer à une fausse ontologisation des sciences sociales. La lecture symptomale n'est très loin.

La deuxième grande tentative pour faire jouer le marxisme (ou la pensée marxienne) dans le champ des sciences sociales est la tentative post-libérale de Karl Mannheim. Son ambition n'est pas de réformer le marxisme par une confrontation avec la philosophie et les sciences sociales (Horkheimer), mais bien d'intégrer le marxisme comme un moment dans une synthèse qui lui serait supérieure : la sociologie de la connaissance. L'entreprise de Mannheim, en conséquence, va consister moins à réfuter Marx ou les marxistes qu'à déplacer leurs conceptualisations et à les faire travailler dans des contextes théoriques différents, en les soustrayant à leur ontologie sous-jacente (la « Weltanschauung » qui pétrifie les catégories analytiques et absolutise, par exemple, l'objectif de la libération des travailleurs). De fait, Mannheim entend bien traquer tous les particularismes présents chez les marxistes, notamment leur refus de mettre en perspective leurs propres thématiques : la lutte de classe, la conscience de classe pour ne prendre que les plus thématiques ; la lutte de classe, la conscience de classe pour ne prendre que les plus significatives. Reprenant à Lukacs le thème de la totalité, il s'efforce plus particulièrement de démontrer que le point de vue de la totalité ne peut être le domaine réservé d'une classe qui serait en position de surplomber l'ensemble des problèmes sociaux et de dire la vérité de la société. Selon lui, le point de vue de la totalité, si on entend le dégager des contaminations métaphysiques, n'est que la mise en relations, la confrontation de positions particulières. Il est aussi interrogation sur la « Seinsgebundenheit » (les liaisons à l'être social) des affirmations ou créations culturelles, voire en même temps interrogation sur leur « Seinstranszendenz » (leur différence par rapport à l'être social existant pour essayer de le transcender). La sociologie de la connaissance met en lumière des styles de pensée, des conceptions de la vie sans prétendre épuiser leur réalité. Elle s'attache surtout à saisir le devenir, c'est-à-dire les transformations qui se produisent dans les champs culturels en raison de la compétition entre classes et couches sociales dans le domaine des idées et des conceptions du monde. Dans un texte remarquable de 1927, « La signification de la concurrence dans le domaine spirituel », il montre contre le Heidegger de *Sein und Zeit* que l'espace public ouvert à de multiples confrontations ne peut être sous le joug du « On », alors qu'au contraire dans des sociétés peu différenciées l'imitation et la confrontation ont beaucoup de force sur les individus.

C'est pourquoi saisir la totalité ne relève pas d'opérations de subsomption, mais plutôt de l'élucidation de glissements idéologiques, de transformations de visions de la société et de la place qu'on y occupe. En effet, les évolutions idéologiques n'ont rien d'arbitraire, puisqu'elles sont liées à des déplacements sociaux, à des modifications dans l'articulation des classes et de leurs positions respectives. Ce sont les moments de soudure et de fracture qui sont les meilleurs révélateurs du social, et non les évidences massives et immobiles des traditions idéologiques. Comme Karl Mannheim le démontre de façon convaincante, au cours de certaines périodes de crise, les utopies ou plus précisément les poussées utopiques, malgré leur irréalisme apparent, peuvent elles aussi dire beaucoup sur l'état de la société. Le travail de la sociologie de la connaissance consistera donc à faire des rapprochements inattendus, à synthétiser des styles de pensée dans leurs fluctuations réciproquement déterminées, mais aussi à faire des distinctions nouvelles entre des différences anciennes. Le sociologue de la connaissance ne se place pas dans une tour d'ivoire, il est, comme le dit Mannheim, au milieu de la société. Sans chercher un centre, un point d'équilibre hypothétique, il suit les mouvements du social et par là même les conflits qui peuvent se produire. Cela signifie très clairement qu'il ne peut ignorer le politique et la politique, c'est-à-dire les interférences entre les modalités d'organisation politico-administrative de la société et les politiques portées par les classes et leurs organisations. Il va de soi que le sociologue n'a pas à être un leader politique et qu'il n'a pas non plus à prendre parti en toutes circonstances, sous peine de perdre la distance qu'il doit garder aux enjeux immédiats. Karl Mannheim est toutefois persuadé que le sociologue peut être guidé par une politique de progrès de la rationalité et de la démocratie. Il n'y a certes pas à se laisser aller aux illusions d'une philosophie du progrès.

Mannheim récuse toute philosophie du progrès et de l'histoire, mais il faut se placer du côté des tendances qui font reculer les courants irrationnels dans la vie sociale et majorent la compétition démocratique. Ce fondamentalisme démocratique, pour reprendre l'expression de Sven Papcke [1], se conçoit comme la formulation la plus conséquente dans le domaine politique dans la mesure où il n'est pas, comme la politique d'inspiration marxiste, pensée rationnelle de pratiques pénétrées d'irrationnel (le particularisme de classe), mais rationalisation progressive de la vie publique par approfondissement de la compétition démocratique, c'est-à-dire rationalité de la délibération.

Mais il faut bien s'entendre, la rationalité selon Mannheim n'est pas réductible au calcul rationnel des moyens pour aller vers un objectif, elle ne se laisse pas non plus emprisonner dans une loi généra-

---

1. Sven Papcke, «Gesellschaftsdiagnosen der deutschen Soziologie», Cainpus Verlag Frankfurt/Main, New York, 1991.

le de la rationalisation des processus sociaux, elle se veut rationalité du changement, de la synthèse innovatrice, refoulement progressif des rigidités sociales, des temporalités qui refusent l'historicité, des politiques de conservation sociale et culturelle. Quant au fond, la politique de la rationalité démocratique est une politique qui va de l'avant, elle combat les illusions passéistes ainsi que les cultures irrationnelles, prévoit et programme les changements rationnellement défendables. Ce ne sont évidemment pas les politiques immédiates qui peuvent aller spontanément dans cette direction (même quand il s'agit de politiques d'élargissement des droits des couches défavorisées). Il faut en fait que les politiques de classe à potentialités démocratiques soient déviées vers le rationnel et débarrassées de leurs résidus irrationnels par l'intervention politique systématique d'une couche bien particulière, les intellectuels (ceux, bien sûr, qui refusent de se soumettre à l'irrationalité). Mannheim, qui n'a pas manqué d'observer le rôle des intellectuels dans les révolutions russe et hongroise de 1917-1918, est tout à fait conscient de la faiblesse de la position sociale des intellectuels considérée d'un point de vue statique, mais, à la limite, il y voit un avantage ; leur marginalité relative leur donne une assez grande mobilité et leurs modes d'activité les prédisposent, sans que cela soit toujours garanti, à s'ouvrir au rationnel. Les intellectuels, en somme, bougent plus facilement que les autres membres de la société et peuvent donc aller occuper des positions exposées, mais stimulantes d'un point de vue politique et culturel. Sur le fond, Mannheim postule ainsi qu'il y a des affinités électives entre intellectuels et politique rationnelle, et que, par conséquent, la tâche du sociologue de la connaissance sera de mettre au jour ces affinités.

Cette théorisation de Mannheim, dont on s'est souvent et bien légèrement gaussé, a un point fort, la mise en évidence des implications politiques de l'intellectualité (et des liens entre culture et politique), mais elle a aussi des faiblesses que l'on a peu vues et qui l'empêchent d'analyser certains problèmes décisifs. En premier lieu, elle ne s'interroge pas assez sur la nature de l'irrationalité et sur ses conditions d'apparition dans la société contemporaine. Mannheim est tenté d'y voir une réalité résiduelle, parce que, pour lui, le rationnel est, hormis quelques manifestations routinières ou orientées unilatéralement vers l'instrumental, fondamentalement non problématique. Il fait ainsi l'économie d'une réflexion sur la rationalité capitaliste, ses effets et sa spécificité. Il ne s'agit pas, bien entendu, d'affirmer que le rationnel dans la société capitaliste est différent par nature du rationnel dans d'autres sociétés, mais bien de discerner ses usages et ses orientations particulières dans le monde actuel. La rationalité, en effet, ne se produit pas dans le vide, mains bien dans le contexte d'activités qui ont leurs caractéristiques propres. En l'occurrence, le rationnel est le rationnel de pratiques de valorisation-valuation (des marchandises, de la force de travail, du capital, voire des activités intellectuelles), tout au moins de façon prédominante. Il est donc loin, du rationnel de l'ouverture démocratique invoqué par Mannheim ; la valorisation n'obéit pas à une logique du dialogue, mais à une logique de l'affirmation monologique (les autres sont des moyens de la valorisation). Cette constatation est importante, parce qu'elle peut permettre de voir l'irrationnel d'aujourd'hui comme essentiellement produit par les limites et les aveuglements de la rationalité capitaliste occidentale. Il y a, bien sûr, de l'irrationnel lié à des traditions très anciennes, mais il est recouvert ou enveloppé par un irrationnel qui est comme un contrepoint aux frustrations, aux déceptions et aux peurs suscitées par la valorisation capitaliste et le fonctionnement du rapport social. L'exaltation du passé, de l'instinctuel et de la soumission à l'autorité, en ce sens, n'est pas moins moderne que le calcul économique et la fascination par le progrès technologique. Et comme l'hitlérisme l'a montré, elle peut très bien trouver sa place dans de grandes organisations de masse qui essayent justement de jouer sur la recherche de compensations aux ratés du rapport social capitaliste dans de nombreuses couches sociales.

La deuxième grande faiblesse dans la théorisation de Mannheim réside dans les insuffisances de ses analyses des intellectuels et de leur intellectualité. Il constate bien la mobilité des intellectuels, mais il ne s'interroge pas sur les limites sociales de cette mobilité, et surtout il ne se demande pas quelle est la place des intellectuels dans la division du travail social ainsi que dans la distribution des pouvoirs dans la société ou encore quelle est la place des intellectuels dans la division intellectuelle du travail (ils n'ont pas le monopole complet de l'intellectualité). Les intellectuels, c'est-à-dire ceux qui produisent des théories et des connaissances, vivent, en réalité, dans des situations ambiguës en permanence. Produire des idées et des connaissances qui peuvent avoir des effets sur les pratiques sociales ou les rapports de pouvoir les fait participer sinon directement, du moins indirectement à la structuration et à la reproduction de la société. Comme les modalités de leur propre travail (isolement relatif des uns par rapport aux autres, coupure par rapport à la sphère de la production sociale) ne leur permettent guère de penser les contraintes et les contrôles qui s'exercent sur eux, ils sont donc enclins à surestimer leur propre rôle et celui de l'intellectualité qui les caractérise, en se berçant d'illusions de maîtrise et de puissance. Simultanément, et de façon aussi récurrente, ils font l'expérience de leur propre impuissance et de la réduction de ce qu'ils produisent à l'état d'idées-marchandises ou de recettes-marchandises pour l'économie et le pouvoir. Il leur faut arriver à se retrouver dans une société qui apprécie surtout la technoscience et trouve sans intérêt, voire suspect, ce qui excède la reproduction des rapports sociaux. En définitive, les intellectuels sont mobiles, parce qu'ils sont partagés entre la soumission, la protestation, la désespérance, la rébellion, l'évasion, et il ne faut pas s'étonner de voir coexister des figures aussi diverses que le clerc conformiste, l'écrivain engagé, l'universitaire détaché, l'intellectuel qui se veut organique (par rapport à une classe ou à un parti incarnant la transformation sociale), le conseiller du pouvoir, le bohème anarchiste, le philosophe annonciateur de catastrophes et alii... En aucun cas, les intellectuels ne peuvent être considérés, par suite, comme les dépositaires d'une sorte de rationalité supra-sociale. Ils peuvent traduire de multiples façons les malaises qui traversent la société, mais ils ne peuvent leur donner des expressions adéquates que s'ils abandonnent les hauteurs apparemment privilégiées de la réflexion solitaire pour penser le rapport social, ce qui veut dire notamment se penser dans le rapport social pour travailler sur lui.

Si l'on veut être conséquent, cela signifie que le projet d'une sociologie de la connaissance comme fondement d'une politique de l'intellectualité rationnelle ne peut être mené à bien. Les différentes figures de l'intellectualité peuvent et doivent relever de lectures symptomales qui ont à rechercher en elles les effets du rapport social et de ses déploiements. La réflexion sur la société, c'est-à-dire les sciences sociales, doit ainsi être à double détente: elle doit être à la fois lecture du travail des chercheurs ou théoriciens et lecture des textes produits dans les pratiques sociales. En d'autres termes, les sciences sociales (et leurs activités) ne peuvent être cernées selon des schèmes d'interprétation classiques – théorie, pratique, passages permanents des unes aux autres –, mais bien selon des schèmes qui font travailler différents niveaux de pratique les uns sur les autres en d'incessantes permutations (par exemple intellectualité, théorique, social, quotidien dans la diversité de leurs textes). La contre-preuve en est fournie par l'impuissance théorique de Mannheim face à un phénomène «anormal» comme l'installation du nazisme au pouvoir. A partir de ses propres catégories, il est logiquement conduit à voir dans les succès de la démagogie hitlérienne, au moins pour l'essentiel, une montée de tendances irrationalistes, ce qui a pour effet de désorganiser tout son dispositif théorique. L'irrationnel qui s'empare des masses ne peut plus être perçu comme résiduel, et Mannheim, désespéré, croit devoir constater également une «démocratisation négative» des intellectuels (leur augmentation en pourcentage et en nombre absolu serait accompagnée par une baisse de leur niveau et de leur qualité, ce qui les rendrait, eux aussi, vulnérables et accessibles aux rhétoriques irrationnelles). Mannheim sociologue déstabilisé ne peut plus alors offrir que des solutions éclectiques et contradictoires pour la paysannerie et les classes moyennes, etc. Il préconise, par exemple, la sélection d'élites restreintes, pratiquant des politiques paternalistes, qui devraient en même temps avoir paradoxalement des effets démocratiques (la sociologie de la connaissance comme mouvement de totalisation), et il lui faut devenir la figure triste sinon tragique d'un médiateur sans les moyens de la médiation.

Travailler sur ce que disent et font les hommes vivant en société est une tâche qui ne peut avoir de terme. Il n'y aura jamais de science de la société comme Science des sciences. Mais s'il faut bien se résigner à la modestie et se remettre sans cesse à l'ouvrage, il ne faut pas oublier non plus que faire de la sociologie (ou toute autre science sociale), ce n'est pas commenter ce qui se passe, mais bien participer à ce qui se passe. La philosophie serait bien mal inspirée qui ne verrait dans cela que vaine agitation.

II. LES MARXISTES DANS LEURS PRATIQUES

1. TROTSKY ET L'ANALYSE DE L'URSS*

Trotsky en tant qu'analyste de l'URSS n'a pas bonne presse, même si *La révolution trahie* fait partie des références obligatoires à toute étude sérieuse de la vie politique et de la société soviétiques. On lui reproche volontiers de ne pas avoir pris le recul nécessaire par rapport à sa propre action, notamment son engagement dans la Révolution d'Octobre et dans les développements post-révolutionnaires en Union soviétique. On porte en particulier à son débit d'avoir interprété le stalinisme comme une déformation temporaire du cours révolutionnaire. Pour beaucoup de commentateurs, Trotsky n'aurait vu dans le stalinisme qu'une excroissance parasitaire sur un corps sain, une superstructure bureaucratique sur des fondements restés prolétariens. La redécouverte par les théoriciens eurocommunistes du Trotsky, critique de la bureaucratie stalinienne, n'est d'ailleurs pas faite pour écarter cette interprétation, puisque ces derniers voient effectivement dans le leader de l'opposition de gauche, puis de la IVe Internationale, un partisan des conceptions de la déformation (voir par exemple Santiago Carillo). On ajoutera, pour compléter le tableau, que certains des écrits des trotskystes d'aujourd'hui vont dans le même sens et contribuent à répandre cette vue dans un public assez large.

---

* Texte publié en 1982 dans *L'URSS vue de gauche* (dir.Lilly Marcou).

Or, un examen attentif et non prévenu des écrits de Trotsky sur l'URSS conduit à des conclusions opposées à ces idées largement reçues. Certes, Trotsky sous-estime fréquemment la force et l'impact du stalinisme (point sur lequel on reviendra par la suite), on peut même trouver çà et là des déclarations qui vont dans le sens des conceptions de la déformation. Le plus souvent, on est toutefois confronté à un Trotsky qui a parfaitement conscience de la complexité des problèmes qu'il doit traiter. Il insiste lui-même, et à plusieurs reprises, sur le caractère provisoire de ses analyses, sur les difficultés qu'on rencontre pour comprendre une réalité déroutante et inattendue, sur les dangers qu'il y aurait à vouloir plaquer des schémas ou des catégories rigides sur des phénomènes très mouvants. Dans *La révolution trahie* [1], la définition qu'il donne de la nature sociale de l'URSS est on ne peut plus prudente, elle exclut, comme il le dit lui-même, les catégories sociales achevées comme le capitalisme (y compris «le capitalisme d'Etat») et le socialisme.

Cela ne l'empêche pourtant pas de donner des indications précises et suggestives sur la façon d'aborder l'étude de l'URSS [2]. La première est de considérer la société soviétique comme une formation sociale en transition, dans laquelle les relations ne sont pas cristallisées de façon définitive. La Révolution d'Octobre a détruit dans certaines de leurs caractéristiques essentielles les rapports sociaux de production capitalistes, mais elle n'a pu instaurer comme par un coup de baguette magique des rapports qu'on pourrait qualifier directement de socialistes. Dans une telle formation, le retour en arrière comme la marche en avant restent possibles, on ne saurait donc parler à son propos de mode de production constitué, voire même de rapports de production véritablement nouveaux. Comme le note Trotsky lui-mê-

---

1. Cf. le recueil *De la révolution*, qui réunit le *Cours nouveau*, *La révolution défigurée*, *La révolution permanente* et *La révolution trahie*. Le passage auquel il est fait allusion se trouve p. 606 in Léon Trotsky, *De la révolution*, Paris, Editions de Minuit, 1963, 654 p.

2, Pour comprendre les conceptions de Trotsky, on se référera aux *Ecrits, 1928-1940*, t. I. *L'exil, Staline théoricien, la défense de l'URSS,* Paris, Marcel Rivière, 1958. On consultera également le t. 4 des *Œuvres, 1933-1940*. Le t. 4, Paris, EDI, 1979, contient en particulier l'article «La bureaucratie stalinienne et l'assassinat de Kirov» (pp. 300-323). Il faut enfin se reporter au recueil posthume *Défense du marxisme,* Paris, EDI 1972, qui contient les articles polémiques contre les partisans (Shachtman, Burnham) de la théorie du collectivisme bureaucratique comme nouveau mode de production.

me dans *La révolution trahie*, la propriété d'Etat n'est pas une garantie de l'évolution de la société dans un sens socialiste, même si son extension démontre que les formes bourgeoises d'appropriation sont en voie de dépérissement. La deuxième indication de poids souligne le fait que la transition vers l'établissement de nouveaux rapports sociaux est bloquée par la domination de la bureaucratie. Qu'on s'entende bien! En disant cela Trotsky n'oppose pas une norme socialiste idéale à une mauvaise réalité quotidienne, il cherche à saisir le mode de fonctionnement des mécanismes sociaux et plus particulièrement les résistances à la socialisation des relations de production. Dans ses traits fondamentaux, la division sociale du travail de l'URSS est pour lui analogue à la division du travail capitaliste. C'est la bureaucratie qui détermine les conditions dans lesquelles est produit le surtravail, c'est elle aussi qui décide en dernier ressort de son utilisation et de sa répartition entre les couches privilégiées de la société. De ce point de vue, il lui paraît capital que les normes bourgeoises de répartition et de travail (le droit bourgeois) s'imposent sans partage dans la société soviétique à partir de la victoire du stalinisme, car cela ne peut pas ne pas réagir sur les rapports de production eux-mêmes. Ils ne sont plus capitalistes, puisque les moyens de production ont cessé d'être des capitaux qui se concurrencent, mais en même temps ils ne sont pas socialistes, puisque les travailleurs ne travaillent pas pour eux-mêmes et une société réconciliée. Les normes bourgeoises (échange inégal d'équivalents, égalité formelle dans un cadre hiérarchisé) ne peuvent en effet se reproduire que si les inégalités sociales sont inscrites dans la production, entre autres dans la position subordonnée des travailleurs dans les entreprises et dans les processus de planification. Il est caractéristique, selon Trotsky, que la société soviétique, qu'on prétend celle du socialisme victorieux, soit marquée par la récurrence des phénomènes de valorisation, et par la résurgence de la loi de la valeur [3] niée abstraitement par les planificateurs. La concurrence entre les individus y est acharnée, dans un climat général de pénurie, et chacun se trouve soumis dans son activité comme dans sa personne à des processus d'appréciation qui le mesurent à l'aune de sa position sociale et des richesses qu'il peut acquérir. On consomme des marchandises (des valeurs) proportionnellement à la part du fonds de

---

3. Cf. à ce sujet N. Boukharine E. Préobrajensky, L. Trotsky, *Le débat soviétique sur la loi de la valeur,* Paris, François Maspero, 1972.

consommation à laquelle on a droit en conformité avec la place que l'on occupe dans la hiérarchie du salariat d'Etat. Il en résulte que la répartition du travail social entre les différentes branches de l'économie ne peut s'opérer en fonction de décisions démocratiques, collectivement assumées, mais s'opère largement en fonction de critères de rentabilité congruents avec la polarisation en couches sociales inégales. Pour reproduire ou élargir les moyens de production bureaucratiquement contrôlés, il faut extraire du surtravail des ouvriers en dépossédant ces derniers de leur force collective dans la production, en les soumettant à un despotisme d'entreprise parallèle à celui du capital, en les obligeant à des prestations de travail mesurées individuellement et différenciées plus ou moins abstraitement. Dans ce cadre, la planification ne peut jouer de rôle véritablement unificateur, puisqu'elle entend maintenir le travail dans la dispersion et l'atomisation tout en centralisant de façon autoritaire la définition des objectifs de production et les structures de décision.

Tout cela trouve son prolongement en même temps que son fondement dans l'extrême hiérarchisation et bureaucratisation de l'Etat dit soviétique dont la caractéristique essentielle et d'exproprier politiquement le prolétariat afin de gérer la société en son nom. La classe ouvrière doit en effet être impuissante politiquement et organisationnellement pour que puisse fonctionner cette société hybride, ce mixte de division sociale du travail héritée du capitalisme, de formes de propriété dues à une révolution et de principes bureaucratiques – centralisés – d'organisation économique; ou encore ce mélange sans harmonie de planification par en haut et de la loi de la valeur. Autrement dit, l'Etat pénètre tous les pores de la société, pour imposer des normes bourgeoises dans un contexte marqué précisément par la désarticulation/désagrégation des rapports bourgeois capitalistes. Il lui faut en fait être omniprésent pour suppléer la disparition de nombre d'automatismes sociaux propres au capitalisme. Cet «Etat bourgeois sans bourgeoisie», pour reprendre la terminologie de Lénine[4], se trouve ainsi conduit à pousser jusqu'à la caricature certains traits de l'Etat bourgeois qu'il affirme dépasser; méfiance systématique à l'égard des masses, crainte des processus démocratiques, etc.

En Union soviétique, on ne tolère aucune expression spontanée du prolétariat, censé pourtant être la classe dirigeante, on lui dicte au

---

4. Dans *L'Etat et la révolution*.

contraire ce qu'il doit chaque instant penser. On n'y tolère pas non plus les procédures démocratiques, on leur substitue à tous les niveaux des procédures de cooptation et des mécanismes d'acclamation plébiscitaire. Comme le constate Trotsky, l'Etat s'avance avec la prétention d'être la société tout entière et avec l'ambition d'avoir mis fin pratiquement à la lutte des classes et aux conflits sociaux (sans pourtant avoir mis fin à leur existence). La politique ne serait plus, en ce sens, résolution des affrontements, mais sage gestion des tâches économiques, voire pédagogie de la révolution culturelle (pour la formation de l'homme nouveau). Mais le conflit chassé par la porte rentre par toutes les fenêtres à la fois, sous la forme de méthodes terroristes de gouvernement et de réactions hystériques du pouvoir face aux plus légères mises en question de son autorité. L'Union soviétique à l'époque de Staline ne connaît qu'une normalité de façade qui dissimule très mal une atmosphère de purge permanente. L'Etat hypertrophié se trouve entraîné dans une sorte de fuite en avant pour empêcher le redéploiement des classes et fractions de classe dominées et maintenir sa propre unité (c'est-à-dire celle de la bureaucratie). Il doit se comporter comme une immense machine à conditionner les réactions capillaires des groupes et des individus, à détruire les connexions et les liaisons qui peuvent s'établir entre eux, hors de son contrôle. La société comme l'Etat sont constamment soumis à des processus de réorganisation, parce qu'ils sont constamment en proie à la désorganisation bureaucratique des relations sociales immédiates. La toute-puissance apparente de l'Etat n'est en somme que la rançon de son impuissance à donner des fondements stables à ces rapports sociaux hybrides auxquels il lie son sort. La bureaucratie est obligée de se conduire comme la plus brutale et la plus menacée des classes dominantes, parce qu'elle n'arrive pas à se constituer comme classe dominante solidement ancrée dans les rapports de production.

On a beaucoup reproché à Trotsky de ne pas avoir voulu aller plus loin dans son analyse et de s'être en quelque sorte arrêté à mi-chemin en refusant de définir la bureaucratie soviétique comme une classe dominante (dont elle a à peu près toutes les caractéristiques). On a cru y découvrir une inconséquence, une sorte de reflet de son propre rôle dans la bureaucratisation du régime soviétique des premières années. Mais c'est ne pas voir que l'analyse de Trotsky n'est pas l'analyse d'un «socialisme national» en vase clos auquel il aurait procédé en faisant abstraction des rapports de classes à l'échelle internationale. Tout au contraire, sa conception de la bureaucratie est étayée par des développements très minutieux sur le rôle qu'elle assume par rapport à la bourgeoisie et au prolétariat au niveau mondial. Trotsky constate d'abord que le «socialisme national» soviétique, malgré ses tendances à l'autarcie, est bien incapable de se soustraire à la division internationale du travail et à la force d'attraction du marché mondial. Cela veut dire en particulier que les proportions de l'évolution économique interne de l'Union soviétique ne sont pas indépendantes des mouvements de l'accumulation du capital à l'échelle internationale. Il en résulte, aux yeux de Trotsky, que le règne de la bureaucratie se situe dans le cadre de la dominance de la bourgeoisie à l'échelle de la planète. Après avoir exproprié le prolétariat russe, la bureaucratie ne peut en effet se faire l'agent de la révolution socialiste, de son extension rapide à d'autres pays. Elle s'attache au contraire à un statu quo planétaire qui lui garantit que les forces de la classe ouvrière d'Union soviétique ne pourront se joindre à celles de la classe ouvrière internationale. Elle s'acharne d'ailleurs à cloisonner nationalement le mouvement communiste et à substituer à l'internationalisme qui était le sien à l'origine une obéissance inconditionnelle à la direction soviétique. On ne peut donc s'étonner d'entendre Trotsky affirmer que la victoire de la bureaucratie en Union soviétique est la première étape de la restauration bourgeoise. Pourtant, il ne manque pas de souligner simultanément que la bureaucratie est capable d'utiliser les difficultés du capitalisme dans ses zones de faiblesse, c'est-à-dire dans les maillons faibles de la chaîne impérialiste, pour défendre ou améliorer ses positions. La bureaucratie soviétique ne peut, en ce sens, être identifiée purement et simplement à un serviteur zélé de la bourgeoisie internationale. Elle jouit en fait d'une autonomie relative, car elle exploite les tendances à la dissolution des rapports capitalistes pour se faire accepter par les capitalistes eux-mêmes comme un partenaire susceptible d'endiguer les remises en question révolutionnaires. Faute de mieux, c'est-à-dire faute d'une restauration complète des relations sociales qui leur conviennent vraiment, les différentes couches de la classe dominante bourgeoise sont conduites à s'accommoder d'une sorte de double qui canalise la force de la classe ouvrière dans des secteurs stratégiques, mais peut aussi faire jouer cette force contre des intérêts bourgeois de première grandeur. Comme le voit très bien Trotsky, la bureaucratie soviétique est caractérisée par ce qu'on pourrait appeler une duplicité objective, par les substitutions de rôles qui lui permettent d'exister comme une quasi-classe, parmi les classes du monde contemporain. Pour exproprier le prolétariat soviétique, la bureaucratie doit se substituer à la bourgeoisie comme puissance de domination et d'oppression, mais en même temps, pour empêcher la restauration des relations capitalistes, elle doit utiliser le combat anticapitaliste du prolétariat et en faire un moyen de pression pour obtenir en sa faveur un espace de tolérance. La bureaucratie n'est jamais vraiment elle-même dans ses différentes activités, plus précisément il lui faut toujours agir en lieu et place de groupes sociaux dont elle se différencie par les intérêts et les assises dans la société.

C'est ce jeu particulier de la bureaucratie dans la lutte des classes internationale, son louvoiement entre les classes qui s'affrontent, mais aussi son adossement à la bourgeoisie mondialement dominante qui porte Trotsky à lui dénier tout rôle historique à longue portée et à parler de sa putréfaction précoce. La bureaucratie peut se lancer dans une politique d'industrialisation à marche forcée et de production à outrance, par rapport à la bourgeoisie elle n'amorce pas un développement qualitativement supérieur des forces productives. Les forts taux de croissance de l'économie soviétique sont, en effet, achetés au prix d'un énorme gaspillage et d'une stagnation du niveau de vie de masses populaires. Ils pèsent particulièrement lourd sur la classe ouvrière qui voit se reproduire contre elle des formes nouvelles d'esclavage salarié. En d'autres termes, cela signifie qu'il y a toujours asservissement des forces productives humaines et donc domination de la production pour la production. De ce point de vue, l'activisme et le volontarisme de la bureaucratie ne sont pas la preuve d'une dynamique sociale irrésistible, ils témoignent au contraire d'un piétinement sur place et de la nécessité de rééquilibrer sans cesse un «socialisme national» aux fondements fragiles. Pourtant cette incapacité à créer un ordre social véritablement nouveau ne signifie pas que le poids de la bureaucratie serait négligeable à l'échelle de la planète. En raison de sa mainmise sur le mouvement communiste international et de la captation des aspirations révolutionnaires d'un secteur très important du prolétariat, elle est, de fait, en mesure d'influer considérablement sur le cours de la lutte des classes en faisant sans cesse dériver ce dernier vers des affrontements sans issues positives ou vers des formes nouvelles de collaboration de classe. Pour Trotsky, l'incrustation parasitaire de la bureaucratie dans la lutte des classes de toute une série de pays accentue à l'extrême la crise de direction politique dont souffre le mouvement ouvrier et, pour tout dire, sa désorientation stratégique. Il n'y a plus de cumulation des expériences, de passage au crible des erreurs tactiques commises face à l'adversaire de classe, mais reproduction aveugle de ce qui ne devrait pas être reproduit, marche vers l'échec au nom d'une perception supérieure des lois du combat politique de classe. Les effets négatifs du réformisme sont prolongés, voire amplifiés par ceux du stalinisme et de ses orientations profondément contre-révolutionnaires. Toutes les démarches de la lutte des classes sont obscurcies, coupées les unes des autres, de leur passé comme de leurs conséquences possibles dans un futur autre qu'immédiat ; elles ne se trouvent plus replacées dans des enchaînements dialectiques, mais absolutisées en fonction de leur valeur tactique dans l'instant. La ligne générale des organisations communistes, censée être le fruit d'une élaboration scientifique, ne connaît en réalité que les problèmes posés à court terme et les rapports de force momentanés. Les pratiques politiques imposées par la bureaucratie stalinienne dans le mouvement ouvrier sont, sous le couvert de l'intransigeance et du refus des concessions à l'adversaire, une façon de pousser jusqu'à la caricature certaines pratiques bourgeoises, notamment la disjonction entre le but proclamé et l'objectif effectivement recherché, la dénonciation sans nuances (voire par les moyens de la calomnie) de tout ce qui dérange ce que l'on est en train de mettre au point. Pour toutes ces raisons, la politique des PC stalinisés ne peut avoir pour effet que de brider l'initiative autonome des travailleurs et la détourner de l'auto-organisation. La classe ouvrière n'est pas appelée, à travers l'action, à prendre elle-même son sort entre ses mains, mais à faire confiance à des directions prétendument infaillibles qu'elle n'a plus qu'à suivre. Le paternalisme, et avec lui la passivité des masses, se trouve ainsi réintroduit systématiquement par l'intermédiaire d'orientations pseudo-révolutionnaires qui ne peuvent prospérer que sur la toile de fond de la perte de mémoire, de l'oubli des acquis révolutionnaires les plus récents et de la mise à l'écart de tout ce qui dérange les dispositifs bureaucratiques. Sous la tutelle stalinienne, le mouvement ouvrier cesse d'être une création continue, la mise à jour de nouvelles possibilités d'intervention pour se transformer peu à peu en une grande machine qui cherche surtout à se perpétuer.

Il s'ensuit que la lutte de classe est comme décapitée du côté ouvrier. Elle ne cesse, sans doute, de progresser en profondeur et en étendue, de se ramifier en fonction des progrès de l'industrialisation dans une grande partie du monde, mais elle n'arrive pas à prendre la mesure de l'adversaire et des obstacles qu'elle doit surmonter pour transformer les relations sociales. Elle avance à tâtons, pour ne pas dire à l'aveuglette, parce que ceux qui font office de guides ne font que la canaliser suivant leurs intérêts particularistes. En se substituant aux directions qui pourraient surgir des luttes, voire en dévoyant les cadres forgés dans celles-ci, la bureaucratie stalinienne fait reculer l'élément conscient dans les affrontements, dans une phase où il est particulièrement indispensable (de par l'ébranlement de la société bourgeoise). Elle refoule, ou contient par des instruments divers, toutes les pulsions qui naissent de la résistance ouvrière à l'exploitation, elle leur enlève, sinon leur mordant, du moins leur force de subversion par rapport au jeu politique de type parlementaire et élitiste. En d'autres termes, elle permet à la lutte des classes qui vient d'en haut de disposer de moyens inespérés dans des situations difficiles et de repartir à l'offensive alors qu'on pourrait la croire acculée à la défensive. Elle introduit par là une dynamique régressive, c'est-à-dire de très importants facteurs de stagnation et de retour en arrière, dans un contexte général d'avancée des luttes sociales. La crise de l'ordre bourgeois, ses tendances à la dissolution se trouvent ainsi transportées à l'intérieur du mouvement ouvrier par ceux-là mêmes qui prétendent monopoliser la conscience révolutionnaire et se disent les dépositaires du socialisme scientifique. Le réformisme, ébranlé par les ondes de choc de la Révolution d'Octobre, retrouve, dans ce cadre, une nouvelle jeunesse, en se délimitant du sectarisme et du dogmatisme staliniens à peu de frais et en voyant ses pratiques opportunistes confortées par celles des partis communistes officiels. Réformisme et stalinisme se combattent, se concurrencent avec acharnement un peu partout, mais en même temps joignent leurs efforts pour étouffer les tendances à l'auto-organisation de la lutte ouvrière et pervertir le discours révolutionnaire. L'expansion du mouvement ouvrier organisé est, de façon inextricable, source à la fois du renforcement et de l'affaiblissement de la lutte des classes. Elle donne aux travailleurs le sentiment de leur force tout en leur ôtant largement les moyens de l'utiliser efficacement contre les tentatives d'enveloppement des Etats bourgeois. Pour Trotsky, il ne fait pas de doute que les partis ouvriers dominants comme les syndicats véhiculent à l'intérieur de la classe ouvrière les habitudes et les thèmes de la politique bourgeoise. Les travailleurs sont, en ce sens, enfermés dans une sorte de cercle vicieux et voués à des mouvements désordonnés pour en sortir tant que dure la conjonction du réformisme et du stalinisme au niveau idéologique et organisationnel. De ce point de vue, il n'est pas exagéré de dire que l'extraordinaire avancée du mouvement ouvrier consécutive à la fondation de la IIIe Internationale se solde quelques années plus tard par une stérilisation de la majeure partie de l'avant-garde communiste, par sa transformation en une force d'intégration au nouvel ordre international. Il est vrai que tout cela ne se fait pas sans contradictions, que les partis communistes ne s'intègrent jamais directement et complètement aux Etats bourgeois auxquels ils sont confrontés, mais cela n'empêche pas qu'en matière de stratégie et de tactique les organisations ouvrières se situent en deçà de la période d'Octobre (1917-1923), voire en deçà de ce qui était acquis pour les secteurs en pointe de la IIe Internationale avant 1914.

Limites et fin de la bureaucratie

A la fin des années 30, Trotsky est intimement persuadé pourtant que ce développement inégal et combiné du processus révolutionnaire caractérisé notamment par l'avancée difficile des pays dits arriérés et par le retard relatif des pays dits développés doit céder la place à plus ou moins brève échéance à une tout autre dynamique caractérisée, elle, par la mise en question de tous les carcans bureaucratiques imposés à la lutte des classes. A ses yeux, la poussée révolutionnaire même souterraine est suffisamment forte, la crise de l'ordre bourgeois suffisamment profonde, pour que la crise de la direction prolétarienne soit résolue dans des délais relativement brefs. Ces pronostics optimistes (malgré les défaites subies en Allemagne, en France et en Espagne) sont évidemment fondés sur l'idée que l'emprise bureaucratique en URSS comme dans les partis communistes est fragile, parce qu'elle est minée par la crise de l'ordre capitaliste international, entre autres, par l'incapacité de ce dernier à développer les forces productives. La bureaucratie stalinienne dans sa défense du statu quo s'appuie, qu'elle le veuille ou non, sur un partenaire/adversaire, la bourgeoisie, qui sent souvent le terrain se dérober sous ses pieds et ne peut par conséquent être attaché sans réserve audit statu quo.

L'articulation des rapports de classe à l'échelle internationale est par suite en déséquilibre permanent et un conflit mondial où l'URSS sera certainement entraînée se dessine à l'horizon. Une redistribution majeure des cartes est, en fait, inévitable dans une partie qui est loin d'être terminée et ne se présente pas à l'avantage de la bureaucratie soviétique. Celle-ci, en effet, après les grands procès et l'épuration massive de l'Armée rouge, n'est guère capable d'organiser efficacement la défense du pays, essentiellement parce que ses rapports aux masses se sont détériorés. Cela donne des chances non négligeables aux révolutionnaires tant en URSS que dans le reste du monde, car ils sont seuls susceptibles de s'opposer de façon conséquente à l'impérialisme, à ses tentations de restaurer l'ordre capitaliste dans l'ancienne Russie comme à sa recherche destructrice d'un nouveau partage du monde. Une nouvelle vague révolutionnaire, beaucoup plus ample que celle consécutive à la Première Guerre mondiale, est, selon toute vraisemblance, en gestation dans les affrontements apparemment désordonnés du monde d'après la crise économique de 1929. Il est même raisonnable d'espérer que la lutte pour le socialisme fera, à l'échelle internationale, un bond en avant décisif dans l'aire du «socialisme national» bureaucratiquement bloqué comme dans l'aire du capitalisme le plus développé. Trotsky n'est d'ailleurs pas loin de penser que les forteresses de l'impérialisme seront plus fortement secouées que les zones périphériques du capitalisme et que le mélange du soulèvement antibureaucratique en URSS avec la poussée vers l'auto-organisation de la classe ouvrière hautement concentrée d'Occident aura des effets hautement subversifs sur une grande partie de la planète. C'est un communisme politiquement rénové, idéologiquement renouvelé et aiguillonné par de nouvelles perspectives, qui affrontera les différentes fractions de la classe dominante acculées à la défensive sur le plan stratégique. Il conservera encore largement les traits d'un mouvement tourné vers un socialisme aux couleurs imprécises pour les masses, vers un avenir mal connu d'elles, mais il sera de plus en plus l'expression d'un prolétariat arrivé à maturité, riche de son sens de la solidarité et de l'organisation collective, ainsi que de l'expérience accumulée, donc proche du socialisme à venir dans sa réalité quotidienne et dans sa visée concrète des rapports sociaux à construire. Il est vrai que Trotsky, dans *Défense du marxisme,* n'exclut pas l'éventualité de nouvelles défaites de la classe ouvrière et d'une régression sociale généralisée sous les coups du capital et de la bureaucratie. L'hypothèse, toutefois, est considérée par lui comme très peu probable, voire comme une hypothèse d'école destinée à mieux faire ressortir la très grande vraisemblance d'une victoire prolétarienne dans une série de pays à l'influence décisive.

Dans ses pronostics, Trotsky écarte, par conséquent, l'idée qu'il puisse y avoir reproduction sur une échelle élargie de la situation qui se cristallise dans les années 20 ; collaboration conflictuelle entre la bourgeoisie et la bureaucratie pour contenir les tendances à la mise en question de l'ordre social international. C'est pourtant ce qui va se produire dans un contexte paradoxal de montée retenue des mouvements révolutionnaires et de réorganisation générale du capitalisme. Dans les zones périphériques de l'aire bourgeoise (Yougoslavie, Chine, etc.), on voit poindre des processus révolutionnaires de grande ampleur, mais leur dynamique s'enlise dans le bureaucratisme en raison de l'empreinte du stalinisme sur les partis qui les dirigent. Pour reprendre le vocabulaire trotskyste, il y a permanence de la révolution, dépassement des objectifs démocratiques vers des objectifs socialistes, mais en même temps la dislocation/désagrégation des rapports anciens se fait largement par le haut, dans l'étouffement des initiatives de base. Les nouvelles révolutions socialistes sont à la fois inachevées et bureaucratiquement bloquées dans leur progression. Dans les métropoles impérialistes, les luttes ouvrières connaissent un essor indéniable et atteignent même dans certains pays des sommets inégalés (aux Etats-Unis et en Europe par exemple). Leur tranchant politique reste néanmoins très limité par les effets des orientations ultra-opportunistes des partis communiste. Il n'est même pas exagéré de dire que les poussées venant du mouvement ouvrier sont utilisées par certaines fractions du capital pour jeter les bases d'une politique sociale d'encadrement et d'intégration des travailleurs combinant l'assistance, la redistribution des revenus à l'intérieur du groupe des salariés avec une contractualisation régulée par l'Etat des relations de travail. Le capitalisme profite, de cette manière, de la prédominance des forces staliniennes et réformistes sur le mouvement ouvrier pour créer les conditions d'une longue période de prospérité. La bourgeoisie internationale doit, sans doute, s'accommoder pour cela d'une expansion territoriale de la bureaucratie (Europe de l'Est) et de l'installation de nouveaux régimes bureaucratiques, mais cela n'est pas contradictoire avec la restructuration de l'ordre mondial (de Yalta à San Francisco en passant par Bretton Woods). La politique d'endiguement et de guerre froide, qui succède à l'étrange alliance contre l'Axe, met de toute façon des limites très étroites aux possibilités d'expansion de la bureaucratie et des partis placés sous son influence. Les tendances totalitaires à l'œuvre dans les régimes de l'Est sont même utilisées pour redonner une nouvelle vigueur aux idéologies bourgeoises de la libre entreprise et de la démocratie restreinte. L'extension de la zone géographique dominée directement ou indirectement par la bureaucratie soviétique sert en quelque sorte d'aiguillon à une croissance intensive sans précédent de l'accumulation et des relations capitalistes, à une progression de l'emprise des rapports marchands-capitalistes sur la majeure partie du globe. Dans leur association et leurs affrontements, le capital et la bureaucratie n'arrêtent pas du tout le développement des forces productives, malgré les énormes gaspillages qu'ils suscitent et les destructions qu'ils multiplient un peu partout. Les années du deuxième après-guerre sont au contraire marquées par une croissance très rapide, quantitativement et qualitativement, des forces productives humaines, c'est-à-dire de la classe ouvrière et des classes moyennes salariées dans une grande partie du monde. Pour les travailleurs, il n'y a pas, comme le pensait Trotsky en 1938-1939, blocage de leur situation et de leur condition, mais bien bouleversement incessant, transformation des méthodes de l'exploitation qu'ils subissent, augmentation parfois rapide des niveaux de vie, modification de leurs rapports à l'organisation du travail, etc. Il n'y a pas, il ne peut y avoir en ce sens de dynamique révolutionnaire qui serait mue, dans les métropoles impérialistes, par des tendances à la stagnation économique et sociale, ou qui résulterait des rigidités de la gestion bourgeoise (et bureaucratique). La thèse de Trotsky sur le retard de la conscience ouvrière par rapport au mûrissement, voire au pourrissement des conditions objectives de la révolution se trouve par là même largement invalidée, pour ne pas dire directement controuvée. Les défaites, les reculs du mouvement révolutionnaire après octobre 1917 sont à l'origine de bien des épreuves (notamment, le nazisme), mais sont aussi à l'origine d'une reviviscence de la dynamique capitaliste (éventualité que Trotsky avait envisagée dans les années 20 et qu'il se refuse à prendre en compte pour les années 30).

Sur l'actualité de Trotsky

C'est pourquoi il apparaît difficile aujourd'hui de reprendre telles quelles les analyses de Trotsky pour traiter du «socialisme réellement existant». On ne peut nier que celui-ci ait eu raison contre les théoriciens du collectivisme bureaucratique (l'URSS en tant que nouvelle société d'exploitation appelée à supplanter le capitalisme). On admettra aussi qu'il a largement eu raison contre ceux qui faisaient du système soviétique une simple modulation du capitalisme (capitalisme d'Etat ou capitalisme bureaucratique). Les économies planifiées des pays de l'Est, malgré toutes les concessions qu'elles peuvent faire aux mécanismes de marché, ne réintroduisent ni la pluralité, ni la concurrence des capitaux, et les thèses propagées au cours des années 60 sur le rapprochement progressif des systèmes sociaux n'ont à l'heure actuelle plus guère de défenseurs. Cela ne doit pourtant pas conduire à répéter que la bureaucratie est une excroissance parasitaire ou que son ancrage dans la société contemporaine est tout à fait limité. L'Union soviétique a déjà largement dépassé son soixantième anniversaire, et les régimes des démocraties populaires ont maintenant plus de trente ans d'âge, ce qui exclut que l'on puisse parler d'un état de choses provisoire. Il s'agit bien plutôt de régimes qui concourent à l'unification du monde, notamment à son insertion dans des réseaux étatiques, en comblant les failles ou les béances laissées ouvertes par le capitalisme. De ce point de vue, il est loisible de faire un rapprochement avec les différents «socialismes» (arabes par exemple) dans les pays dits sous-développés, même si les Etats qui président à leurs destinées ne trouvent pas leur origine dans une destruction/dislocation des rapports capitalistes, mais dans une structuration nouvelle des rapports bourgeois à partir de l'intervention de l'Etat. Dans les deux cas, l'activisme de la bureaucratie (qu'elle soit d'origine ouvrière ou militaire) supplée l'initiative privée, supprimée ou défaillante. Ainsi que l'a bien montré Rudolf Bahro[5], la planification bureaucratique apparaît et se donne dans un tel contexte comme une méthode d'industrialisation et de modernisation qui doit permettre d'obtenir des résultats comparables à ceux des pays capitalistes les plus développés. Dans son fond, elle n'a d'autre modèle que la dynamique capitaliste: production pour la production, accumulation de richesses, po-

---

5. Rudolf Bahro, *L'alternative*, Paris, Stock, 1979.

larisation de la société entre couches profondément inégales du point de vue des fonctions dans la production et des revenus. Elle ne peut, certes, jouer sur les mêmes incitations à produire au niveau des individus, mais elle s'empresse de pallier ces insuffisances par un volontarisme politique qui définit ses objectifs économiques en fonction des résultats atteints ou susceptibles d'être atteints par les grandes métropoles impérialistes. Le monde du «socialisme réellement existant» ne poursuit ainsi aucun projet véritablement original de «construction du communisme», il ne fait en réalité qu'imiter la société capitaliste dans un certain nombre de ses caractéristiques les plus essentielles, particulièrement au niveau du mode de vie et des relations hiérarchiques-inégalitaires dans le travail. Il joue sans imagination sur un certain nombre des avantages dont il bénéficie par rapport au capitalisme, suppression du chômage, limitation de la concurrence-compétition entre les individus, plus grande sécurité du lendemain pour une partie importante de la population, en vue de faire accepter ses déficiences les plus évidentes, absence de libertés politiques, réglementations tatillonnes dans la vie quotidienne, vie collective bureaucratisée. C'est dire qu'il ne fait que donner corps à une variante sociale particulièrement médiocre des rapports dominants (on peut se reporter à ce sujet aux ouvrages d'A. Zinoviev[6]) où les tendances à la stagnation et au conservatisme sont particulièrement marquées. Le salariat d'Etat assure tant bien que mal à chacun de quoi vivre, mais il perpétue tous les aspects oppressifs de la division sociale du travail, en les poussant parfois jusqu'à la caricature (voir, par exemple, la persistance de formes très rétrogrades de travail aux pièces). Les pays du «socialisme réellement existant», à la vérité, ne rompent pas avec la religion du travail, bien au contraire, ils lui dressent de nouveaux autels et portent le culte de l'ascétisme au travail et du travail-réalisation de soi-même à des pointes extrêmes (voir les débauches de décorations et de récompenses pour les «héros du travail»). Ils sont, à cet égard, dans le prolongement de tendances qui se sont manifestées avec force dès les débuts du mouvement ouvrier; notamment la tendance à concevoir la libération du travail comme une reconnaissance de son rôle social et de sa portée éthique, tout comme ils se trouvent dans le prolongement des tendances à la bureaucratisation apparues

---

6. Et plus particulièrement à A. Zinoviev, *Le communisme comme réalité*, Lausanne, Paris, Fayard, L'Age d'Homme, 1980.

dans les organisations ouvrières. Encore une fois, on ne peut les considérer comme des formations sociales qui dérogeraient aux normes les plus effectives du monde actuel, tant du fait de leur soumission à la division internationale du travail et de leur participation à l'équilibre instable des relations de classe, que du fait de leurs liens multiples avec un mouvement ouvrier largement subordonné à l'Etat dans les pays capitalistes. Il est significatif que les pays les plus avancés du « socialisme réellement existant », comme la République démocratique d'Allemagne (RDA) et la Hongrie, présentent, du point de vue des politiques sociales, des analogies frappantes avec les pays de « Welfare State ».

Ce « socialisme réellement existant » participe, en somme, d'un monde de la circularité. D'un côté, il apparaît sinon comme l'aboutissement logique, du moins comme un prolongement possible de ce qu'est le mouvement ouvrier des pays capitalistes ; d'un autre côté, il s'affirme comme la négation même des aspirations à un autre mode d'organisation sociale et de vie, présentes dans la résistance à l'oppression et à l'exploitation. Il est l'autre face du même, la répétition sur un autre registre de ce qu'il prétend dépasser. Il est à la fois un régime social différent et un repoussoir commode qui permet à la bourgeoisie de justifier sa propre existence, une opposition qui ne tranche pas véritablement avec le monde auquel elle s'oppose. Il s'alimente par tous les pores de cet autre lui-même qu'est le capitalisme en le désignant comme l'ennemi qu'il ne faut jamais oublier, mais aussi comme l'adversaire sur lequel il faut se conformer. Alexandre Zinoviev n'a pas tort qui se gausse de tous ceux qui ne veulent voir dans le régime soviétique actuel qu'une aberration passagère, qu'une sorte d'intermède avant un retour à l'ordre habituel des choses. Le « socialisme réellement existant » fait partie de la « normalité » d'aujourd'hui, de l'équilibre qui résulte des nombreux déséquilibres des rapports mondiaux. Il n'est, certes, pas erroné de souligner l'extrême sensibilité en même temps que la rigidité hypertendue des systèmes des pays de l'Est (régime de parti unique, proscription des débats non dirigés, etc.), mais cela n'exclut pas toute forme de plasticité, toute capacité d'adaptation à un environnement changeant. Dans le temps comme dans l'espace, les rapports bureaucratiques connaissent des variations non négligeables, tant au niveau économique qu'au niveau de la production idéologique. On ne peut nier, par exemple, que le rôle et les modalités d'intervention de l'appareil répressif ont connu d'importantes modifications depuis la disparition de Staline. On ne peut non plus ignorer que sont peu à peu apparus des automatismes sociaux, se substituant dans certains domaines à de pures et simples relations de commandement/subordination (on peut penser aux activités de valorisation des individus, de classement des groupes sur l'échelle sociale, de compétition pour échapper aux positions les plus basses du point de vue matériel et du point de vue du prestige). Cela signifie en d'autres termes que la reproduction des rapports bureaucratiques se fraie la voie à travers des oppositions qui ne sont pas seulement celles de la bureaucratie et des sans-pouvoirs, mais aussi des oppositions à l'intérieur des groupes dominés et entre eux. Il en résulte que le déblocage de la transition vers le socialisme ne peut se présenter comme une simple reprise d'un mouvement révolutionnaire interrompu, comme une remise sur la bonne voie d'un véhicule qui a dévié de sa route ou, pour parler à la manière de Trotsky, comme une révolution politique qui remet en place un dispositif soviétiste perturbé et dénaturé par les circonstances et le parasitisme bureaucratique. Il ne s'agit pas seulement de faire revivre un élan révolutionnaire qui s'est enlisé, il s'agit de redonner des fondations solides à l'activité de transformation de la société en la faisant repartir des contradictions cumulées du capitalisme et du «socialisme réellement existant», tout en brisant la circularité de la reproduction des rapports sociaux de production à l'échelle mondiale. Le processus révolutionnaire ne peut se contenter de reprendre les choses dans l'état où elles étaient avant l'apparition du stalinisme, il doit s'enrichir de toutes les contradictions qui se sont développées avec l'insertion du «socialisme réellement existant» dans les rapports capitalistes dominants.

De ce point de vue, la thématique trotskyste de l'Etat ouvrier dégénéré, qui affirme que la classe ouvrière a toujours une sorte de contrôle indirect ou de droit de veto sur les orientations du régime soviétique, notamment en matière de rapports de propriété, est trompeuse ou équivoque. Elle tend, en effet, à réduire les contradictions à une opposition-polarisation politique entre une couche usurpatrice, la bureaucratie parasitaire, et un prolétariat en train de récupérer des forces momentanément perdues. La question principale, dans cette perspective, est de faire revivre l'idéologie d'Octobre, en résolvant par là une crise de désorientation provisoire du prolétariat. Les caractéristiques concrètes des affrontements de classe dans le «socialisme réellement existant» se trouvent ainsi ignorées ou minimisées et aplaties. Tout est perçu comme s'il suffisait de rétablir la démocratie soviétique des premiers mois de la Révolution d'Octobre pour conjurer définitivement le péril de la restauration du capitalisme et donner une vigueur nouvelle au mouvement révolutionnaire à l'échelle internationale. En réalité, l'antagonisme entre la classe ouvrière et la bureaucratie comme tenant lieu de bourgeoisie et comme quasi-classe dominante ne peut être interprété de façon simpliste, tout au contraire, il faut le lire suivant des lignes complexes qui épousent des oppositions multiples et susceptibles de se conjuguer dans des conditions imprévues. Il faut d'abord considérer que la bureaucratie se trouve avec la classe ouvrière dans une relation de dédoublement-substitution, qu'il lui faut de façon permanente ré-activer pour la rendre opératoire. La bureaucratie doit sans cesse recruter et coopter des travailleurs pour rendre plausible sa prétention à les représenter, voire à les incarner dans les processus politiques. Elle doit faire comme si elle entendait se nier elle-même en organisant systématiquement la montée dans ses propres rangs d'éléments dynamiques de la classe ouvrière. Cela peut prendre parfois des aspects caricaturaux, par exemple, lorsqu'il s'agit d'établir les critères d'entrée à l'université ou de classer les agents de l'administration en fonction de leur origine sociale supposée. Mais on saisit tout de suite la rationalité de cette relation de dédoublement-substitution, quand on voit qu'elle a pour but non seulement de légitimer la bureaucratie et d'en faire prétendument une sorte de détachement de la classe ouvrière, mais surtout qu'elle a pour objet de rendre les travailleurs incapables de trouver leur propre identité. La bureaucratie doit apparaître comme un reflet du monde ouvrier, comme un double idéal débarrassé des scories de l'empirie, qui sait mieux que les ouvriers concrètement situés quels sont leurs intérêts historiques. Les travailleurs sont ainsi censés mener une existence double, une existence en tant qu'individus concernés par le quotidien et toutes ses tentations égoïstes, et une existence par prétérition où les bureaucrates du parti les rendent autres qu'ils ne sont, c'est-à-dire en font les soldats idéalisés de l'armée du communisme. Pour cela, il faut, bien sûr, que la classe ouvrière soit dépouillée de ses capacités critiques d'interprétation et de transformation du monde, et que, en particulier, elle ne puisse plus entretenir de rapport vivant avec le marxisme en tant que théorie qui cherche à élucider le fonctionnement de la société. Le marxisme doit, sinon devenir intangible, du moins devenir inaccessible aux expériences profondes des travailleurs, aux allées et venues de leurs pratiques dans le monde de la politique et du travail, il doit devenir la chasse gardée de la bureaucratie, le garant de son rôle hégémonique dans la société. Cette expropriation idéologique, qui transforme la théorie de Marx en son contraire, a pour corollaire inévitable une ré-interprétation-destruction du passé du mouvement ouvrier qui n'a plus le droit d'être autre chose que préparation du présent bureaucratique, dans une sorte de téléologie grossière de l'histoire qui traite les faits selon les besoins du moment. La classe ouvrière ne doit donc plus avoir de mémoire collective, de traditions vivantes que les luttes du présent se chargent sans cesse de réévaluer. Il lui est seulement demandé de regarder fascinée ce qu'on lui dit être la seule réalité, sa propre réalité transcendée. Il est évident qu'une telle relation de possession-dépossession ne peut se reproduire que si elle est parachevée par l'atomisation organisationnelle de la classe ouvrière, par une atomisation qui sera poussée beaucoup plus loin que dans les pays capitalistes. Les travailleurs, dans leur existence quotidienne, doivent être dépouillés au maximum de leurs possibilités d'action autonome, ils doivent être enserrés dans des réseaux organisationnels multiples et pénétrants (de la brigade de travail aux sociétés sportives en passant par les syndicats) qui leur sont extérieurs et se voient attribuer le monopole de l'expression et des manifestations ouvrières. L'utopie bureaucratique veut que la classe ouvrière n'ait pas son être en elle-même, que sa conscience fonctionne hors d'elle par l'entremise de fondés de pouvoir qui entendent ne pas avoir de comptes à rendre: «le pour-soi» n'a plus à dépendre de son «en-soi» pour se référer au vocabulaire employé par Marx dans *Misère de la philosophie.*

La duplicité bureaucratique ne peut cependant pas gommer ou oblitérer complètement la réalité ouvrière, et cela d'autant moins que le pouvoir a besoin en permanence de la participation des travailleurs, en particulier au niveau de la production. Les ouvriers ne sont dominants que dans l'imaginaire, mais le surtravail qu'il s'agit de leur soutirer est, lui, une réalité bien tangible (en produits divers, services, etc.). Le paradoxe de la situation veut, par conséquent, que les travailleurs soient magnifiés abstraitement, bien que niés dans leur existence collective concrète, et qu'ils soient en même temps invités à user de plus en plus productivement leurs capacités de travail, voire à s'enthousiasmer pour un Etat prolétarien (ou du peuple tout entier) qui s'élève au-dessus d'eux comme une puissance étrangère. Les régimes de l'Est ne négligent d'ailleurs rien au niveau du rituel et du symbolique pour obtenir cette participation, à travers la mise en valeur de travailleurs exemplaires, à travers les différentes cérémonies du culte du travail, à travers les fastes de la pseudo-démocratie politique. Ils ne répugnent pas non plus à jouer plus classiquement sur le sentiment national, sur l'identification aux héros militaires ou du monde de la science. Ils s'appuient également sur ce qu'on pourrait appeler des formes atténuées ou secondes de la participation, l'adhésion passive et résignée au paternalisme d'Etat, à la sécurité vitale qu'on trouve dans la soumission à l'autorité. Mais rien de tout cela n'est vraiment suffisant pour mobiliser les énergies en profondeur, pour aligner l'activité des travailleurs sur le volontarisme et l'activisme bureaucratiques, pour les soumettre inconditionnellement à la discipline d'une planification qui a pour but, entre autres, de reproduire leur impuissance sociale. La bureaucratie, bien sûr, n'hésite pas à recourir aux méthodes éprouvées de la bourgeoisie, notamment à ce qu'elle appelle l'«intéressement matériel», et qui entend combiner l'appât du gain et la coercition industrielle, la carotte des primes ou avantages matériels et le bâton des normes de production à observer. Mais ce type d'incitations à produire fonctionne forcément beaucoup moins bien que dans le cadre capitaliste. Il faut d'abord voir que le salaire, rémunération de la force de travail, n'est pas la partie variable d'un capital, c'est-à-dire n'est pas directement fonction de la rentabilité des moyens de production au niveau de l'entreprise. Il est, en fait, une quote-part, fixée plus ou moins arbitrairement, du fonds de consommation de la société. En ce sens, il apparaît moins comme la rémunération d'un travail fourni[7] (simple ou complexe), mesurable et évaluable en termes d'efficience économique, que comme l'attribution d'un pouvoir d'achat qui tient compte de la position sociale de l'intéressé. Cela est d'autant plus vrai que les traitements de l'immense armée des agents supérieurs de l'Etat et de l'économie ne sont pas eux-mêmes commensurables aux résultats des entreprises et de l'économie planifiée alors que le profit des capitalistes est,

---

7. Les théoriciens des pays de l'Est font constamment référence au travail fourni comme critère de distribution, mais ils ne disent pas, de façon convaincante, comment on peut le mesurer sur une base purement économique en tant que réalité individuelle. On peut trouver une bonne mise au point sur les problèmes de la valeur dans les pays de l'Est dans Renate Damus, *Entscheidungsstrukturen und Funkionsprobleme in der DDR-Wirtschaft*, Frankfurt, Suhrkamp, 1973.

lui, nettement lié à la rentabilité des entreprises. Le recours à des primes individuelles et collectives qu'on distribue suivant les résultats obtenus dans l'exécution du plan au niveau microéconomique n'est en fait qu'un palliatif, puisque le calcul économique effectué dans l'entreprise est largement arbitraire (c'est-à-dire dépendant de décisions politiques globales). On peut d'ailleurs ajouter à cela que les rapports entre le centre planificateur et les unités de production, placés sous le signe de la méfiance et de la dissimulation, de l'injonction et de la désobéissance passive, de la présomption du sommet et de la résistance systématique de la base, ne peuvent donner lieu au dialogue nécessaire à une circulation satisfaisante de l'information économique. Il faut voir en second lieu qu'à la distribution de rémunérations nominalement plus élevées aux producteurs directs ne correspondent absolument pas des possibilités équivalentes de consommation (au-delà des problèmes d'ajustements conjoncturels de l'offre et de la demande). Une partie importante des produits de consommation est, en effet, réservée, en tout état de cause, aux couches privilégiées de la société, et se trouve soustraite de mille façons aux mécanismes de la distribution par le marché. En même temps, les capacités de production de l'économie sont unilatéralement orientées vers la production de biens de production, aussi bien pour des raisons de concurrence économico-militaire avec les pays occidentaux que pour justifier le rôle de la bureaucratie, censée accélérer l'industrialisation et la croissance.

C'est bien pourquoi les différentes formes de l'«intéressement matériel» et de l'«émulation» socialiste ne peuvent véritablement attacher les producteurs directs (et tous ceux qui contribuent à créer du surtravail) à ce qui constitue leur activité de travailleurs. Les sociétés du «socialisme réellement existant» qui se veulent des civilisations du travail sont, en fait, des sociétés marquées par une crise ouverte ou latente des rapports de travail. Des couches très nombreuses d'ouvriers travaillent, comme on le sait, le moins possible, et adoptent une attitude, la plupart du temps, négative à l'égard des moyens de production possédés par l'Etat. Elles manifestent ainsi qu'il ne leur est pas possible de se réaliser dans et par le travail, contrairement à ce qu'affirme la propagande officielle, et qu'il n'y a certainement pas insertion harmonieuse des intérêts privés dans l'intérêt dit collectif pour la majeure partie des participants à la production. Le désintérêt pour le travail voire la fuite devant lui démontrent très clairement que le bien de la communauté, dont font état les planificateurs, est assimilé à une puissance étrangère, à un ensemble d'objectifs normatifs, qui, parce qu'ils ne peuvent être discutés dans les collectivités concrètes, n'ont pas de pertinence pour ceux qui portent la production sur leurs épaules. Quant à l'intérêt privé, comme on l'a vu, il est trop mal reconnu ou récompensé au niveau des couches inférieures de la société, il est en même temps trop étalé et identifié à l'arbitraire bureaucratique au niveau des couches supérieures, pour avoir un effet d'intégration. A la limite, il n'est pas erroné d'avancer que cette mi-reconnaissance ou mi-méconnaissance du privé dans un contexte de distorsions bureaucratiques du collectif est un facteur capital de démoralisation et de distension des liens sociaux. A la rigidité et au formalisme du pouvoir font pendant l'évasion vers la vie privée et un laisser-aller général dans les différents domaines de la vie sociale. Aussi, on ne peut s'étonner de ce que la lenteur de la progression de la productivité du travail soit le problème majeur de l'économie soviétique et que le progrès technique ait tant de mal à se frayer son chemin dans presque tous les pays du « socialisme réellement existant ». Il est, certes, indéniable que, dans les années 60 et 70, la dynamique des planifications bureaucratiques a été suffisante pour assurer une élévation relativement régulière du niveau de vie, mais les difficultés se sont multipliées (retard de l'agriculture, efficacité décroissante des investissements), bien avant qu'on ne remarque un net ralentissement de la croissance. Aujourd'hui, il apparaît avec netteté que les économies des pays de l'Est ont beaucoup de mal à surmonter leur crise de langueur et les effets induits de la prostration prolongée de la plupart des économies occidentales. L'amélioration de la condition matérielle des masses tend à devenir de plus en plus aléatoire, sinon impossible, dans un climat général de morosité et de scepticisme. Les idéologies de la délégation (de la substitution de la bureaucratie au prolétariat) et de la planification comme maîtrise de plus en plus grande des processus économiques se trouvent par là profondément discréditées. Les individus ne ressentent pas seulement la distance qui sépare leur expérience quotidienne des thèmes abstraits de l'idéologie dominante, ils commencent à mettre en doute le bien-fondé de ses prétentions à dire les règles rationnelles d'une bonne gestion de l'économie et de la société. Cela veut dire que l'ordre social bureaucratique n'est plus seulement saisi comme un système pesant, à tendances totalitaires, mais aussi comme une sorte de désordre établi qui se manifeste de façon de plus eu plus irrationnelle. Les membres des couches opprimées et exploitées de la société acquièrent peu à peu la possibilité de comprendre le caractère insupportable de la double pratique de la vie sociale qu'on veut leur faire admettre, la soumission au fétiche du travail, au fétiche de l'édification du communisme d'un côté, l'expérience de la désagrégation sociale et de la compétition pour une satisfaction chichement mesurée des besoins d'un autre côté. Dans une telle conjoncture, ils ne peuvent qu'être particulièrement sensibles à la double morale de la couche dominante, à ses proclamations d'ascétisme révolutionnaire démenties par des mœurs de satrapes, ce qui ne peut manquer de les conduire à se poser la question de la bureaucratie en tant que bureaucratie dirigeante et par voie de conséquence la question de leur propre identité dans les rapports qu'ils entretiennent avec le système du pouvoir et de l'économie. A dire vrai, la sécurité médiocre qu'assure le «socialisme réellement existant» ne suffit plus à étouffer ou amortir la lutte des classes qui vient d'en bas, quand la crise des rapports de travail met à nu le *modus operandi* de la société et grippe les mécanismes de l'hégémonie politico-idéologique de la bureaucratie.

Il s'en faut, toutefois, de beaucoup pour que la recherche d'une nouvelle identité puisse s'opérer chez les travailleurs de façon simple, c'est-à-dire sur le mode d'une prise de conscience sans problème. Les prolétaires du «socialisme réel» doivent d'abord se débarrasser du «marxisme-léninisme», cet idiome qui prétend être le leur et mythifie leur réalité présente et passée. Mais, pour ce faire, ils ne disposent pas immédiatement d'instruments de rechange éprouvés sur le plan culturel, c'est-à-dire susceptibles d'interpréter efficacement ce qui les environne. La réappropriation par la classe ouvrière de sa propre autonomie culturelle se présente bien plutôt comme une sorte de glissement de terrain idéologique, suivi d'une activité plus ou moins fébrile de bricolage et de rafistolage à partir d'éléments épars, de vestiges du passé qui ont échappé au grand naufrage du stalinisme et à sa politique de la table rase. Il n'y a pas et il ne peut y avoir résurgence, comme par miracle, des conceptions prédominantes dans le mouvement ouvrier du début du siècle, mais maturation lente, entrecoupée parfois de retours en arrière, de vues nouvelles sur le monde et la vie en société. Comme les événements de Pologne le montrent [le développement du syndicat Solidarnosc en 1980-1981, NdE], la marche vers l'affirmation sociale et politique des salariés d'Etat peut emprunter les voies des idéologies religieuses et se référer à certains de leurs aspects populistes. Dans un tel cadre, on ne doit pas s'attendre à ce que la perception ouvrière de la société dépasse, spontanément et rapidement, l'idée d'une société dichotomique («eux» et «nous», «haut» et «bas»), idée qui fait l'impasse sur le rôle et l'importance des couches qui se trouvent dans des positions ambiguës, en particulier l'intelligentsia culturelle et technique. Les différenciations de groupes et de fractions de classe qui épousent une division du travail social particulièrement complexe se donnent le plus souvent pour «naturelles» et incontournables, parce que soi-disant déterminées sur le plan technique ou technologique. La bureaucratie présente elle-même ses pratiques comme dictées ou justifiées par la «révolution scientifique et technique» en se servant des illusions des niveaux intermédiaires de la hiérarchie sociale, des croyances en la neutralité du progrès économique qu'elles peuvent véhiculer. Aussi faut-il une assez grande accumulation d'expériences et de luttes politiques pour que les travailleurs puissent acquérir la conviction que, au bout de leur résistance à l'oppression et de leur aspiration à l'autonomie dans le quotidien, il y a la nécessité d'une réorganisation complète de la société. Il ne peut donc apparaître de programme de transformation sociale radicale sans que se développent des tendances à l'auto-organisation et à la solidarité qui surmontent l'atomisation et la dispersion ouvrières face à la bureaucratie en même temps que l'abandon à l'événement et les différentes formes du fatalisme ou de la résignation[8]. Les travailleurs dans les pays du «socialisme réellement existant» ne peuvent bouleverser les données du jeu social qu'en adoptant des attitudes tout à fait critiques par rapport aux activités qu'on leur impose. Ce n'est pas, en effet, en recherchant une meilleure valorisation du travail, c'est-à-dire un aménagement des rapports de travail existants, mais bien en déplaçant les dispositifs et les agencements du travail social, qu'ils peuvent conquérir leur cohésion et porter un regard neuf sur l'organisation de la société. Autrement dit, les travailleurs en voie d'association ne peuvent s'accommoder de la domination du travail abstrait, d'un travail qui n'est qu'à moitié socialisé et comme à contrecœur par la planification bureaucratique (du point de vue de sa formation, de son allocation entre les différentes branches de la production et du point de vue de son utilisa-

---

8. On peut trouver des aperçus programmatiques intéressants dans Petr Uhl, *Le socialisme emprisonné*, Paris, Stock, 1980.

tion). Ils ne peuvent, en fait, se réconcilier avec la polarisation de la vie autour d'une prestation de travail effectuée dans les conditions de la dépendance individuelle et collective, de l'hétéronomie quasi permanente, pour des résultats très décevants par rapport aux contraintes endurées. Cela signifie que la libération des forces productives, matérielles comme humaines, passe par une réhabilitation des activités situées hors de la production, et par l'influence positive que ces dernières pourraient exercer sur les activités économiques proprement dites.

Sans doute, est-on encore loin de cette dé-fétichisation du travail dans des sociétés où les pénuries matérielles restent très importantes, mais certaines évolutions récentes en URSS et dans les pays socialistes de l'Est vont indéniablement dans ce sens. Les aspirations à la réduction de la durée du travail, l'attrait exercé par certains aspects du mode de vie occidental, les comportements de fuite devant de nombreuses tâches ou fonctions dans la production, tout cela montre que les esprits sont en train de changer, et s'ouvrent à des interrogations sur le sens de la vie de travail, c'est-à-dire sur le sens d'une vie qui resterait centrée sur la mise en valeur, dans des conditions sociales inégales, de la force de travail. De plus en plus nombreux sont, de fait, ceux qui ne voient plus de lien absolument nécessaire entre la prestation de travail dépendant et bureaucratiquement socialisé, et l'amélioration des conditions de vie Il leur semble de moins en moins acceptable de s'en remettre aux conditionnements technocratiques-autoritaires du travail et d'en attendre des résultats conformes aux besoins individuels les plus profonds. Cela signifie en clair que l'arbitraire social à l'œuvre dans la mesure et la quantification du travail fourni par les uns et par les autres devient de plus en plus sensible et prégnant et ne peut manquer de mettre en question les modes traditionnels d'évaluation des activités humaines. Comme le montre l'apparition à l'Est de thèmes écologiques et d'interrogations sur les finalités de la production sociale, c'est la production pour la production qui se trouve contestée, c'est-à-dire quant au fond la subordination des forces productives humaines au mouvement devenu autonome et incontrôlable des forces productives matérielles. Le laisser-aller, l'indifférence des ouvriers sous le «socialisme réellement existant» sont autant de formes de protestation qui en appellent plus ou moins confusément à d'autres développements des activités humaines et de la production elle-même. De ce point de vue, il y a convergence, au moins embryonnaire, avec les manifestations de rejet du travail dépendant qu'on observe dans les pays capitalistes. Il y a, par conséquent, possibilité de jonction entre les salariés exploités et dominés de ces deux grandes zones du monde d'aujourd'hui. Les différences dans les situations et dans les problèmes à affronter sautent naturellement aux yeux ; à l'Est, on en est encore à convoiter des libertés démocratiques dont jouissent depuis longtemps, et avec plus ou moins de latitude, les travailleurs des pays occidentaux. Mais ces différences ne doivent pas cacher quelques ressemblances essentielles : dans les deux cas, les travailleurs sont confrontés à des régulations étatiques envahissantes (beaucoup plus marquées à l'Est, il est vrai), dans les deux cas ils ont tendance à désinvestir les structures politiques et les rapports de travail en limitant leur présence à ce qui est strictement indispensable. Au-delà des oppositions et des variations, ils doivent faire face, en réalité, aux mêmes problèmes sociaux fondamentaux, notamment à celui de la perte de sens des activités individuelles dominées par le travail abstrait dans un contexte où les relations collectives se manifestent comme une réalité contraignante et extérieure. La socialisation des activités de production qui rend la prestation individuelle difficilement commensurable à l'efficacité réelle et potentielle des dispositifs automatisés et informatisés de la production fait, en effet, ressortir ou tend à faire ressortir le caractère archaïque et dépassé d'une organisation sociale fondée sur l'exploitation de la force de travail d'individus atomisés, systématiquement séparés et opposés les uns aux autres. Les capitalistes comme la bureaucratie en s'appropriant les forces sociales et les puissances intellectuelles de la production, en imposant leur point de vue particulariste à la coopération sociale tentent interminablement de revenir en arrière pour essayer de faire entrer la socialisation dans l'habit trop étroit des rapports de privatisation, de compétition ou de domination. Capitalisme et « socialisme réellement existant » ne peuvent ainsi sortir d'un état de crise permanent, et cela, même en l'absence de mises en question ouvertes et de confrontations majeures.

Il n'est, par suite, pas trop aventuré d'affirmer que la circularité de la reproduction du capitalisme et du « socialisme réellement existant », se confortant dans et par leurs oppositions relatives, est en train de s'ouvrir progressivement. L'éclosion de luttes sociales et politiques qui lézardent les façades totalitaires à l'Est a pour effet d'atteindre très profondément le mythe de la toute-puissance bureaucratique. Les révoltes ouvrières de Pologne et de Roumanie, au cours de ces dix dernières années, ont, en particulier, fait entrer le «socialisme réellement existant» dans l'ordinaire de la contradiction, dans le domaine des affrontements récurrents et des équilibres précaires. Il apparaît de moins en moins justifié de soumettre les pays de l'Est à des traitements fondamentalement différents de ceux qu'on utilise pour analyser et comprendre les pays capitalistes. Le «socialisme réellement existant» qui, pour un temps, avait semblé faire dévier et stagner les tendances à la contestation radicale du monde contemporain, est au contraire en train de leur donner une nouvelle vigueur. Certes, les nostalgies du passé et l'attirance du présent capitaliste ne sont pas absentes dans les batailles livrées aujourd'hui à l'Est, mais il est tout de même très significatif qu'on n'y observe aucun mouvement vraiment notable en faveur du retour au capitalisme, et que les aspirations à une société postcapitaliste, pleinement socialiste, y soient constamment présentes. C'est une nouvelle dialectique des processus révolutionnaires qui s'annonce et laisse présager des développements inattendus. Elle ne correspondra par conséquent pas à celle que Trotsky espérait et appelait de ses vœux ; elle bouleversera beaucoup plus complètement qu'il ne le prévoyait le vieux mouvement ouvrier fondé sur le culte du travail et du pouvoir. Pourtant, elle ne pourra l'ignorer en totalité dans la mesure où il a beaucoup fait pour maintenir la mémoire collective et la continuité historique du mouvement révolutionnaire. Il faudra lui savoir gré d'avoir, entre autres, saisi ce que pouvait avoir de transitoire la glaciation stalinienne, et d'avoir, par anticipation, montré les signes d'un autre avenir. Dans les analyses qu'il a faites de l'URSS, Trotsky est indéniablement prisonnier d'un marxisme de facture classique, marqué par la IIe et la IIIe Internationale et trop pressé de dire le sens de l'histoire que nous vivons, mais on peut dire en même temps qu'il est, presque malgré lui, tendu vers une histoire autre, vers une autre pratique du marxisme, plus riche d'étonnements et d'interrogations.

2. LE MARXISME ET LES CONTRADICTIONS DU « SOCIALISME RÉELLEMENT EXISTANT »[1]

Aujourd'hui, on ne trouve plus guère de commentateurs pour voir dans l'URSS et les démocraties populaires les pays du « socialisme triomphant » ou des « lendemains qui chantent ». Quand Georges Marchais parle de bilan globalement positif des pays de l'Est, il est implicite dans son raisonnement que les ombres au tableau sont très importantes et ne sont pas simplement des petites taches sur un visage par ailleurs serein et sans grimaces. Dans les déclarations du Parti communiste sur les sociétés de l'Est, les atteintes à la démocratie et aux libertés qu'on y énumère avec prudence n'apparaissent pas du tout secondaires. Leonid Brejnev lui-même qui vante les avantages du « socialisme développé » de l'URSS se garde bien de lui attribuer sans précaution toutes les vertus d'une société de liberté et d'abondance.

Il semblerait donc que le temps soit venu de jeter un regard froid sur la réalité du « socialisme réellement existant » pour en faire, selon le vœu de Rudolf Bahro, l'anatomie et pour saisir les lois de son mouvement. Or, force est de constater qu'une telle entreprise se révèle sin-

---

1. L'expression « socialisme réellement existant » est lourde, mais elle rend mieux les nuances du réalisme bureaucratique, opposé à toute recherche d'actualisation de l'utopie, que l'expression « socialisme réel ». Ce texte a été publié en 1983 dans *Les interprétations du stalinisme* (dir. Evelyne Pisier).

gulièrement épineuse et que les tentations de la dénonciation a priori et de l'excommunication (pour raison d'indignation morale) se glissent entre l'interprète et l'objet à étudier. On est, de surcroît, confronté au fait que les pays de l'Est, loin d'être des réalités marginales dans le monde d'aujourd'hui, représentent des éléments décisifs de son évolution possible. L'URSS n'est pas une puissance parmi d'autres, elle est selon toute vraisemblance la première puissance militaire du monde, et à travers le mouvement communiste international, elle dispose de points d'appui bien au-delà de sa sphère d'influence directe. En d'autres termes, on ne peut s'interroger sur le monde de demain, sans s'interroger sur l'Union soviétique et ce que recèle sa dynamique sociale et politique. Le monde occidental encore si sûr de lui, il y a quelques décennies, découvre avec des grincements de dents que ce qui se passe en Pologne ou en URSS a autant, si ce n'est plus d'importance pour l'avenir que les passations de pouvoir entre présidents des Etats-Unis. L'URSS et les pays de l'Est ne sont plus vus sur la toile de fond d'un monde rassurant, mais au contraire sur la toile de fond d'un monde plein de menaces imprévues et de changements d'orientation déroutants. C'est dire que si les légendes anticommunistes les plus archaïques n'ont plus guère cours aujourd'hui, il y a dans beaucoup de théorisations sur le «socialisme réellement existant» la volonté inavouée de se débarrasser par une sorte de magie incantatoire de l'existence gênante et obsédante de ce qui ne devrait pas être. On ne cherche plus seulement à faire des pays de l'Est des repoussoirs, on tend à les dépeindre comme des ensembles socialement et politiquement aberrants, comme des cauchemars cristallisés.

De ce point de vue, il est significatif de voir comment sont reçus et perçus les dissidents venus des pays de l'Est. Ce ne sont pas leurs thèses les plus différenciées ou les plus originales sur les sociétés non capitalistes qui sont le plus volontiers commentées et utilisées, ce sont au contraire leurs vues les plus sommaires et les plus péremptoires, c'est-à-dire les plus discutables, qui sont systématiquement montées en épingle. Dans l'œuvre riche et multiple qu'est *L'archipel du Goulag* par exemple, on relève surtout la continuité qu'établit l'auteur entre la période stalinienne et la période du début du système soviétique. On cherche ainsi à oublier les discontinuités, pourtant non négligeables, qui marquent l'histoire des pays de l'Est depuis octobre 1917. Le goulag du temps de Lénine ne joue pas un rôle aussi décisif socialement (qualitativement et, bien sûr, quantitativement) que celui de la période de Staline. La répression policière et le terrorisme idéologique varient également, et de façon notable, dans le temps et dans l'espace. Ils n'ont pas la même portée à Moscou, à Berlin-Est ou à Budapest, ils n'ont pas exactement les mêmes déterminations politiques en 1937 et en 1981. On peut sans doute récuser les explications qui n'en sont pas et renvoient au fortuit, à l'accidentel (le phénomène stalinien comme réalité spatio-temporelle chez J. Elleinstein), en cherchant les lois des variations observées. Encore faut-il pour cela ne pas tomber dans le piège de la surestimation de l'idéologie, c'est-à-dire en faire la matrice essentielle, voire unique, des mouvements phénoménaux de la société. L'idéologie des pays de l'Est aujourd'hui a, certes, toujours des rapports évidents avec le corpus théorique et politique de Marx comme avec celui de Lénine, mais il est impossible d'ignorer les modifications considérables qu'elle a connues depuis une soixantaine d'années. On ne se trompera guère en avançant même que les successions de constructions idéologiques ont été particulièrement nombreuses et qu'elles ont épuisé leurs effets de mobilisation (ou d'intimidation) avec une assez grande rapidité. Les thèmes du rattrapage et du dépassement économiques de l'Occident, de la construction en grand du communisme, ont aujourd'hui cédé la place au thème tout à fait terre à terre du «socialisme réellement existant». Il est, en ce sens, difficile d'affirmer que la réalité idéologique prime la réalité tout court, ou de dire, même sous une forme atténuée, que l'irréalisme idéologique entrave à chaque instant la dynamique sociale. En revanche, on sera beaucoup plus près de la vérité en écrivant que le «marxisme-léninisme» s'est modelé et se modèle largement en fonction des besoins de la couche dominante. Les références rituelles, la terminologie consacrée se remplissent de contenus variables au fil des ans, au point d'ailleurs qu'on peut être tenté de dénier toute pertinence à la «réalité idéologique» et à n'y voir qu'un ensemble de hochets à l'efficacité douteuse. A l'évidence, ces oscillations entre la conception d'une idéologie toute-puissante et celle d'une idéologie qui serait pure dérision mettent l'accent sur la faiblesse de ce type d'argumentations, l'absence d'une analyse globale et articulée de la relation sociale (susceptible, entre autres de déterminer la place et le poids de l'idéologie).

On se heurte à des problèmes analogues, lorsqu'on se tourne vers les théorisations qui ne veulent analyser la dynamique du «socialisme réellement existant» que sous l'angle quasi exclusif de la force et de la coercition, de la force brute pour la force brute comme le dit Cornelius Castoriadis dans son livre *Devant la guerre*[2]. Dans cette perspective, l'Etat et les formes politiques qui lui sont attachées ne sont plus saisis que comme des machines à opprimer, ou comme l'expression d'une volonté de puissance anonyme et sans objet, parce qu'elle est prête à convoiter tout objet. On est, toujours pour suivre C. Castoriadis, dans le contexte d'un «vide social-historique» complet, marqué par l'inexistence ou l'inconsistance des projets sociaux affichés ou de l'imaginaire proposé aux gouvernés. A la limite, on serait en présence d'un pouvoir qui s'alimenterait de sa propre inertie et se reproduirait de lui-même, en proliférant comme une formation cancéreuse. Les techniques du morcellement et de l'atomisation de la société qui réduisent les individus et les groupes à l'impuissance suffisent en fait à empêcher le développement de projets sociaux différents, substituables au vide ambiant. Elles permettent par conséquent au pouvoir de fonctionner unilatéralement, c'est-à-dire de nourrir ses propres appareils des efforts de la société, sans lui fournir de contrepartie notable. Il faut sans doute reconnaître que le cynisme, la corruption, la sélection par la médiocrité diminuent considérablement l'efficience du pouvoir en faisant tomber son prestige au plus bas au niveau des administrés, mais ces phénomènes sont, à tout prendre, secondaires, dans la mesure où le pouvoir peut concentrer d'énormes moyens dans la production d'instruments de destruction et trouver une sorte de légitimation en jouant un rôle de premier plan dans les relations internationales (course aux armements, expansion de la sphère d'influence, etc.). On pourrait donc conclure à la transformation du «socialisme réellement existant» en «stratocratie», c'est-à-dire en société militaire *sui generis* parasitant le reste de la société. Mais précisément la formulation de cette conclusion fait ressortir la fragilité de l'édifice et oblige à se poser quelques questions essentielles. Il apparaît d'abord très difficile d'admettre qu'il puisse y avoir une sorte de dualisme sociétal, stratocratie proprement dite et société civile supportant la première. Cela est vrai sur le plan économique où il est impensable qu'à la longue une économie civile stagnante puisse servir de terreau nourricier à une économie militaire en pleine expansion en lui fournissant les hommes et les ressources matérielles nécessaires. C'est également vrai sur le plan politique où l'on voit mal comment

---

2. Paris, 1981.

un parti de moins en moins capable de mobiliser les masses soviétiques (sauf à utiliser le chauvinisme russe) pourrait assurer les arrières de la «caste militaire» et lui garantir la paix intérieure nécessaire à la mise en œuvre de ses projets. On peut, bien sûr, faire valoir que les mobilisations opérées par les régimes du «socialisme réellement existant», notamment lors des campagnes politiques, sont la plupart du temps rituelles et formelles, et par là même contrastent avec les mobilisations qui sont réalisées dans le domaine militaire. Mais il faut bien voir que ces mobilisations rituelles qui ne suscitent effectivement pas de véritable adhésion populaire, sont la condition des mobilisations militaires. Il n'y a pas, en ce sens, de discontinuité fondamentale entre pouvoir militaire et pouvoir politique proprement dit, encore moins des oppositions nettes entre leurs principes et leurs pratiques de fonctionnement. La gestion militaire fait appel à des méthodes de concentration des moyens, d'isolement et de secret, de mise entre parenthèses des considérations immédiates de rentabilité qui ont été éprouvées au niveau de la société soviétique tout entière depuis la période des premiers plans quinquennaux et de la collectivisation agricole forcée. En d'autres termes, l'hypertrophie du secteur militaire et l'importance croissante de sa bureaucratie doivent être expliquées dans le contexte des lois de fonctionnement du «socialisme réellement existant» et non fournir l'explication de la reproduction et de l'expansion du système. L'«explicandum» ne doit pas être pris pour l'«explicans».

Les éléments de crise qu'on observe dans presque tous les pays de l'Est montrent d'ailleurs concrètement qu'il faut se garder de donner trop de poids à l'«idéocratie conquérante» ou à la force brute, voire même à l'idée de domination pour la domination (même s'il n'est pas question de nier qu'une logique totalitaire puisse être à l'œuvre en URSS et dans les démocraties populaires). La première puissance militaire du monde hésite manifestement devant les conséquences d'une intervention directe en Pologne (mise en question de l'équilibre européen, risque de déstabilisation de tout le glacis est-européen, répercussions économiques, etc.) et n'arrive pas à mener à son terme l'expédition d'Afghanistan. A y regarder de plus près, l'expansion de la sphère d'influence soviétique en Afrique ou en Asie (par l'intermédiaire des Vietnamiens) n'apparaît pas non plus exempte de problèmes graves. Les régimes avec lesquels l'URSS s'allie, dans ces régions du monde, sont confrontés à de redoutables difficultés politiques et sociales (guerres civiles, déficiences économiques, etc.), et, à l'exception de celui du Cambodge, ne disposent pas du parti nécessaire à l'instauration de structures «socialistes réelles» qui soient quelque peu stables. Que ce soit en Angola, en Ethiopie ou au Yémen du Sud, l'URSS ainsi que ses alliés cubains et allemands de l'Est ne sont donc pas à l'abri de retournements diplomatiques et de changements de camp brusques. Il faut ajouter à cela que les coûts de cette politique de grande puissance sont de plus en plus lourds à porter pour des économies qui, celle de l'Allemagne de l'Est exceptée, sont stagnantes, voire en forte régression comme en Pologne. Dans le même ordre d'idée, il faut noter que les pays du «socialisme réellement existant», que mille liens relient au marché mondial, sont en train de perdre pied dans la compétition économique internationale, exacerbée depuis la crise de 1974-1975. Il semble en particulier douteux qu'ils puissent absorber facilement les nouveaux développements technologiques (informatique, électronique, robotique, etc.), ce qui laisse supposer que leur retard dans la concurrence Est-Ouest ne fera que s'accentuer. Il est, par suite, à peu près inévitable que les tensions sociales se multiplient dans le «socialisme réellement existant», étant donné l'attrait qu'exerce le mode de vie occidental, même en période de chômage, sur les masses de l'Est. On peut évidemment faire confiance aux polices politiques pour mettre hors d'état de nuire la plupart des dissidents de droite et de gauche, mais elles ne pourront mettre fin, malgré leur habileté, à cette forme de dissidence massive qui pousse la grande majorité des travailleurs à secouer l'encadrement politico-idéologique des régimes de l'Est. Si l'on tient compte de tous ces aspects non militaires des interactions entre l'Est et l'Ouest, il est à la longue peu probable que le rapport des forces ne se modifie pas au détriment de l'URSS. Cela revient à dire que la fuite en avant que représente la marche forcée des dirigeants soviétiques vers le surarmement, dans le but d'asseoir leur suprématie interne et de faire admettre un droit de regard et d'intervention dans les affaires mondiales, ne fait que reculer les échéances. La force de l'armée soviétique suffit à contenir dans certaines limites la contestation venue des démocraties populaires, elle ne peut être qu'insuffisante contre des secousses et des poussées venant d'URSS. Pour toutes ces raisons, on ne peut lire qu'avec scepticisme les affirmations aujourd'hui très fréquentes sur le caractère irrésistible ou inévitable de l'expansionnisme soviétique. La volonté de puissance de la couche dominante dans le «socialisme réellement existant» ne se heurte, en réalité, pas seulement à des rapports de force souvent défavorables, elle trouve aussi des limites très étroites dans les faibles capacités de contrôle social et de gestion des systèmes post-staliniens. La fragilité chronique des démocraties populaires laisse, à l'évidence, très mal augurer des effets d'une nouvelle vague de «soviétisation», et il est vraiment très difficile de voir dans les pays de l'Est la pointe avancée du monde actuel, la préfiguration de ce qui attend toute la planète, que l'on appelle cela capitalisme bureaucratique ou capitalisme d'Etat. Il n'y a apparemment aucune logique historique et sociale particulièrement contraignante qui conduirait au remplacement du capitalisme par le «socialisme réellement existant» en tant que mode d'organisation sociale ou mode de production supérieur.

Il reste néanmoins que la longévité, la relative capacité d'adaptation du «socialisme réellement existant» et, ce qui n'est pas secondaire, sa capacité à contenir l'influence d'un capitalisme mondialement dominant invitent à le saisir comme une formation sociale spécifique, c'est-à-dire comme une formation dans l'originalité de son *modus operandi*. Le point de départ doit inévitablement être une réflexion sur la nature et la portée de la rupture avec le capitalisme introduite dans la foulée de la Révolution d'Octobre. Le «socialisme réellement existant» repose en effet sur la désarticulation des rapports capitalistes consécutive au communisme de guerre et à l'abandon de la NEP en 1928-1929. Plus précisément, il correspond à un agencement nouveau des rapports entre dirigeants et dirigés, entre dominants et dominés qui ne fait que déplacer les relations de subordination et de hiérarchisation sans les bouleverser complètement. La relation sociale ne se présente plus comme une relation entre le capital et le travail, donc comme une relation d'exploitation directe de la force de travail au profit d'un capital (des moyens de production appropriés de façon privée), mais elle ne peut, pour autant, être assimilée à une véritable socialisation. Il n'y a plus de capital, mais le monopole bureaucratique sur les moyens de production impose une loi particulièrement dure à ceux qui ne sont que les exécutants. C'est toujours une minorité de la société qui décide des finalités et des modalités de la production, et la suppression de l'appropriation privée du surtravail de la société ne signifie pas que ce dernier soit utilisé et réparti de façon véritablement collective. La bureaucratie de l'Etat-parti ou du parti-Etat s'arroge les fonctions de directeur et de répartiteur de la production au nom d'un prolétariat réduit à la prostration et à l'impuissance. Il y a bien eu révolution, dans la mesure où la bourgeoisie et ses alliés ont été expropriés, mais révolution inachevée et interrompue, dans la mesure où les couches exploitées et opprimées n'ont pu imposer leur hégémonie. Le bouleversement social s'est concrétisé moins par une transformation radicale des rapports sociaux que par une série d'opérations de substitution et de permutation entre couches sociales. La bureaucratie, d'abord lieutenant de la classe ouvrière, s'est substituée à cette dernière en se faisant en même temps la remplaçante de la bourgeoisie comme couche sociale dominante. Substitut du prolétariat, la bureaucratie défend avec vigilance la propriété étatique contre les tendances à la restauration de l'initiative privée de type capitaliste; substitut de la bourgeoisie, elle enferme la classe ouvrière dans les mailles d'un salariat d'Etat qui la maintient dans une situation d'atomisation et de subordination. A proprement parler, il n'y a pas de véritable collectivisation des activités économiques, même s'il y a suppression des mécanismes de l'accumulation privée, puisque la planification ne fait qu'assigner d'en haut et sans discussion démocratique, multilatérale, les objectifs de production. Les rapports de production ne sont sans doute plus capitalistes, mais ils restent fondamentalement marqués par la séparation entre les producteurs directs et les moyens de production ainsi que par l'exclusion de l'immense majorité de la société des processus de décision. Comme l'a très bien noté Ernest Mandel[3], ces rapports de production sont hybrides, parce qu'ils ne font jouer la logique des choix ou des orientations collectifs que dans un cadre où la participation collective, quoique constamment invoquée et conjurée, est, dans les faits, systématiquement exclue. La planification autoritaire et la loi de la valeur, qui sont censées concourir harmonieusement au développement économique du socialisme, se contrarient, quant au fond, de façon permanente, dans la mesure où la planification, malgré sa prétention à tout régenter, doit concéder à contrecœur des possibilités de jeu aux mécanismes économiques spontanés, et dans la mesure où la loi de la valeur (valoriser le travail et les moyens de production) ne peut déployer tous ses effets sans nier la planification et son autorité sur l'organisation de la production.

---

3. On peut se reporter au deuxième tome de son *Traité d'économie marxiste*, Paris, 1962.

Les relations sociales caractéristiques du «socialisme réellement existant» ne peuvent par conséquent être analysées comme des relations radicalement nouvelles, libérant des forces productives humaines soumises jusqu'alors au règne de la production pour la production. Elles ne font au contraire que reproduire, sous des formes à peine nouvelles, le conditionnement du travail humain, sans s'attaquer véritablement à la dominance du capitalisme à l'échelle internationale et à l'exploitation de l'homme par l'homme. Le «socialisme réellement existant» nie abstraitement les pouvoirs de monopole dans l'économie et la société pour les reproduire comme monopole collectif d'une minorité de la société sur les activités de la majorité. Il est par excellence un ensemble social marqué par la duplicité, c'est-à-dire par le dépassement en trompe-l'œil des limites d'une société d'accumulation et de compétition et par la retombée récurrente, et on ne peut plus réelle, dans une société de dissociation. Dans un tel cadre, la représentation que la société – par l'intermédiaire de la bureaucratie – donne d'elle-même ne peut évidemment être que tout à fait schizophrénique, écartelée entre des affirmations tout à fait contradictoires: d'un côté l'hégémonie du prolétariat, de l'autre côté la toute-puissance des cadres et du commandement. On peut, bien sûr, faire observer que la contradiction ne se situe pas entre des aspects de la réalité qui soient de même niveau ou de même statut, il y a d'une part la pesanteur difficile à secouer des rapports de hiérarchisation et de subordination, il y a d'autre part la fiction apparemment facile à déjouer du rôle dirigeant de la classe ouvrière. Mais il faut bien voir que la référence redondante au prolétariat et à son hégémonie n'est pas pure et simple tromperie, mais renvoie à des processus sociaux tout à fait tangibles par lesquels la bureaucratie se fait substitut de la classe ouvrière: sélection des éléments les plus actifs de la classe pour les faire monter dans l'appareil d'Etat ou les privilégier économiquement, expropriation organisationnelle des travailleurs pour les priver des moyens d'exister socialement, appropriation-dénaturation du marxisme pour l'empêcher de fonctionner comme théorie émancipatrice et comme autocompréhension des salariés producteurs de surtravail. Le «marxisme-léninisme» se présente ainsi comme une machine à contenir les productions de l'imaginaire social, comme un moyen de fixer des interdits dans la production symbolique. Il est naturellement incapable de supprimer les productions idéologiques spontanées des classes et des individus, mais il s'acharne à contrecarrer leur articulation en conceptions cohérentes de la société passée, présente et à venir. Il intégrera au besoin des éléments du vécu, du quotidien des masses, mais à l'état de vues éclatées, de fragments qui ne collent pas les uns avec les autres, même s'ils peuvent parfois dilater certains cadres existants au point de les faire sauter. L'idéologie «marxiste-léniniste», en ce sens, n'a pas la mobilité fébrile des idéologies du monde capitaliste qui se reproduisent dans la nouveauté pour la nouveauté, c'est-à-dire en cherchant sans cesse de nouveaux modes de valorisation; elle se veut au contraire marche certaine, en une sorte d'avancée tranquille qui n'a plus de problèmes d'orientation ou de direction, comme s'il n'était plus question que d'un perfectionnement indéfini dans le seul renforcement des structures existantes. Le «marxisme-léninisme» qui prétend faire et maîtriser l'histoire, c'est-à-dire en déchirer le sens une fois pour toutes, la nie par cette prétention même, parce qu'il la refuse en tant qu'unité de la continuité et de la discontinuité, de la nécessité et de la contingence. Il est, pour cette raison, en perpétuel décalage par rapport aux occurrences multiples qui traversent la société, et à la pluralité de significations qu'elles recèlent pour les différentes couches sociales. Il trace des barrières, se barde de tabous contre les dangers de l'inconnu, et se trouve, à sa façon hystérique, désemparé par tout ce qui déroute son conservatisme intellectuel. Il ne s'adapte, à ce qui lui devient impossible d'excommunier, qu'à travers des crises plus ou moins graves, en effaçant lui-même avec zèle ce qu'il avait pu proclamer auparavant. Au sein du «socialisme réellement existant», la forme idéocratique dont se pare l'idéologie dominante ne doit donc pas dissimuler l'extraordinaire dégradation de son efficacité: elle représente moins des principes culturels ou des règles d'orientation intériorisés par la majorité de la société que des fétiches auxquels on doit rendre des hommages rituels, en se gardant d'agir ouvertement à leur encontre. Rien de plus frappant à ce sujet que le fétichisme du travail décrit par Pierre Naville dans son *Nouveau Léviathan*[4]: le travail salarié et ses mérites sont vantés et loués dans des termes qui dépassent de loin ce qui est courant dans les pays capitalistes alors que la bureaucratie elle-même tolère, voire ne peut s'empêcher de favoriser quotidiennement des comportements qui dévalorisent symboliquement le travail. La religion de l'énergie et de l'effort se conjugue avec

---

4. Voir le volume *Le salaire socialiste*, Paris, 1974.

un laisser-aller et une indifférence aux résultats du travail très généralisés, ce qui donne son cachet de dérisoire à la sacralisation d'un prolétariat soi-disant émancipé.

Dans ce contexte où l'on pourchasse les tendances déviantes et les poussées vers l'utopie concrète (les transformations déterminées de la société) la société – tout au moins sa fraction dominante – ne peut avoir beaucoup de capacités d'anticipation et de possibilités d'auto-réforme. Comme l'a très bien vu David Rousset dans son livre *La société éclatée*[5], son problème essentiel est celui de l'innovation sociale, ce qui explique en particulier que les progrès technologiques à l'Est soient dus surtout à l'imitation de l'Occident. La méfiance généralisée que suscitent les initiatives individuelles y est, bien entendu, pour beaucoup, mais il faut plus profondément incriminer le très haut développement des relations d'hétéronomie entre les classes, les groupes et les individus, relations faites de crainte et de suspicion, de soumission et de lassitude devant les obstacles à lever. La lenteur et l'hyper-prudence bureaucratiques essaiment dans tout le corps social transformant sa surorganisation en une lourde machinerie qui ne veut connaître que sa propre reproduction. L'innovation planifiée, dans le domaine technique ou dans le domaine social, ne doit absolument pas empiéter sur les situations établies, aussi grotesques que soient leurs conséquences, parce qu'il ne faut pas perturber des relations hiérarchiques de commandement et d'exécution, de domination et de subordination particulièrement délicates à manier. Il est assez frappant de voir que, dans l'URSS d'aujourd'hui, la classe dirigeante est contrainte d'adopter à l'égard de la classe ouvrière un comportement d'une extrême prudence. Il n'est plus question, comme sous Staline, de la secouer par le stakhanovisme ou par des formes de mobilisation qui dérangent en profondeur les habitudes et les liens spontanés. La classe ouvrière reste un objet de la planification, mais un objet qu'on traite avec précaution, pour ne pas bousculer à travers elle les équilibres du corps social tout entier. Selon toute vraisemblance, l'URSS, champion de la mobilité sociale dans les années 30, est devenue à l'heure actuelle, sinon un pays immobile, du moins un pays à la mobilité réduite. Cela veut dire que l'édifice social ne peut s'y renouveler que très partiellement, dans ses différentes composantes – en bas comme en haut –, et s'enferme, par suite, dans une sclérose progressive. Le mot d'ordre de l'URSS brejne-

---

5. Paris, 1973.

vienne n'est, à l'évidence, plus la «révolution par en haut», le déplacement et la transformation des structures sociales pour instaurer un nouvel ordre socio-politique supérieur au statu quo, mais bien celui du maintien de l'état de choses existant dans ses données fondamentales comme le seul possible et souhaitable dans un monde plein de menaces et de cataclysmes.

La classe dirigeante soviétique, de ce point de vue, a une marge de manœuvre relativement étroite. Elle n'ose plus proposer la perspective de la réalisation du communisme comme perspective crédible à court et à moyen terme. Il lui est en même temps impossible d'y renoncer complètement, sauf à dénuder son propre pouvoir aux yeux de toute la société. Il lui faut par conséquent jouer sur un double registre, celui du réalisme rassis, du fait accompli sur lequel il n'est pas à revenir et celui d'un surréalisme très particulier qui fait appel à une distance par rapport au présent à laquelle on ne croit qu'à moitié, bien qu'elle serve à réaffirmer sa propre originalité. C'est, bien sûr, ce qui a conduit certains analystes, souvent aigus, comme Soljenitsyne, à conclure qu'il suffirait au pays de se débarrasser de l'idéologie «marxiste-léniniste» superflue pour redevenir un pays ordinaire, c'est-à-dire plus ou moins proche des autres. Mais c'est aller beaucoup trop vite en besogne et oublier que, comme le montre A. Zinoviev dans *Le communisme comme réalité*[6], le système du «socialisme réellement existant» a depuis pas mal de temps dépassé le stade de la coercition maximale et de l'artificialité idéologique imposée. La pression policière et le poids du conformisme officiel y sont sans doute fortement majorés par rapport aux grandes démocraties occidentales, mais on peut aussi y observer différentes formes de consensus, ce qu'on pourrait appeler des consentements partiels ou cloisonnés, ajustés les uns aux autres sans recours à une opinion publique organisée, dans un climat général de médiocrité et de stagnation des échanges sociaux. Chaque couche ou fraction de classe aménage du mieux qu'elle le peut le cadre dans lequel elle évolue et s'oppose avec des trésors d'imagination et de résistance passive à ce qui pourrait empiéter sur son champ d'action protégé. On peut, bien entendu, constater que dans ce cadre, des couches sociales peuvent avoir des velléités de modernisation et des réactions anticonservatrices; intelligentsia technique, secteur militaire de pointe, couches

---

6. Paris-Lausanne, 1980.

privilégiées de la classe ouvrière. Il reste que, pour le moment, ces velléités tournent court très vite, parce qu'elles se heurtent un peu partout à la crainte de voir la société entrer dans des mouvements incontrôlables par leur extension et leurs conséquences. Dans la société soviétique actuelle, les références rituelles au communisme prennent donc largement la valeur d'une assurance contre l'inconnu, d'une réassertion de la viabilité du «socialisme réellement existant». Il ne s'agit plus à proprement parler d'un thème de mobilisation, de dépassement abstrait des particularismes sociaux et d'unification de la société dans la négation apparente et sublimée des conflits comme à l'époque de Staline, mais bien d'une thématique de conciliation des antagonismes sociaux, voire de gel de la dynamique des rapports de classe. C'est ce qui explique que la terreur, bien que toujours possible comme méthode de gouvernement en cas de crise ouverte, ne joue plus le même rôle dans la gérontocratie brejnevienne; la répression beaucoup plus sélective vise moins à créer le consensus en pourchassant toute forme de non-adhésion qu'à protéger les différentes zones de consensus contre les diverses formes de dissidence, et surtout contre l'apparition d'une opinion publique globalisante et supracorporatiste. L'ordre «soviétique» à la Brejnev fait preuve d'une certaine tolérance pour tout ce qui est dysfonctionnement, espaces de liberté restreints, traduction plus ou moins fidèle à la base et dans les cellules intermédiaires des directives venues d'en haut, contrairement à ce qui se passait sous Staline, précisément, parce qu'il s'agit d'éléments qui concourent à la production du consensus.

On voit par là que la prostration relative du «socialisme réellement existant» est à cent lieues de l'activisme débridé du totalitarisme stalinien triomphant. Certaines catégories tirées des analyses maintenant classiques de Hannah Arendt[7], notamment celles qui sont censées cerner l'anti-utilitarisme de l'idéologie totalitaire, s'appliquent ainsi avec quelques difficultés au «marxisme-léninisme» brejnevien, à son pragmatisme, et à sa tendance à remplir certaines formules vides de l'idéologie officielle avec des contenus changeants. On peut objecter, il est vrai, que si le brejnevisme est effectivement un phénomène de sénescence, une sorte de stalinisme dilué, il continue à jouer sur un minimum de tension entre le réel social et l'au-delà idéologique qui le justi-

---

7. On peut se reporter aux deux ouvrages *Le système totalitaire* et *La crise de la culture*, Paris, 1972.

fie. Il continuerait donc de relever d'une projection idéologique sur le sens de l'histoire qui ferait violence à la société, cette violence serait-elle en voie d'atténuation dans ses formes d'expression. Cette objection, en réalité, ne peut être retenue, car, comme on l'a déjà vu, le but – la construction du communisme – s'est lui-même considérablement modifié au cours des années pour ressembler de plus en plus à un simple perfectionnement de l'ordre existant (tendance déjà à l'œuvre sous Khrouchtchev où le programme du communisme retient même beaucoup du capitalisme développé). La distance au réel – la notion même d'utopie ou de projection utopique devenant suspecte – n'est plus guère qu'un alibi ou plus exactement un ensemble d'idées régulatrices qui permet à des couches sociales aux intérêts non homogènes de délimiter leurs points de rencontre et d'armistice, sans qu'il y ait véritablement engagement quant à un avenir autre. Sans doute, l'idéologie en question est-elle profondément marquée par les vues de la classe dirigeante, par l'attachement de cette dernière à des relations sociales essentiellement inégalitaires, mais elle ne rend pas impossible l'adhésion plus ou moins hésitante et réservée de certaines couches de la société, pas plus que l'idéologie occidentale de la croissance douce et modérée (de nos jours) ne rend impossibles certains ralliements de couches non privilégiées. Faut-il en conclure pour autant que le «socialisme réellement existant» correspond à une sorte de «normalité» du monde d'aujourd'hui qui laisserait loin derrière elle les excès des années 30, 40 et 50?

Outre le fait que l'on peut s'interroger sur toute notion de «normalité» sociale, on peut et on doit revenir sur une thématique souvent négligée de Hannah Arendt qui nous rapproche du questionnement sur la relation sociale «socialiste-réelle», celle du totalitarisme comme conséquence de l'«effondrement des classes» et de l'apparition des «masses» sur la scène politico-sociale. Hannah Arendt, en employant cette terminologie rien moins qu'évidente, entend avant tout attirer l'attention sur le fait que le totalitarisme se développe là où les classes sont incapables de confronter leurs situations et leurs problèmes en termes d'intérêts formulés de façon cohérente et rationnelle, et tombent dans des comportements massifiés et irréalistes. Cela lui permet de rapprocher la situation de chômage anomique de 1929-1933 sous la république de Weimar qui conduit à l'hitlérisme et l'extraordinaire tempête sociale qui secoue la Russie de 1917 à 1921 en balayant une grande partie des structures anciennes. Mais cette analogie n'est pertinente que jusqu'à un certain point, puisqu'elle met un signe d'égalité entre une crise du système de représentation et de gestion politiques (Weimar) et une crise révolutionnaire qui met à mal l'articulation interne des classes et leurs articulations entre elles, non seulement dans la politique, mais aussi dans la production sociale. Dans le premier cas, on peut soutenir que les masses petites-bourgeoises se sont laissé fasciner par la politique-fiction du nazisme ; dans le deuxième cas, on ne doit surtout pas oublier que classes et organisations, entraînées dans une tourmente sans précédent, ont lutté pour leur survie. Hannah Arendt, qui reste dans les limites de l'analogie, ne peut ainsi saisir la *differentia specifica* de la situation soviétique ; la véritable désagrégation des classes urbaines, la retraite politique de la paysannerie, la recherche plus ou moins consciente par la bureaucratie du parti et de l'Etat d'une nouvelle structuration de classe (en l'absence de toute expression organisée et suivie des groupes et fractions de classe en voie de cristallisation ou de reconstitution). Elle ne peut, en raison de cela, concevoir que le totalitarisme stalinien, beaucoup plus que l'affirmation d'un appareil bureaucratique voué à une utopie-fiction, soit la mise en œuvre de nouvelles relations sociales à partir d'une atonie systématiquement entretenue, puis amplifiée du corps social presque tout entier.

Les purges et les épurations apparemment démesurées des années 30, de fait, ne relèvent pas purement de la terreur pour la terreur, de la volonté du pouvoir de ne plus laisser subsister que son propre vouloir, mais d'une tentative pour empêcher les mémoires collectives ou les solidarités anciennes de groupe d'entraver l'établissement d'une société régulée d'en haut et qui prétend instaurer une rationalité contraignante du sommet à la base. La période sanglante qui va de la collectivisation forcée aux derniers grands procès est comme l'acte de naissance d'une nouvelle classe dirigeante, un déchaînement de forces destructrices pour imposer l'existence d'une couche dominante pénétrant par effraction dans l'équilibre des forces au niveau russe et international. Cela explique que, par la suite, l'URSS ait pu se passer de ce paroxysme répressif et ait pu démanteler une partie du système stalinien (restructuration de la police et des appareils répressifs sous Khrouchtchev) donnant ainsi naissance à des espoirs illusoires de réforme progressive de la société soviétique (lorsque les nouvelles relations de classe sont apparues tant soit peu consolidées). Il faut bien voir, en effet, que l'extraordinaire développement des interventions totalitaires pendant toute une période a masqué une réalité essentielle; la destruction de toute dialectique véritable des échanges politiques, qui a entraîné un étiolement et une sclérose générale des échanges sociaux. Plus que dans l'idéologie, c'est dans cette involution fondamentale qu'il faut chercher l'origine de la stagnation du «socialisme réellement existant» (et des phénomènes de régression du mouvement ouvrier international). Au fur et à mesure des développements de la guerre civile, les bolcheviks ont fait de la nécessité vertu en acceptant, puis en poussant à la quasi-disparition de la vie politique. Par la suite, après l'interruption de la NEP, le parti n'a pas seulement monopolisé l'expression politique, il l'a réduite à un monologue répété par des millions de voix qui n'ont fait que renvoyer au pouvoir ses propres orientations et l'image d'un peuple docile (quoique souvent inquiétant dans sa morne absence de réponse). Les autorités ont des échanges de façade avec des organisations de masse qui n'ont plus aucune autonomie, elles n'ont des échanges contrariés et réticents avec les groupes sociaux les plus importants qu'à leur corps défendant et en dehors de toute institutionnalisation. La NEP liquidée, le stalinisme qui fait fond sur la terreur, les acclamations plébiscitaires et l'«unité indéfectible» de la volonté populaire ne veut, en réalité, connaître que des groupes et des individus qui nient leur spécificité et leur propre façon de dire ce qu'ils sont. Le pouvoir n'a plus que des questions uniformes et ne veut plus prendre en compte que des réponses répertoriées et cataloguées à l'avance venant de couches sociales dont les différences les unes par rapport aux autres sont elles-mêmes connues au préalable. La société est censée s'unifier à partir des problèmes simplifiés, mais aussi le plus souvent mal formulés que lui posent les autorités, dans un pseudo-dialogue où la langue commune ne permet plus que des échanges factices. La politique n'est plus que l'affirmation tautologique du pouvoir, la mobilisation répétitive du corps social pour des objectifs qui, la plupart du temps, ne peuvent être atteints, et n'ont, en tout cas, pas de portée immédiatement tangible et positive pour ceux qui doivent se mobiliser. La surpolitisation de composantes essentielles de la vie quotidienne (en particulier au niveau de la production) a pour rançon une apathie politique rampante qui laisse passer sans réactions notables les campagnes les plus contradictoires et les prises de position les plus opposées. La politique dépérit parce qu'elle n'est plus synthèse de la diversité ou égalisation progressive, au moins idéalement, des inégalités et des différences par le biais des échanges, des prestations et des contre-prestations entre les composantes hétérogènes de la société, mais se veut pure relation de commandement et de subordination, réitération d'un rapport de force sans déplacement significatif des rapports d'influence. Chacun doit rester à sa place sans avoir la possibilité d'influer sur ce que fait ou dit le voisin ou le partenaire. La politique n'est plus comme sous le capitalisme un échange substantiellement inégal, fétichisé et transfiguré en échange égal entre des citoyens formellement égaux, elle se supprime en tant que politique, en tant que représentation et distorsion des réalités sociales en présence, parce qu'elle se nie en tant que dialogue ou confrontation dont le résultat n'est pas connu à l'avance.

Après la mort de Staline, la situation, il est vrai, se transforme sensiblement, du moins dans un certain nombre de ses données les plus apparentes. Le parti reprend vie, c'est-à-dire ne se comporte plus comme le simple instrument d'exécution d'un dirigeant unique et infaillible ; il cherche même à se présenter comme la manifestation d'une authentique volonté collective, notamment au niveau de sa direction. Il prétend ainsi se rapprocher des administrés en se faisant l'écho de certaines de leurs préoccupations, alors qu'il se veut en même temps leur interprète privilégié, l'organe qui transmute des aspirations ou des intérêts inarticulés en besoins socialement reconnaissables et reconnus. C'est le parti qui redresse les erreurs et les fautes dont il est le principal responsable, décide de ce qui doit être changé et de ce qui ne doit pas l'être. Autrement dit, le parti ne dénie pas une certaine consistance aux catégories sociales qui constituent la société soviétique, mais il nie qu'elles puissent s'exprimer distinctement et directement. Le parti ne répond qu'à des pressions indirectes ou à ce qu'il suppose être les réactions profondes et implicites des groupes auxquels il est confronté. Il entend en même temps leur tracer les limites des comportements licites et tolérables en tant qu'il se croit juge souverain des conflits qui peuvent affleurer à la surface ou rester latents. Le parti, en quelque sorte, dit la société en ses lieu et place, et parce qu'il s'en tient à cette prétention, doit sans cesse nier qu'il puisse y avoir des antagonismes ou des contradictions majeurs. Il lui faut résoudre la quadrature du cercle, donner une lecture homogène d'une société hétérogène, dominée par une division du travail social très complexe et très inégalitaire, en minimisant les divergences de vues et d'intérêts aussitôt qu'il les mentionne ou les admet du bout des lèvres. Le parti est le grand conciliateur d'affrontements qui n'ont pas le droit d'avoir lieu en tant que tels. Il se révèle plus immobile qu'il n'est mobile, puisqu'il cherche plus la reconduction des situations anciennes que l'établissement d'équilibres nouveaux. Son activisme est un activisme pour le statu quo, pour la reproduction d'un système de communications et de connexions unilatérales dont les défaillances sont mal compensées par une coercition omniprésente et le plus souvent d'une efficacité douteuse. Le pouvoir comme violence organisée surestime sa propre efficacité, et surtout veut sous-estimer les effets pervers de ses injonctions les plus péremptoires. Il n'y a pas de reviviscence de la politique, parce qu'elle reste une manifestation de puissance essentiellement confinée dans les sommets, qui ne se module, ni ne se diffuse dans le reste de la société. La politique comme séquence d'ajustements réciproques, comme suite de négociations, de transactions et de compromis n'existe plus que comme une infra-politique, que comme une politique souterraine des marchandages inavoués, des concessions consenties et reprises sans règles déterminées, c'est-à-dire comme politique de l'arrangement précaire destiné à suppléer les failles et les défaillances de l'Etat qui prétendument prévoit et ne se trompe jamais.

Parvenu à ce stade de l'analyse, on peut mieux comprendre la problématique de la relation sociale spécifique du «socialisme réellement existant», ce qui verrouille son évolution et le met du côté des forces tournées vers le passé. Sa paralysie doit être attribuée en définitive plus à la régression du politique et de la politique qu'à la sclérose idéologique. Plus précisément, la sclérose idéologique s'alimente au refus de la multilatéralité des échanges politiques, au refus de leur diversification parallèlement à toute diminution des inégalités économiques et sociales. Il n'est pas exagéré de dire que la fascination de la force, la réduction du parti à un organe de contrôle et de gestion du pouvoir ont occulté, dès le lendemain de la Révolution d'Octobre [8], le nécessaire redéploiement des formes et de la dialectique politique en direction de la majorité de la société, redéploiement que les conseils ou soviets ne pouvaient assurer à eux seuls. La synthèse «aprioriste» à laquelle le pouvoir soviétique a soumis les besoins et les aspirations populaires ne pouvait que se trouver en porte-à-faux par rapport à la société, non seulement en fonction des privilèges accor-

---

8. Des réflexions intéressantes ce sujet dans l'ouvrage de Agnès Heller et Ferenc Feher, *Marxisme et démocratie*, Paris, 1981.

Contradictions du « socialisme réellement existant » 193

dés dans ce cadre à la bureaucratie, mais surtout en fonction du rapport de méconnaissance qui tendait à s'établir entre le centre et la périphérie. La socialisation de l'économie s'est accompagnée d'une désocialisation politique, plus précisément d'une rupture entre la socialisation de l'expérience qui s'effectuait spontanément dans les groupes et ce qui se présentait comme le prolongement de ces expériences au niveau global, notamment du pouvoir organisé. Ce déphasage, bien sûr, n'est pas absent dans les démocraties occidentales où bien des couches de la population se trouvent de fait exclues de la participation politique (sauf à participer de manière symbolique et rituelle), mais il n'est jamais aussi fort que dans les pays du « socialisme réellement existant ». C'est d'ailleurs cela qui les place sous le signe de la compulsion de répétition, de la répétition du même au nom du changement social. A l'évidence, l'absence d'une théorie politique élaborée chez le Marx de la maturité n'est pas restée sans conséquences graves.

3. LE TRAVAIL PLANIFIÉ SELON PIERRE NAVILLE

Dans les années 70, Pierre Naville a publié sous le titre générique *Le Salaire socialiste*, deux ouvrages consacrés à l'analyse du «socialisme réel», suivis de deux autres ouvrages intitulés *Les Echanges socialistes* et *Bureaucratie et Révolution*. Si l'on fait exception de quelques comptes rendus, ils n'ont guère suscité d'intérêt. Beaucoup de facteurs ont contribué à ce manque d'écho, mais on ne se trompera guère en affirmant que la nouveauté du projet a surpris et dérouté. Pierre Naville ne suivait ni les théories des opposants marxistes à la réalité soviétique ni les dénonciateurs pressés du totalitarisme. Il entendait faire un travail scientifique en utilisant l'énorme matériel empirique disponible avec le maximum de rigueur, mais aussi faire œuvre originale par l'ampleur de ses questionnements.

Le point de départ de sa réflexion dans le premier volume le différencie effectivement de presque tous ceux qui ont étudié les sociétés du «socialisme réel». Pour lui, il s'agit de sociétés dominées par le fétichisme du travail, tout comme la société capitaliste est dominée par le fétichisme de la marchandise et du capital. Ce n'est donc pas de l'économie planifiée qu'il faut partir pour découvrir les lois du mouvement du «socialisme réel» (que Pierre Naville appelle socialisme d'Etat), mais bien des rapports de travail comme cellule élémentaire des relations dans les sociétés prétendument socialistes ou communistes. Contrairement aux affirmations des défenseurs de ces régimes, le travail n'y est pas directement socialisé, c'est-à-dire immédiatement reconnu comme prestation, mais reconnu socialement par le biais d'un échange avec les contrôleurs des moyens de production exerçant une fonction-capital (par opposition au capital propriété). On peut sans doute objecter que les salaires sont planifiés et ne dépendent pas des fluctuations de l'offre et de la demande sur des marchés. Mais Pierre Naville demande qu'on ne se laisse pas prendre aux apparences. S'il n'y a pas à proprement parler marché, il y a un quasi-marché du travail où les chefs d'entreprise, les planificateurs d'une part, les salariés d'autre part se confrontent à propos de la mise en œuvre des moyens de production, à propos des rémunérations et de la hiérarchie du travail. Les salariés d'Etat n'acceptent pas passivement leur sort. On les voit freiner la production, voler la propriété d'Etat, déserter les entreprises, c'est-à-dire déjouer sans cesse les calculs des planificateurs. De leur côté, les dirigeants économiques (stimulés par les dirigeants politiques) s'ingénient à obtenir les meilleurs résultats au moindre coût (notamment de travail) pour disposer de fonds d'accumulation suffisants, leur pérennité en tant que dirigeants étant liée à leur capacité à accumuler.

Pour Pierre Naville, il ne fait aucun doute qu'il y a là des phénomènes de valorisation (autonomisation de valeurs d'échange par rapport à des valeurs d'usage). La capacité de travail des salariés d'Etat est une quasi-marchandise dont la valeur d'usage est de produire du surtravail ou de la survaleur pour les organismes économiques chapeautés par la planification.

De façon significative, il ajoute qu'il faut se garder de voir dans les processus de planification des activités authentiquement socialisées et non contradictoires. La planification n'est pas une fonction-capital unitaire, mais la mise en œuvre aléatoire de procédures et de stratégies faillibles pour concilier des intérêts souvent opposés malgré leur commune participation à l'exploitation du travail. Pierre Naville dit avec force que l'affectation autoritaire des moyens de production aux entreprises et organismes économiques n'empêche pas que se fasse jour à leur propos une véritable compétition entre les entreprises d'une part, entre les organismes de planification et les entreprises d'autre part. Il y a des échanges conflictuels de moyens de production, des affrontements pour savoir qui bénéficie des meilleures conditions de production, de l'accès le plus rapide aux ressources rares. En outre, comme le fait observer Pierre Naville, les prix administrés, les taux d'imposition et les flux monétaires régulés par les autorités étatiques, sont très souvent l'occasion d'avantages ou de désavantages pour les entreprises et donnent par conséquent lieu à des querelles, à des interventions qui ne laissent jamais le système en repos. Il y a en ce sens des processus de valorisation planifiés qui ne peuvent être purement et simplement assimilés à la concurrence des multiples capitaux, mais correspondent à des relations de type monopolistique ou oligopolistique entre les organes économiques pour faire fructifier la fonction-capital de moyens de production très diversifiés. Les organismes de planification peuvent avoir le dernier mot, mais le dernier mot qui conclut d'âpres débats et sanctionne des rapports de force. La forme valeur des produits du travail sous la planification bureaucratique n'est pas la forme valeur des produits du travail sous le capitalisme ; cela ne l'empêche pas d'être une forme valeur.

Ces développements de Pierre Naville sont apparemment contredits par les techniques de planification et leurs références permanentes à des objectifs de production en nature (tonnes, volumes, surfaces, etc.). Mais si l'on y regarde de plus près, on peut vite s'apercevoir que les objectifs formulés en nature ne sont pas de simples valeurs d'usage, reflet direct de besoins eux-mêmes directement socialisés. Comme le dit Gérard Roland dans son livre *L'économie politique du système soviétique* (Paris, 1989, L'Harmattan, p. 58) : « Le rapport entre le producteur et l'objet est déterminé non par la valeur d'usage, mais par la contribution de l'objet produit à l'indice statistique du plan, que nous appellerons la valeur-indice et qui représente la forme de médiation fondamentale dans le mode de production soviétique. » Autrement dit, les objectifs en nature renvoient à autre chose qu'eux-mêmes, c'est-à-dire à des structures et à des conditions générales de production. La valeur-indice comme valeur en quantités planifiées ne peut être séparée de problèmes tels que l'utilisation et la qualification de la main-d'œuvre, les coûts de production, l'efficacité relative des investissements. La planification ne planifie pas dans un espace social neutre, elle s'inscrit, comme le note Gérard Roland lui-même, dans des rapports de hiérarchisation et de subordination pour capter le travail. Le plan, par suite, ne peut s'affranchir de tout ce qui relie la valeur-indice à des relations multiples d'échange entre les salariés, les entreprises et les organismes de planification (commission du plan, ministères, etc.). Ces échanges ne sont pas à proprement parler des échanges d'équivalents généralisés de valeurs d'échange ; ils sont toutefois des échanges d'équivalents occasionnels, temporaires et localisés mais renouvelables. De cette façon, des phénomènes d'appréciation et d'évaluation se produisent et se reproduisent sans cesse dans la production et la circulation.

On peut d'ailleurs ajouter que la planification de type soviétique connaît comme le capitalisme le problème de la reconnaissance sociale du travail effectué (sanction par la consommation effective du résultat des prestations de travail). Il y a presque toujours des stocks d'articles invendables dans les magasins d'Etat, il y a très souvent des produits mis au rebut parce qu'ils sont refusés par les entreprises-clients. Moins visibles, mais bien présents, il y a aussi tous les produits obsolètes du point de vue technique qui pèsent sur le niveau général de la productivité et handicapent sérieusement l'économie nationale dans ses rapports avec l'étranger (le marché mondial). On peut, bien sûr, maquiller ces pertes ou ces manques à gagner dans les statistiques, cela ne les empêche pas de peser lourdement sur le niveau global de l'économie. C'est pourquoi les planificateurs ne peuvent pas ne pas se préoccuper des effets économiques à moyen et à long terme de l'accumulation qu'ils mettent en branle. Ils n'ont pas à se soucier directement de la production de plus-value, mais ils doivent disposer bon an mal an d'un fonds d'accumulation suffisant pour la reproduction élargie du système économique. Le calcul de l'efficacité des investissements et des pertes de l'économie par suite de l'inadéquation de la production à la consommation effective, c'est-à-dire le calcul de l'efficacité du travail, ne peut donc être absent de leur horizon. Il n'est pas exagéré de dire que la valeur apparemment oubliée ou niée se rappelle sans cesse au bon souvenir des planificateurs. Ces derniers sont contraints, qu'ils en aient conscience ou non, de valoriser ce qu'ils planifient. Ils le font évidemment avec des instruments moins acérés que ceux du capital (les prix ne sont pas prix de marché, la monnaie n'est pas du capital-argent, le taux d'intérêt n'est pas le prix de l'argent, etc.) et la valorisation planifiée, loin d'être une forme développée de la valeur, est une sorte de sous-valorisation ou de valorisation approximative toujours à la recherche d'indicateurs (techniques, financiers, comptabilités en heures de travail) ou de renseignements rares pour arriver à des décisions plus ou moins satisfaisantes. Les opérations d'évaluation des résultats en fait ne permettent pas toujours de définir des stratégies économiques rationnelles, parce qu'elles reposent sur des informations insuffisantes ou biaisées par les conflits d'intérêts entre les agents économiques. L'économie planifiée est ainsi dans la situation paradoxale d'être à la fois une économie de pénurie (les plans cherchent à obtenir une production maximale à partir de ressources mal utilisées et mal réparties) et une économie de gaspillage (stocks et réserves trop importants, sous-emploi des hommes, chômage technique fréquent, etc.).

Cela se répercute inévitablement sur l'intégration des travailleurs dans la production et sur leur incitation à produire. Ils ne sont en particulier jamais certains de pouvoir acheter à volonté des biens et des services avec les revenus monétaires dont ils disposent. On leur dit qu'ils sont la classe dominante, celle qui porte le travail et l'avenir de la société, mais ils se rendent facilement compte qu'on tient très peu compte de leurs avis et de leurs aspirations. Seule une minorité d'entre eux, les activistes du parti et les travailleurs d'élite, sont véritablement associés au pouvoir et ont la perspective de se voir socialement appréciés. Pour eux il y a une mobilité sociale ascendante qui les conduit vers les sommets de la société (la nomenklatura) où ils donnent la représentation de la réussite de la classe laborieuse et de sa promotion aux plus hautes fonctions. Ils deviennent des cadres et des dirigeants censés incarner les meilleurs représentants de leur classe d'origine. A travers ce processus d'écrémage et de sélection (mis en œuvre par le parti), ils se font les emblèmes d'un règne illusoire, celui de la classe ouvrière ou du prolétariat, et masquent par là le règne, bien réel celui-là, de la véritable classe dominante, la nomenklatura. La représentation des travailleurs salariés par le parti unique et les travailleurs d'élite qu'il compte en son sein est un procès de substitution qui nie une classe (celle des travailleurs) dans un certain nombre de ses attributs essentiels (l'organisation, l'affrontement avec ceux d'en haut, le débat interne, etc.) pour mieux la maintenir dans l'impuissance. La classe ouvrière ne doit pas avoir d'existence collective propre et les individus qui la composent doivent se reconnaître dans une classe fantasmatique et dans une symbolique maniée par d'autres.

Pendant une période relativement courte, celle de l'industriatisation accéléré et des premiers plans quinquennaux en URSS, ces relations en trompe-l'oeil ont joui d'une certaine crédibilité. La mobilité sociale ascendante était très forte et donnait lieu à des translations sociales de masse. Les pénuries et les contraintes subies dans les entreprises pouvaient par ailleurs être interprétées comme des réalités passagères dans le cadre d'une société tout entière en mouvement. Les choses deviennent différentes lorsque la mobilité sociale apparaît déclinante et lorsque les situations de pénurie se renouvellent. Les salariés de base et de moyenne qualification s'aperçoivent que l'horizon est de plus en plus bouché pour eux et adoptent le plus souvent un comportement sceptique. Ils n'arrivent plus à croire qu'ils sont promis à un avenir radieux et que le culte du travail auquel se livre la bureaucratie est une façon de célébrer leur tâche quotidienne. Dépourvus d'organisations autonomes, il ne leur reste plus qu'à économiser leur force de travail et à la soustraire au moins partiellement aux dirigeants économiques. La célébration du travail n'est plus alors, pour eux, qu'un rituel qui n'emporte plus la conviction et n'a plus d'effet mobilisateur. Il leur est difficile de ne pas voir que la société planifiée, loin de se faire plus homogène, se différencie de plus en plus et a besoin de façon croissante de travailleurs intellectuels hautement formés et hautement rémunérés. La nomenklatura se sert d'ailleurs de cette évolution pour cacher ses privilèges derrière des apparences méritocratiques et prôner la différenciation des revenus à partir de la plus ou moins grande utilité sociale du travail effectué. Implicitement, le gros des salariés se trouve renvoyé aux travaux de moindre utilité et à une vie médiocre à bien des points de vue. Aussi bien n'y a-t-il rien d'étonnant à constater que la démoralisation gagne une grande partie des salariés de l'industrie (absentéisme, freinage de la production, vols, alcoolisme, etc.) malgré les appels à la vigilance et la répression qui ne manque pas de suivre.

Une telle société n'exploite pas toujours le travail dans de bonnes conditions et doit même tolérer que la grande masse des travailleurs n'effectue que des prestations de travail médiocres. Néanmoins, et Pierre Naville insiste sur ce point, elle est une société de classe et d'exploitation avec des caractéristiques spécifiques. La nomenklatura, la classe dominante, n'est pas une couche bureaucratique parasitaire comme le prétendent certaines théories trotskystes, mais bien une couche sociale qui exerce des fonctions bien délimitées dans la production sociale (planification, accumulation, direction des entreprises), fonctions qu'elle n'usurpe pas puisqu'elle les exerce avec une certaine efficacité (déclinante au cours de l'ère brejnevienne). Pour bien saisir la dynamique sociale, il importe donc de cerner au plus près les modalités de l'exploitation de la masse des salariés d'Etat par la nomenklatura. Selon Pierre Naville, cette exploitation peut être définie comme une exploitation mutuelle, c'est-à-dire comme l'exploitation des salariés d'Etat par une partie d'entre eux, les nomenklaturistes. Il tire argument du fait que le surtravail ou survaleur dans le socialisme d'Etat n'est pas consigné dans un mode de rémunération spécifique comme dans le capitalisme (le profit capitaliste) mais constitue une partie du salaire ou traitement. Mais il faut bien le dire, il est difficile de le suivre sur ce point et cela pour deux raisons fondamentales. Il faut d'abord noter que Pierre Naville voit dans les entreprises du «socialisme d'Etat» des groupements de coopératives coordonnées par la planification (*Le Salaire socialiste,* premier volume, p. 152) en oubliant le fait que, pénétrées de fait par la planification, ces entreprises n'ont rien de particulièrement coopératif. Cela l'empêche de voir que la planification est une instrumentation sociale pour capter les puissances sociales et intellectuelles de la production en faveur de la bureaucratie et organiser la subsomption réelle des travailleurs sous le commandement des planificateurs. La puissance multiple des salariés devient la puissance du plan et des nomenklaturistes qui, à travers la planification, produisent et reproduisent cette subsomption comme élément essentiel des rapports sociaux. Le salariat d'Etat, dans son uniformité apparente, est en fait gros d'antagonismes et de positions sociales opposées. Cela est confirmé par l'accès privilégié à la consommation dont bénéficient institutionnellement les nomenklaturistes (magasins réservés, habitat réservé, etc.). Le surtravail planifié est divisé en fonds d'accumulation et en fonds de consommation spécial accessible seulement à partir de positions bien précises sur l'échelle sociale. Pour les membres de la bureaucratie, le salaire n'est en définitive qu'une partie, souvent limitée, de leur train de vie dans lequel entrent nombre d'éléments gratuits (logements, voitures, maisons de vacances, etc.).

Ce fonds de consommation est considéré, et cela ne saurait surprendre, comme quasi incompressible par la classe dominante. Il peut croître, mais il n'est pas question d'admettre pour la nomenklatura qu'il puisse régresser. Cela signifie que, dans certaines circonstances, il doit être maintenu au niveau déjà atteint au détriment de la consommation populaire (la consommation non nomenklaturiste) et même au détriment du fonds d'accumulation et donc de la croissance économique de façon tout à fait exceptionnelle. Il représente une sorte de constante à laquelle les autres données doivent aux yeux de la nomenklatura se plier ou s'adapter. Mais elle n'est jamais totalement maîtresse du jeu. Le surtravail (ou la survaleur) ne peut en effet jamais être planifié ni dans son montant global ni dans ses modalités d'affectation. C'est après coup que l'on découvre ce qu'il représente réellement dans le revenu national et s'il ne va pas être nécessaire de l'élargir ou de l'agrandir en comprimant un peu plus la consommation populaire pour assurer à l'avenir une accumulation suffisante et le maintien de la consommation bureaucratique à un niveau élevé. C'est donc en insistant sur les fonctions d'accumulation qui lui sont dévolues que la nomenklatura peut défendre son pouvoir, sa position sociale et les privilèges qui lui sont afférents, en occultant son rôle effectif. Les dirigeants de la planification affirment haut et fort qu'il faut accumuler à tout prix pour garantir la croissance économique, en réalité ils le font le plus souvent pour extorquer du surtravail supplémentaire. Le revers de la médaille pour eux est qu'il leur faut faire la preuve de leur efficience économique et obtenir aussi à la longue des résultats positifs pour les couches populaires, car ces dernières, déjà peu portées à s'investir dans le travail, le deviennent encore moins lorsque leur niveau de vie stagne ou régresse. C'est en fait une véritable lutte des classes qui se déroule autour du développement économique, lutte pour le partage du revenu national, lutte autour des orientations de l'accumulation (part respective des industries de biens de consommation et des industries des biens de production), lutte autour du degré d'exploitation de la force de travail, lutte autour des politiques sociales (logements, hôpitaux, services, etc.). La nomenklatura ne peut donc exercer une véritable dictature sur les besoins (thèse de Agnès Heller, Ferenc Feher et György Markus). Elle doit au contraire s'adapter à leur évolution et redéfinir périodiquement ses stratégies de développement économique en laissant un minimum de place à la croissance des revenus réels de la majorité de la population. Cela souligne à quel point le développement planifié dans le «socialisme réel» peut être fragile si l'on tient compte des rendements décroissants de l'accumulation au fil des ans et de la difficulté à passer à une croissance intensive. Pour concilier l'inconciliable, l'accumulation et la consommation populaire au cours des périodes difficiles, les planifications ont eu, de façon caractéristique, souvent recours à des expédients, emprunts à court terme, non-renouvellement d'une partie des moyens de production (par exemple dans les transports routiers et ferroviaires).

Loin de correspondre à un développement harmonieux et délibérément choisi (le plan comme réduction des incertitudes), la planification oscille ainsi en permanence entre l'ordre rigide et les perturbations affrontées de façon improvisée. Dans de nombreuses circonstances, les corrections apportées par les planificateurs à la planification courante peuvent s'avérer bénéfiques et permettre à l'économie de trouver un certain équilibre, mais il peut aussi advenir que les rectifications se révèlent inopérantes et même aient des effets négatifs cumulatifs. Il peut alors se produire une crise d'accumulation ouverte marquée notamment par l'abandon de chantiers très importants et la renonciation à des projets ambitieux, tout cela conduisant inéluctablement à des réajustements de grande ampleur. Le système de la planification est par là obligé de tenir compte de réalités qu'il ignorait, mais il n'arrive pas pour autant à changer radicalement sa structure informationnelle et à surmonter les déficiences de cette dernière. Il apparaît en particulier que la lutte des classes, sous les formes qu'elle revêt sous le « socialisme réel », ne fournit pas toujours des indications très fiables ou très facilement interprétables. Lorsque des travailleurs font grève, en toute illégalité, dans une région ou dans une entreprise, il est difficile de savoir quel assentiment ils recueillent auprès des autres catégories de salariés. Il est difficile également de savoir ce qui les préoccupe le plus et comment la revendication partielle émise à un moment donné s'articule avec d'autres qui n'ont pas encore eu l'occasion de s'exprimer. Sous le « socialisme réel », la lutte des classes est donc partiellement illisible et inaudible, parce qu'elle est refoulée, niée par l'idéologie, la politique dominante et les institutions. Il s'ensuit qu'elle n'a pas la même capacité de conditionnement des adversaires en présence comme sous le capitalisme et ne provoque pas une dialectique sociale de la transformation des pratiques et des activités, notamment des activités de travail et de planification. La résistance collective des travailleurs ne produit en définitive des effets de réforme que de façon très limitée et il n'est pas exagéré de dire que le caractère tatillon de la subsomption réelle planifiée empêche toute affirmation permanente et claire des salariés et de leur travail collectif. Le moins qu'on puisse dire est que le « socialisme réel » n'utilise pas le travail qu'il conditionne de façon très efficiente.

A partir de telles analyses, il est difficile de qualifier le socialisme d'Etat (pour reprendre la terminologie de Pierre Naville) de régime de transition. Le socialisme d'Etat n'est pas en marche vers plus de socialisation dans la production et dans les relations sociétales, puisque le système de la planification tend à reproduire des rapports de pouvoir tout à fait dissymétriques et des rapports de domination-subordination dans la production pour assurer la pérennité d'un régime d'exploitation tout à fait spécifique. Cela veut dire en particulier que le système social socialiste d'Etat ne peut glisser insensiblement, graduellement, vers d'autres formes de relations sociales par une sorte de consensus entre dominants et dominés et comme spontanément. On ne peut pas non plus attendre que le système puisse trouver en lui de nouvelles ressources, par exemple une planification plus rationnelle et de meilleures relations entre les unités économiques, pour faire face au capitalisme environnant. Le mode de production socialiste d'Etat, qui est un énorme gaspilleur de travail social, n'a aucune supériorité à faire valoir par rapport au mode de production capitaliste qui, lui-même, n'est pourtant pas particulièrement économe de travail (chômage, sous-emploi, etc.) et d'efforts effectués en pure perte. Comme l'a dit très bien Pierre Naville dans *Le Salaire socialiste* (tome I, p. 441): «Le socialisme d'Etat n'est pas voué à un avenir durable.» La compétition qu'il peut soutenir avec le capitalisme n'est pas une compétition économique et sociale au sens plein du terme; c'est bien plus une compétition militaire qui porte sur des aires géographiques, sur des sphères d'influence. Mais ces affrontements, même lorsqu'ils ont atteint un certain degré d'acuité, n'empêchent pas les pays du socialisme d'Etat de subir la dominance du capital, de se soumettre à son dynamisme dans le commerce international et de lui emprunter des modèles de production et de consommation.

Aux yeux de Pierre Naville, le socialisme d'Etat est par conséquent une impasse historico-sociale, parce qu'il ne transforme pas véritablement le travail et ne le transmue pas en activités libres qui s'échangent les unes avec les autres sans avoir à se mesurer au préalable avec le travail mort (capital ou moyens de production planifiés). Le socialisme d'Etat privilégie, quoi qu'il en veuille, la dépendance dans l'activité productive et par contrecoup la polarisation des activités humaines autour de la production et de la mise en valeur planifiée. Comme le capitalisme, il capte la force de travail pour des objectifs particularistes, mais il le fait avec peu d'égards pour la liberté formelle des travailleurs (dans la vente de leur force de travail). Les travailleurs salariés d'Etat ont le plus souvent l'impression qu'ils disposent de marges de manœuvre très étroites et qu'on ne leur offre pas beaucoup de choix du point de vue de la rémunération et de la variété du travail. Le travail planifié apparaît en fait comme uniforme, peu propice à l'initiative, dans la mesure où les rétributions même extraordinaires ne sont pas à la hauteur des attentes et des espérances, dans la mesure aussi où les réactions collectives tendent vers des prestations de travail minimales pour contrecarrer les tendances de la planification à l'élévation constante des normes de production. Le travail planifié trouve rarement son équilibre ; il est tantôt soumis à des mesures coercitives tatillonnes et brutales et à l'efficacité éphémère, tantôt sollicité par des appels à la participation aux effets limités (les défis entre brigades de travail par exemple). Il est partagé entre des pratiques de gestion qui se contredisent en permanence et se trouve presque toujours dans un état de stabilité au bord de la déstabilisation.

C'est cela qui explique la violence, larvée ou ouverte, qui traverse le socialisme d'Etat, et non le seul héritage d'un passé barbare. La difficulté à maîtriser les prestations de travail suscite, sans cesse, chez les dirigeants, la tentation de recourir à des formes de militarisation ou de terreur qui remplacent les leviers ou les ressorts économiques et font volontiers référence à un pathos volontariste. Le travail dans cette perspective est ou bien sabotage, conscient ou inconscient, ou bien au contraire activité héroïque, oubli de soi, pour l'édification du socialisme ou de la société communiste, ce qui veut dire qu'il n'est plus à proprement parler normalité, valorisation régulière mais paroxysme. A l'extrême, il devient le travail des camps, ce travail dont les détenus sont dépossédés et qui les mortifie pour les remettre malgré eux sur le droit chemin (au besoin en les faisant disparaître). Sans doute peut-on constater que les phases totalitaires ne sont jamais durables et sont suivies de phases beaucoup plus longues de « stagnation » ou de relative normalisation, mais on ne doit pas oublier que l'exacerbation totalitaire jette une lumière crue, cruelle sur le socialisme d'Etat et sa relation perverse au travail, matrice de développement potentiellement monstrueux. C'est le mérite de Pierre Naville d'avoir forgé des instruments intellectuels pour comprendre ce passé, dont il faut maintenant se délivrer, pour se donner un nouvel avenir.

4. ERNEST MANDEL
ET LE MARXISME RÉVOLUTIONNAIRE

Il n'est pas facile de séparer, chez Ernest Mandel, le théoricien et le militant politique et, au fond, il est bien qu'il en soit ainsi. Le militant a posé beaucoup de questions au théoricien et ce dernier a beaucoup réfléchi sur des pratiques multiples pour les faire parler. Ernest Mandel n'a jamais voulu se laisser aller au gré des événements, il a au contraire voulu réagir avec vigueur conformément à des stratégies intellectuelles et politiques clairement définies. C'est pourquoi il apparaît logique de s'interroger et de l'interroger, au-delà des inévitables discontinuités, sur ce qui constitue l'unité de son parcours et de ses engagements.

De façon explicite, il a toujours voulu se situer dans la continuité du marxisme, plus précisément du marxisme révolutionnaire qui irait de Marx et Engels jusqu'à la IVe Internationale. Il s'est voulu en particulier l'héritier d'une tradition en perpétuel renouvellement, toujours menacée de s'enliser et de devenir infidèle à elle-même, mais qu'il devrait être toujours possible de défendre contre ses ennemis et contre ses propres aveuglements. Ernest Mandel n'a jamais pensé que cette continuité pouvait être simple à établir et donnée une fois pour toutes par des références et des points de repère immuables. Il a souvent insisté sur le fait qu'il fallait la construire en sélectionnant ce qu'il y avait de positif (action et réflexion) dans les épisodes majeurs de la lutte des classes.

Il a toutefois en permanence postulé, et cela ne manque pas d'être problématique, qu'à chaque grand tournant historique il y aurait toujours des acteurs collectifs, si faibles soient-ils au départ, capables d'interpréter correctement le cours des événements et de réagir en proposant des issues. Implicitement, il excluait que les revers et les blocages dans les luttes puissent produire des régressions de longue durée et altérer profondément la dynamique de la transformation révolutionnaire de la société. Il écartait ainsi l'idée que des erreurs puissent se cumuler sur une longue période et soient susceptibles de conduire à des impasses, voire à des désorientations de portée stratégique même dans des minorités critiques se réclamant du marxisme révolutionnaire.

Retour sur Octobre

Après l'effondrement du «socialisme réel», ces questions doivent pourtant être posées et affrontées sans faux-fuyants. Comme on le sait, le marxisme révolutionnaire d'Ernest Mandel s'est forgé dans une confrontation ininterrompue et opiniâtre avec le «marxisme-léninisme» codifié à partir de 1923-1924 par l'élite dirigeante de l'Union soviétique. Ce combat théorique et pratique a été au premier chef un combat autour de la révolution d'octobre 1917 et de ce qu'elle pouvait représenter dans le monde d'aujourd'hui. Pour Ernest Mandel, il s'agissait de la restituer dans toute sa force innovatrice et simultanément de faire comprendre le pourquoi et le comment de sa déviation et de sa dégénération bureaucratique. Il fallait montrer, contre toutes les défigurations, combien cette révolution avait été exemplaire afin de saisir toutes les virtualités de régénération qu'elle pouvait encore receler malgré des décennies de stalinisme.

Il n'est guère étonnant que, sur ce complexe de problèmes, il ait largement suivi Trotsky, notamment celui qui a écrit *L'Histoire de la Révolution russe* et exalté le rôle que les masses sont censées y avoir tenu. Or, s'il faut rejeter sans hésitation les vues qui font d'octobre 1917 un coup d'Etat blanquiste, on ne doit non plus ignorer tout ce qu'il y a de révolution passive (terminologie de Gramsci) dans l'ensemble des processus qui ont conduit à la conquête du pouvoir et à la victoire dans la guerre civile. La ligne insurrectionnelle que

Lénine a imposée à partir de septembre 1917 a privilégié les interventions de type militaire au détriment des batailles politiques (rapports avec les organisations du mouvement ouvrier, efforts pour les amener sur d'autres positions, etc.). Le nouveau pouvoir soviétique, peu mobile, n'a entretenu d'ailleurs que des relations faibles, souvent conflictuelles, avec les masses. On peut certes souligner que les bolcheviks ont été soutenus contre les blancs par des secteurs importants de la société, mais tout cela s'est fait sans enthousiasme, dans un climat de suppression des libertés et par voie de conséquence de suppression de toute dialectique politique.

Le Xe congrès du Parti communiste soviétique, en 1921, a bien mis en lumière les effets catastrophiques de ce type d'orientations autoritaires et paternalistes. Après la défaite militaire des blancs, les rapports avec la classe ouvrière et la paysannerie sont devenus si tendus et si exécrables que des révoltes armées se produisaient un peu partout. Lénine réagit, certes, en souplesse en ouvrant la voie à la NEP et en préconisant d'accorder plus de marges de manœuvre aux syndicats mais, en même temps, il pousse à une interdiction dite temporaire des fractions qui porte un coup fatal à la discussion politique et à la démocratie, bien au-delà du parti, dans tout le système des institutions soviétiques. Dès lors, les conditions sont réunies (surtout à partir de la maladie de Lénine quelque temps après) pour la victoire de la fraction stalinienne et de la bureaucratie du parti-Etat.

L'analyse du « socialisme réel »

A partir de 1924, la «construction du socialisme dans un seul pays» ouvre la voie à des processus contre-révolutionnaires de caractère tout à fait inédit. Au cours des épisodes de la collectivisation agraire et de l'industrialisation par les plans quinquennaux, la société se trouve à la fois déstructurée dans son ancienne composition de classe (classe ouvrière, paysannerie) et restructurée en classes amorphes en raison d'une tutelle étatique permanente et parce qu'elles sont dépouillées de toute possibilité d'organisation autonome. La couche dominante (la nomenklatura) se présente comme l'agent d'exécution de la classe ouvrière mais, sous couvert de rémunérer les salariés de l'industrie selon le travail fourni, elle renouvelle sans cesse, dans le cadre de la planification, des dispositifs pour exploiter la force de travail.

Ernest Mandel a certainement eu raison d'affirmer que le régime issu de la contre-révolution stalinienne n'était pas un régime de restauration du capitalisme, mais bien une formation sociale hybride fondée sur des rapports de production spécifiques, ni capitalistes ni socialistes. On peut même avancer à la rigueur que la société soviétique avait certaines caractéristiques post-capitalistes (affaiblissement du rôle de la valeur et des processus monétaires dans l'économie, limitation des mécanismes de marché dans la sphère de la production). Mais il s'agissait là d'un post-capitalisme précaire accompagné d'aspects massivement proto-capitalistes (despotisme d'entreprise, grande inégalité des rémunérations, etc.). En outre, il ne faut pas oublier que l'URSS et les sociétés du «socialisme réel» ont été insérées dans l'ordre mondial capitaliste et dans la division internationale du travail de façon subordonnée. A leur manière, elles ont participé à la conservation et à la reproduction globale du capitalisme.

En fonction de leurs traits «bureaucratiques totalitaires» (Trotsky dans *La Révolution trahie*) et de leur complicité avec le vieil ordre des choses, l'URSS et les pays du «socialisme réel» n'ont en fait jamais été des Etats ouvriers dégénérés et des sociétés de transition vers le communisme. C'est pourquoi il était particulièrement chimérique de tabler sur une résurgence (ou une restauration) d'une démocratie ouvrière, qui n'a eu qu'une faible consistance et de façon très passagère, en Russie soviétique et de fonder sur elle une stratégie politique. En mythifiant l'Octobre rouge et les sociétés qui en sont issues, on ne pouvait que s'aveugler soi-même et s'interdire de saisir la véritable dynamique du mouvement communiste international.

Ernest Mandel en a-t-il eu l'intuition? On peut le penser puisque, dans plusieurs textes, il est revenu très clairement sur les erreurs et les fautes commises par les bolcheviks pendant la révolution d'Octobre et la guerre civile (le communisme de guerre) en insistant plus particulièrement sur les restrictions aux libertés et sur les atteintes au pluralisme politique. Cela ne l'a toutefois pas empêché de faire encore et toujours référence au modèle d'Octobre, vu surtout sous l'angle de la dualité de pouvoir (soviets, comités d'usine) et censé avoir une portée universelle. En d'autres termes, il ne s'est pas demandé, dans le cadre de ses réexamens critiques, s'il n'y avait pas dans le mouvement des conseils des faiblesses qui ne leur permettaient pas de se présenter véritablement comme des solutions de rechange à l'Etat et comme des forces propres à changer les relations de pouvoir à l'intérieur de la société. Il ne s'est notamment pas demandé si les insuffisances de la culture politique de la Russie tsariste, si le poids des mœurs autocratiques et bureaucratiques qui y prédominaient n'avaient pas eu une influence retardatrice négative sur les capacités d'auto-détermination des masses et sur leur possibilité d'affronter des appareils solides sur des durées relativement longues.

Il a, par suite, continué à concevoir les difficultés de la révolution d'Octobre non comme des difficultés essentielles, majeures, pouvant conduire au naufrage, mais comme des difficultés en partie contingentes et surmontables, bien que sérieuses, en procédant à des corrections d'orientation politique au sommet du parti. Grâce à cette transfiguration, il a pu ainsi jouer sur un double registre, aussi bien celui de la critique du «socialisme réel» que celui de la prédiction d'une reprise du processus révolutionnaire dans cette sphère du monde. Dans la perspective qu'il développait, la crise latente des pays de l'Est devait un jour ou l'autre aboutir à une rectification révolutionnaire de structures sclérosées et à un renouvellement radical du mouvement communiste à l'échelle internationale. Depuis 1989, les événements ont montré que ce recours à une orthodoxie ouverte, véritable contradiction en acte, d'un côté référence à des mythes fondateurs (l'Octobre rouge, l'Internationale communiste), de l'autre côté corrections successives des interprétations et des orientations, n'avait pas été de bon conseil.

Une dialectique de la prise de conscience

A l'arrière-plan de cette fixation sur une phase historique particulière, conçue comme paradigmatique, il y a bien évidemment une vision du monde contemporain et les analyses qui viennent l'étayer. Ernest Mandel, de ce point de vue, a prolongé tout en les renouvelant les conceptions de Lénine et de Trotsky sur la maturité des conditions objectives pour le socialisme à l'époque de l'impérialisme. Il n'a, certes, pas retenu l'idée d'une stagnation des forces productives présente chez le Trotsky de la fin des années 30, mais il n'a en revanche jamais rejeté la thématique de la crise révolutionnaire naissant des contradictions économiques du capitalisme (crises d'accumulation et incapacité à satisfaire les aspirations des masses à vivre autrement). Malgré des reculs et des défaites plus ou moins graves, les prémisses objectives de montées révolutionnaires étaient, pour lui, toujours en mesure de se reproduire et, pour peu que les appareils répressifs aient été ébranlés, il devait suffire de renforcer le facteur subjectif pour ouvrir la perspective révolutionnaire.

Pour cela, il était nécessaire que l'avant-garde fût prête par ses interventions, ses mots d'ordre à faciliter l'unification du prolétariat et à permettre l'acquisition par celui-ci, à travers la lutte, d'une claire conscience des objectifs à poursuivre. La dialectique de la transformation sociale devenait, en ce sens, une dialectique de la prise de conscience, une dialectique du passage des réactions spontanées plus ou moins dispersées à l'action collective consciente. C'est cela qui donnait aux revendications transitoires toute leur importance aux yeux d'Ernest Mandel : établissant un pont entre les objectifs immédiats et limités et les objectifs de la conquête du pouvoir, elles devaient faire mûrir la conscience de classe par l'expérience des obstacles et des résistances à vaincre dans les luttes pour les imposer et leur donner des lendemains.

Ce schéma, séduisant à bien des égards, repose toutefois sur des hypothèses qu'il faut radicalement aujourd'hui remettre en question. En premier lieu, rien ne permet d'affirmer que les contradictions économiques du capitalisme ont forcément des effets négatifs, déstabilisants sur son équilibre politique et social. Loin de pouvoir être prises isolément, elles entrent dans les mécanismes d'ensemble de la reproduction sociale et leurs effets ne peuvent être séparés des effets des contradictions dans les autres sphères de la vie sociale. Dans un système qui trouve son équilibre dynamique à travers la production de déséquilibres et ne connaît pas vraiment de normalité, les ébranlements apparaissent seulement quand les relations de pouvoir présentes dans les rapports sociaux sont altérées et fragilisées (relations de pouvoir entre les sexes, entre les générations, relations de pouvoir dans le travail) de façon cumulative. Dans ces processus, il y a une très forte dimension symbolique qui se manifeste comme rejet des croyances en la naturalité et la pérennité des rapports sociaux. Le capital n'apparaît plus comme tout-puissant, parce qu'il perd beaucoup de son pouvoir de suggestion et de fascination sur les esprits. Le monde enchanté de la marchandise et des feux médiatiques (la société du spectacle) se donne de plus en plus à voir comme dérision, comme substitut dé-réalisant à des relations plus développées aux autres et au monde, parce que des dispositifs de domination et de contrôle ont été déplacés et ont ouvert de nouveaux espaces aux échanges symboliques. A proprement parler, il n'y a pas là de prise de conscience, mais bien des transformations ramifiées, étendues des conditions de l'agir pour les individus et les groupes sociaux et cela grâce à des modalités nouvelles d'échange et de pratique des rapports sociaux.

Cela conduit à souligner, en second lieu, qu'il faut récuser toute séparation fétichiste entre objectif et subjectif, ou encore entre infrastructure et superstructure pour reprendre une métaphore souvent employée. Les subjectivités des individus s'élaborent et s'inscrivent dans des formes de vie, dans des réseaux d'interaction et dans des structures de pouvoir qui ont l'objectivité du social. Mais, en retour, il ne peut y avoir d'objectivité sociale sans les actions et les pratiques des individus, aussi pré-formées soient-elles par les cultures ou sous-cultures de classe ou de groupe. Il s'ensuit que la conscience des individus ne peut être considérée comme une capacité intemporelle d'analyse et d'engagement confrontée à une réalité qui leur serait extérieure, elle doit être vue au contraire comme un pouvoir variable de symbolisation inséré dans des champs de force qui facilitent ou, à l'opposé, entravent son travail, c'est-à-dire déterminent largement ses possibilités.

Quel est le statut de la critique de l'économie politique ?

En définitive, lorsqu'on néglige cet enchevêtrement de l'objectif et du subjectif, on s'expose aux dangers complémentaires de l'objectivisme et du subjectivisme, un objectivisme qui consiste à surévaluer les régularités et les invariants sociaux en se laissant impressionner par des apparences fétichisées, un subjectivisme qui postule une effectivité des volontés à partir d'une sorte de transparence de l'action et d'une adéquation simple des moyens aux fins. Il est certain qu'Ernest Mandel a eu conscience de ce type de problème, et il n'est pas exagéré de dire qu'une grande partie de son œuvre économique est dirigée contre l'objectivisme et le positivisme dominant chez les économistes d'inspiration stalinienne. *Le Traité d'économie marxiste* (1962) est en grande partie consacré à une critique des vues mécanistes sur les crises, sur les phénomènes de paupérisation, sur la loi de la baisse tendancielle du taux de profit, etc. Grâce à ce travail qui dépasse de loin la simple vulgarisation, beaucoup ont eu accès à un marxisme ouvert aux évolutions du monde contemporain et décidé à rompre avec quelques vieilleries dogmatiques. Mais c'est surtout dans le *Troisième Age du capitalisme* (1972) qu'il a fait réellement œuvre novatrice, en introduisant la lutte des classes dans les cycles économiques et dans les mouvements à moyen et à long terme de l'accumulation du capital. C'est d'ailleurs à partir de cette thématique qu'il a été capable de réfuter les interprétations les plus « économistes » des cycles Kondratieff ou ondes longues.

Pourtant, on ne peut manquer d'être frappé par le fait qu'il ne pose jamais la question du statut épistémologique de l'entreprise marxienne de critique de l'économie politique (voir par exemple le livre de 1967, *La Formation de la pensée économique de Karl Marx*). Avec constance, il a dit faire de l'économie marxiste ou de la théorie économique marxiste en vue de construire une science marxiste de l'économie qui avait et aurait à démontrer sa supériorité explicative sur les différentes écoles bourgeoises. Les hypothèses, les théorèmes, les lois qu'il faut formuler n'avaient pas à être d'un ordre différent sur le plan conceptuel, mais tout simplement meilleurs en établissant des relations plus pertinentes et étroites entre théorie et empirie, entre théorie et faits observables. Tout se passait comme si, pour lui, Marx n'avait pas complètement déplacé le champ théorique et l'objet économie, et comme si la compétition avec les économistes se produisait sur un même terrain et à partir de référents communs.

A la décharge d'Ernest Mandel, on peut rappeler bien sûr qu'il est tout à fait dans la tradition marxiste du XIXᵉ siècle et du XXᵉ siècle et qu'il a eu un illustre prédécesseur en la personne de Friedrich Engels. Certes, ce dernier s'est efforcé, de son mieux, de porter à la connaissance du public l'œuvre de Marx mais, sur plusieurs points essentiels, ses positions étaient différentes de celles de son partenaire intellectuel et ami. C'était le cas notamment de la théorie de la valeur où les divergences, pour ne pas être explicites, étaient néanmoins importantes. Si l'on consulte les différents écrits qu'Engels a consacrés au *Capital*, on constate qu'il a largement repris la théorie ricardienne de la valeur-travail en faisant du travail un référent naturel de la valeur. Pour lui, le travail était avant tout une réalité anthropologique fondamentale en tant qu'activité de transformation du monde et des situations indispensable à toute société. Il avait connu beaucoup de transformations au cours de l'histoire, mais il était resté un travail dominé et exploité, même sous la forme du « travail » libre de la société capitaliste. Ce qui était en jeu, c'était donc de le mener à son plein épa-

de valorisation (réussite ou échec scolaire, réussite ou échec professionnel, valorisation ou non de la sexualité, ascension ou descente sociale); ce qui revient à dire que les individus sont, bon gré mal gré, contraints de recourir à des formes plus ou moins prononcées d'auto-affirmation ou d'auto-conservation, c'est-à-dire de différenciation par rapport aux autres.

La classe n'est pas un sujet collectif

Il est donc exclu que les subjectivités des travailleurs salariés entrent d'emblée de plain-pied dans une opposition conséquente et radicale au capital, malgré des formes multiples de résistance à l'exploitation et à l'oppression. Les travailleurs s'efforcent avant tout de vendre leur force de travail dans les meilleures conditions possibles, et cela grâce à la coalition et au syndicalisme. Ils dépassent par là la confrontation individuelle avec le capital et l'atomisation sociale, mais cela ne supprime pas les ambivalences dans leurs comportements. Dans certaines luttes, il est vrai, beaucoup d'ambiguïtés peuvent être levées lorsque les grévistes découvrent, par exemple, d'autres façons de vivre et des pratiques de solidarité plus fortes. Il y a là des formes de contre-valorisation qui préfigurent d'autres relations sociales et la fin de la subsomption réelle des salariés exploités sous les machineries et les férules du capital; mais force est de constater que, jusqu'à présent, ces processus n'ont jamais été systématisés (en pratique comme en théorie) et, surtout, n'ont pas trouvé leur expression politique adéquate (comme politique de contre-valorisation).

Dans ses différentes composantes radicales, le mouvement ouvrier était si intimement persuadé du caractère positif de la subjectivité des exploités porteurs et hérauts de la valeur-travail qu'ils ont fait de la classe ouvrière une sorte de substance-sujet, une classe en soi et pour soi qui serait l'agent historique de la transformation révolutionnaire de par sa position dans les relations sociales. C'était occulter le fait que la pratique révolutionnaire, «l'umwälzende Praxis» de Marx, doit être constituée des multiples processus émancipateurs qui auraient pour premier effet de transformer les individus et leurs subjectivités face au procès de valorisation. L'action collective ne doit pas être opposée à la libération individuelle, elle doit au contraire s'en nourrir pour dépasser les obstacles et freins bureaucratiques et, surtout, pour se donner plus de force et d'inventivité.

Si l'on veut bien se déprendre de cette fétichisation de la valeur-travail et de la classe substance-sujet, il faut alors s'orienter vers une conception tout à fait différente de la classe des exploités, la conception de la classe-mouvement, de la classe-processus (et cela en opposition avec la tradition marxiste). Cette classe qui n'est pas un sujet collectif n'est pas distincte des groupes sociaux et des individus qui la composent, des oppositions qui la traversent (sexes, générations) et des cultures qui la divisent. Elle est mouvement parce que, sans cesse confrontée au changement capitaliste, à ses effets de structuration et de déstructuration. Elle est le lieu où les formes de vie, les modalités de sociabilité, les rapports à l'espace (habitat et transport par exemple), à la temporalité (vacuité ou trop plein) sont soumis sans discontinuer à des bouleversements. Le capital ne peut laisser les exploités au repos parce qu'il ne connaît pas lui-même de repos et ne peut jamais se satisfaire des résultats obtenus à un moment donné. Il déséquilibre ses propres équilibres sans se soucier outre mesure des répercussions. C'est ce changement sans direction définie, cette agitation sans objet précis qui jettent une lumière crue sur les failles du système et appellent en retour la contestation et la révolte. La classe des exploités est déplacée en permanence et ne peut, par conséquent, éviter d'être remise en question dans tout ce qui la constitue. Les rapports de pouvoir dans lesquels il lui faut vivre (pouvoir d'un sexe sur l'autre, dispositifs disciplinaires, dispositifs de contrôle, etc.) sont presque toujours en phase de recomposition et elle ne peut pas ne pas réagir en opposant au capital ses propres mouvements.

Il faut toutefois se garder d'idéaliser ces réactions : elles peuvent très bien être segmentaires, dispersées, affectées à la défense d'un impossible statu quo, voire régressives et tournées contre des boucs émissaires (immigrés, jeunes, etc.). Aussi, pour qu'elles deviennent des réactions d'antagonisme au capital, il est nécessaire qu'elles se pénètrent de réflexivité et aillent au-delà de l'immédiat en revenant de façon critique sur les expériences vécues. Les processus de résistance doivent devenir simultanément des processus de mise en question des divisions entre exploités et leur substrat social (les relations de pouvoir entre hommes et femmes notamment). Ils doivent se faire processus de totalisation et d'unification de situations diverses. Cela implique en particulier qu'ils soient capables de s'opposer au culte et à la sacralisation du spontané, conçu dans la tradition marxiste comme première étape du conscient, mais en fait lourdement chargé de préjugés ou de stéréotypes.

C'est pour cela que les processus de lutte contre le capital doivent se donner comme une culture politique critique qui sache opérer les discriminations entre ce qu'il faut retenir et développer et ce qu'il faut au contraire rejeter. Cette culture, même si elle doit être une culture du quotidien, des formes de vie et de la construction de nouveaux liens sociaux, ne peut être particulariste, c'est-à-dire l'expression du quant-à-soi de groupes sociaux exploités ou de leur recherche d'une position originale dans la société. Elle doit, sans relâche, démonter et dénoncer la culture du capital comme culture de la subordination du vivant au mort (les mégamachines du capital, les automatismes sociaux), comme culture de l'esthétique et de l'éthique de la marchandise, comme culture de la dissociation et de l'indifférence, comme culture de l'hallucination et du rêve (la fantasmagorie marchande et médiatique).

Une vision unilatérale de la politique

A partir de cette nouvelle culture, les pratiques politiques, sans se laisser enfermer dans les formes actuelles de la représentation (avec son centrage sur les superstructures étatiques), devront mettre en question les modalités diverses d'assujettissement (aux dispositifs disciplinaires ou de contrôle) et d'asservissement (à la dynamique de la valorisation) qui, bien au-delà des entreprises proprement dites, structurent le rapport social de travail (le travail domestique par exemple). De telles luttes sont indispensables pour contrer la violence ordinaire qui parcourt toute la société, suscite la haine de l'autre et l'agressivité et rend plus difficiles les actions solidaires, voire impossibles. Elles sont en outre nécessaires pour modifier les formes d'organisation héritées du mouvement ouvrier et s'assurer qu'elles ne seront plus des instruments pour refouler ou canaliser les processus d'émancipation.

Dans son livre sur le roman policier, *Meurtres exquis,* Ernest Mandel a bien perçu la place très importante que la violence, l'agressivité et la peur prenaient dans les rapports sociaux du capitalisme, mais il n'est pas allé jusqu'à en faire des éléments essentiels d'une réflexion de stratégie politique et d'une analyse en profondeur des formes récurrentes de mobilisation politique régressive (racisme, extrémisme de droite, sectes, etc.). Encore une fois, il faut se dire que la politique était chez lui unilatéralement dirigée sur la production et l'Etat et que, dans ses formulations les plus intéressantes, elle n'allait pas au-delà d'une politique de la grève de masse, du contrôle ouvrier et de l'autogestion appuyée sur une perspective de dualité de pouvoir.

D'une certaine façon, sa conception de la crise révolutionnaire est restée marquée par l'idée que l'ébranlement de l'Etat pourrait donner le signal de l'autodétermination des travailleurs à partir des lieux de production, en laissant de côté des questions aussi importantes que la nécessaire mise en crise des relations de domination à l'intérieur des rapports sociaux et des formes d'auto-asservissement chez les exploités et opprimés. Il est vrai que, pour lui, l'organisation révolutionnaire devait être là pour pallier les insuffisances ou les retards du mouvement de masse et lui fournir des orientations efficaces. Mais on peut émettre de très forts doutes sur un tel avant-gardisme, toujours guetté par les dangers de l'élitisme. Si l'organisation révolutionnaire est sélectionnée de façon unilatérale par rapport aux luttes, si sa compréhension des rapports de domination est limitée, elle ne peut être qu'en porte-à-faux et toujours en retard par rapport aux exigences de la situation tout en cherchant à se donner raison contre les circonstances.

Ernest Mandel a échoué dans sa tentative de construire un marxisme révolutionnaire à la hauteur de l'époque. Mais son échec n'est pas dérisoire, parce qu'il a voulu penser, sans compromission et sans reculer devant les difficultés de la tâche, la lutte des exploités et des opprimés. Ce faisant, il a laissé une œuvre multiforme, pleine d'élaborations théoriques remarquables qu'il faudra savoir utiliser. On peut même beaucoup apprendre de ses erreurs et de ses méprises, parce qu'elles n'étaient pas le fruit d'une pensée bureaucratique, désireuse de justifier le cours des choses ou le fait accompli. L'homme Ernest Mandel n'était pas un homme de la soumission.

5. COMMENT SE DÉBARRASSER DU MARXISME ?

Dans un entretien avec le philosophe japonais Yoshimoto publié en juillet 1978, Michel Foucault pose avec beaucoup de sérieux cette question provocatrice : comment se débarrasser du marxisme ? En disant cela, son propos n'est évidement pas de rejoindre les rangs de ceux qui veulent se réconcilier avec l'ordre existant et rompre avec toute pensée critique. Il est surtout de s'interroger sur les obstacles que le marxisme peut mettre aux processus d'émancipation et de libération. Dans cet esprit, il formule trois griefs principaux contre ce dernier. En premier lieu, il lui reproche d'appauvrir l'imagination politique en étouffant de multiples expériences et en faisant taire beaucoup de sujets parlants. En second lieu, il l'accuse d'utiliser un prophétisme coercitif qui obscurcit l'avenir. En troisième lieu, il souligne tout ce que peut avoir de rigide et d'oppressif la conception qu'il véhicule du parti et de l'Etat.

Face à des attaques aussi massives et globales, il peut être tentant de faire remarquer que le marxisme n'a jamais été monolithique, et même qu'il a toujours connu des schismes et des hérésies ou, comme le dit Ernst Bloch, qu'il a toujours eu dans son sein des courants chauds et des courants froids. Mais Foucault n'était certainement pas homme à ignorer cela et ce qu'il vise dans cet entretien, ce sont les différents modes de manifestation du marxisme dans la réalité sociale et politique. Ce qu'il incrimine, au-delà des textes, ce sont des orientations, des pratiques et des institutions qui sont autant de freins aux luttes des opprimés et des exploités. Il ne dit pas qu'il faut rejeter Marx, mais qu'il faut faire un bilan historique du marxisme. Ce qui l'intéresse, ce n'est pas de lancer de nouvelles imprécations et de nouvelles excommunications contre le marxisme (ou les marxismes), c'est de porter un diagnostic précis sur le rôle joué dans la dynamique sociétale par la constellation politico-culturelle du marxisme. C'est pourquoi il faut se rendre compte que la première question de Foucault en cache une deuxième: pourquoi faut-il se débarrasser du marxisme? Quelles sont les raisons profondes qui font que l'on doit régler ses comptes avec la constellation politico-culturelle du marxisme? La question n'a pas de connotations directement morales, elle est plutôt une façon de montrer la nécessité d'analyser à fond le marxisme dans sa réalité multiple. Foucault, dans la démarche qu'il préconise, ne cherche pas à faire disparaître le marxisme de l'histoire, à le passer par profits et pertes, mais bien à le faire servir au monde d'aujourd'hui par le travail de dé-construction qu'on opère sur lui.

La tâche à accomplir est à la fois critique et constructive, il s'agit de dégager les conditions d'émergence d'une nouvelle constellation politico-culturelle à portée positive. A l'heure actuelle, on est très loin de s'orienter dans cette direction. Beaucoup de ceux qui se sont réclamés du marxisme, le vouent tout simplement aux gémonies et se sentent coupables d'avoir eu la foi. D'autres qui se veulent toujours marxistes essayent tout simplement de s'adapter en laissant tomber du «corpus marxiste» ce qui leur paraît indéfendable et caduc dans le moment. Il faut le dire très nettement, cette désorientation laisse la voie libre à des entreprises de liquidation pure et simple du passé marqué par le marxisme sous le couvert de sa diabolisation et d'une fausse historicisation, avec un objectif très clair: proclamer que la société actuelle est un horizon indépassable et que l'histoire pour l'essentiel est terminée. Le marxisme, sous ses différentes variantes, doit pouvoir être considéré comme un dérapage de la modernité, et plus précisément comme un développement excessif, incontrôlé et parasitaire des tendances à la bureaucratisation et à l'étatisation dans le monde contemporain. Il résulterait en fait d'une conjonction entre l'anti-capitalisme doctrinaire de certains groupes d'intellectuels et l'anti-capitalisme plus instinctif des masses ouvrières. Dans son livre

Le passé d'une illusion, François Furet attribue, de façon significative, une très grande importance dans la genèse du marxisme à la haine du bourgeois, donc à des réactions très largement irraisonnées, pour ne pas dire irrationnelles. Cela lui permet de passer sous silence toute la charge critique de l'œuvre de Marx et l'extraordinaire aventure intellectuelle qu'a été l'entreprise de la critique de l'économie politique.

Mais, bien entendu, c'est surtout la thématique du totalitarisme ou de la perversion totalitaire qui est soulevée par ceux qui veulent interdire ou proscrire tout examen distancié et critique du marxisme comme constellation politico-culturelle. Les analogies indéniables entre les pratiques fascistes et nazies et celles des pays du « socialisme réel » sont utilisées pour faire disparaître les différences majeures qui séparent les régimes fascistes des régimes se réclamant du communisme. L'horreur suscitée par les massacres perpétrés des deux côtés (le Goulag, Auschwitz) devient en particulier un moyen pour substituer des vues simplificatrices à la nécessaire analyse de dynamiques sociales et politiques non homogènes. Le nazisme et le communisme d'obédience soviétique peuvent ainsi être présentés comme des frères jumeaux, tout au moins dans leur volonté de détruire la démocratie parlementaire, et les affrontements du XXe siècle peuvent par là être réduits à des combats pour la sauvegarde de la démocratie. Faut-il le rappeler, fascisme et nazisme se sont caractérisés non seulement par leur opposition à la démocratie, mais aussi par leur hostilité fondamentale au mouvement ouvrier! Leurs premières victimes, après la prise du pouvoir, sont de fait les militants ou responsables socialistes et communistes, les syndicalistes et les membres des organisations ouvrières. On peut, certes, faire remarquer que l'Union soviétique de Staline n'a pas hésité à collaborer avec l'Allemagne hitlérienne au moment du pacte germano-soviétique et qu'elle a instauré après la victoire de 44-45 des régimes bureaucratiques-despotiques en Europe de l'Est. Mais on ne doit pas oublier non plus que le combat antifasciste mené par des millions de socialistes et de communistes a contribué à étendre la sphère des droits démocratiques après la Seconde Guerre mondiale dans l'Europe occidentale.

C'est donc une contre-vérité d'affirmer que le communisme comme partie prenante de la constellation politico-culturelle du marxisme a eu tout uniment des effets totalitaires. Après la révolution d'octobre, les communistes comme les socialistes ont notamment participé à un mouvement de réforme sociale de grande ampleur, la création progressive de l'Etat-Providence à laquelle on est redevable de changements sociaux de grande portée. En effet, l'extension et l'approfondissement de la protection sociale contre la maladie, l'accident et la cessation de travail ont profondément modifié les attitudes par rapport à la vie des couches salariées et des milieux populaires en général. Quand on jouit d'un minimum de sécurité, on se résigne moins facilement à être le jouet des événements, et l'on accepte avec beaucoup plus de réticences certaines contraintes dans le travail et hors travail. On aspire aussi à un niveau de vie plus décent et à des conditions d'existence (logement, déplacements, éducation, etc.) moins dures. Beaucoup de critiques n'ont pas manqué, il est vrai, d'observer que l'Etat-Providence reposait sur un compromis social et sur l'intégration des organisations du mouvement ouvrier dans les institutions. Mais il faut bien voir que ce compromis ne s'est pas fait sans luttes et que les politiques d'extension des droits sociaux sont pour partie aussi des réponses à l'onde de choc de la révolution d'octobre 1917 (crainte de développements révolutionnaires après les deux guerres mondiales). L'Etat-Providence, loin d'être, en ce sens, un développement «naturel» du capitalisme, apparaît comme le résultat de modifications profondes du rapport salarial (formes du salaire, extension du salaire indirect) consécutives à la lutte des classes, aussi réfractée ait-elle pu être par les prismes déformants des organisations du mouvement ouvrier.

Ce que l'on peut par contre reprocher aux organisations d'inspiration marxiste, c'est de ne pas avoir été capables de donner des prolongements à ce compromis pour mettre en question le salariat lui-même et les rapports de travail, à partir d'une nouvelle dynamique de lutte. Elles se sont enlisées dans un jeu institutionnel dominé par l'Etat en faisant comme si le compromis était par lui-même évolutif et susceptible de transcender ses propres limites. En d'autres termes, elles ont prétendu enfermer la transformation sociale dans les mécanismes de la représentation politique et sociale sous l'égide de l'Etat et de son organisation des pouvoirs. Elles sont ainsi devenues des forces d'ordre qui ne se préoccupaient pas ou plus de bouleverser les rapports de pouvoir au sein de la société (rapports de travail, rapports de sexe, etc.). Même les partis communistes qui ne sont jamais totalement entrés dans ce jeu à cause de leur allégeance à l'Etat soviétique ne sont pas vraiment allés au-delà de ce cadre. Cela ne devrait guère étonner, étant donné l'intégration de l'URSS à l'ordre mondial à travers des relations sans doute conflictuelles mais réglées avec les Etats-Unis et les pays occidentaux. L'équilibre de la terreur (la dissuasion nucléaire) garantissait à chaque bloc qu'il n'y aurait pas d'attaques frontales contre sa sphère d'influence par le partenaire/adversaire. En même temps les deux grandes puissances jouissaient d'une certaine latitude pour se concurrencer et modifier les rapports de force dans les domaines de la course aux armements, de la croissance économique et des prises d'influence dans le tiers-monde. Il n'y avait donc pas une statique, mais une dynamique du statu quo économique et social à l'échelle planétaire, et il faut le dire une dynamique très clairement dominée par les Etats-Unis. L'Union soviétique reconnaissait les règles d'un jeu qu'elle ne maîtrisait pas vraiment, notamment sur le plan économique. A terme elle ne pouvait qu'être perdante, et entraîner dans des difficultés grandissantes les partis communistes.

C'est pourquoi il est abusif de voir dans les affrontements de la guerre froide (surtout après la mort de Slaline) une lutte entre des ennemis qui n'ont rien de commun. L'Union soviétique et les pays du «socialisme réel» se sont laissé en fait conditionner par le consumérisme occidental et ont même prétendu graduellement rejoindre les niveaux de vie de l'Ouest. Les pratiques totalitaires de mobilisation politique ont, dans ce contexte, perdu beaucoup de leur crédibilité et de leur efficience. Si l'on se fixait comme objectif de rattraper les pays occidentaux en employant leurs méthodes et leurs technologies pour arriver à un mode de vie similaire au leur, on reconnaissait implicitement par là leur supériorité. Et un tel mimétisme ne pouvait, bien entendu, que faire douter les grandes masses du bien-fondé de la perspective du «communisme» comme système social radicalement différent. Les régimes du «socialisme réel» ont, en conséquence, adopté des attitudes tout à fait contradictoires, d'une part réaffirmer, en utilisant la répression au besoin, leur propre originalité par rapport aux démocraties occidentales, d'autre part faire des concessions au jour le jour aux masses et s'enferrer eux-mêmes peu à peu dans les accords économiques avec l'Ouest (emprunts) et dans la corruption (voir la fin du brejnevisme). Au bout du compte, il ne pouvait s'agir que d'un jeu de dupes, où les partisans sincères du «socialisme réel» ne pouvaient que perdre et entrer eux-mêmes en crise, et les opportunistes se corrompre encore un peu plus. Au moment même où il devait se réformer pour survivre, le «socialisme réel» était devenu irréformable.

Cette implosion à première vue stupéfiante de la majorité des pays « socialistes réels » après des décennies d'existence conduit à se demander, d'ailleurs, s'ils représentaient bien une rupture si profonde avec le vieux monde qu'ils croyaient dépasser. La révolution d'octobre a certainement été beaucoup plus qu'un coup de main ou qu'un coup d'Etat blanquiste, si l'on tient compte du mouvement de masse impliqué dans son déroulement (à la ville comme à la campagne), mais il ne faut pas se dissimuler qu'elle contenait en elle-même des éléments de « révolution passive » pour emprunter et transposer une terminologie que l'on doit à Gramsci. La tutelle du parti sur les soviets leur a très vite ôté toute autonomie et la militarisation des processus sociaux au cours d'une guerre civile très sanglante a tout simplement proscrit des développements révolutionnaires ultérieurs. Les milieux dirigeants du bolchevisme ont en outre fait de leur propre monopole sur le pouvoir d'Etat le critère le plus fondamental de la réussite de la révolution, ce qui les aveuglait sur les effets dévastateurs d'un certain nombre de leurs pratiques. Les trusts d'Etat, le taylorisme, la discipline du travail et la soumission à des injonctions venant d'en haut, hérités du « communisme de guerre », ont notamment été transformés en instruments de la construction du socialisme, ce qui revenait à dire qu'il fallait faire fond avant tout sur la passivité des travailleurs, c'est-à-dire de ceux qui étaient censés être les principaux artisans de l'édification du socialisme. Les bolcheviks, Lénine en tête, pensaient pouvoir surmonter cette contradiction par une révolution culturelle qui aurait peu à peu fait des ouvriers passifs des gestionnaires actifs. Or s'il y a bien eu une révolution culturelle, ce fut une révolution culturelle bureaucratique qui s'empara du parti et de toutes les institutions parallèles et porta à son paroxysme la surestimation des systèmes de commandement et de subordination du travail. Le communisme stalinien, celui de la planification accélérée et de la révolution par en haut dans les villes et les campagnes, s'est en effet évertué à créer un système de travail et d'action introuvable où la spontanéité était à la fois bannie et mobilisée pour des objectifs imposés aux individus. La contrainte étatique était censée se combiner avec des incitations morales à l'agir (le bien commun, la construction du socialisme) contredites par les privilèges d'une nomenklatura ayant peu de tenue et de retenue et des incitations matérielles peu convaincantes dans la mesure où elles n'avaient pas beaucoup d'incidences sur le niveau de vie effectif. Les travailleurs salariés sous le «socialisme réel» ont dû vendre et valoriser leur force de travail dans des conditions le plus souvent irrégulières (marché du travail masqué et partiellement nié par la planification) et irrationnelles (rentes de situations, disjonctions entre prestations effectuées et revenus obtenus).

Dans ce cadre, on était confronté au paradoxe que les institutions et les structures du «socialisme réel» s'opposaient aux lois du capitalisme sans leur substituer d'autres lois et sans ouvrir une perspective réelle pour leur dépassement. Aussi ce qui doit être mis en question, c'est moins l'«utopie totalitaire» du communisme que l'«utopie abstraite» d'une réplique du capitalisme sans ses «défauts» ni ses «avantages». Le «socialisme réel» était au fond une reproduction déviante du monde dont il prétendait être le fossoyeur, mais dont il n'arrivait pas à dépasser l'horizon. Son idéologie, le «marxisme-léninisme», n'était pas une véritable rupture avec les modes de penser qu'il croyait critiquer, pas plus avec les penseurs bourgeois attachés au monde existant qu'avec le marxisme réformiste des partis socialistes. Il avait toutes les caractéristiques d'une «Weltanschauung» qui constitue le monde en un ensemble de représentations fixées, redondantes, par rapport à des représentations a-critiques spontanées présentes dans certaines couches de la société. Le «marxisme-léninisme» était sans doute une construction dogmatique destinée à justifier un système de pouvoir, mais plus encore il organisait des vues a-critiques sur les pratiques sociales et sur le futur de la société. Il entretenait un véritable culte du travail et de l'industrialisme et propageait en même temps un messianisme prolétarien de facture religieuse. Par là il fétichisait et transfigurait des rapports de travail emprisonnant une grande partie des activités humaines dans le carcan de la marchandisation et de la valorisation, sans se préoccuper de saisir les conséquences de l'enfermement des pratiques dans les rapports salariaux (notamment le conditionnement de la capacité d'agir en force de travail-marchandise). Pour les «marxistes-léninistes», les relations sociales étaient déjà placées sous le signe de la positivité par le fait que les travailleurs se coalisaient pour défendre leur force de travail et s'organisaient pour s'affirmer sur le plan politique. Ils laissaient dans l'ombre l'enchevêtrement des rapports de domination et de pouvoir dans lesquels les individus des couches exploitées pouvaient être insérés, c'est-à-dire les formes de subordination et d'assujettissement constituant autant d'obstacles majeurs à des pratiques libérées. C'était en quelque sorte présupposer que les modalités de l'agir individuel et collectif n'avaient rien de problématique et n'avaient pas elles-mêmes à être transformées au cours même de processus complexes.

Sous l'emprise de cette méconnaissance, le marxisme-léninisme (comme avant lui le marxisme de la IIe Internationale) n'a été au fond qu'oscillations permanentes entre gestion idéologique du présent et projections aveugles sur l'avenir. Ainsi il ne pouvait qu'être redoublement par rapport à la réalité sociale où il œuvrait et en conséquence partie prenante de ce qu'il s'imaginait dénoncer. C'est pourquoi il ne suffit pas de vouloir aujourd'hui épurer le ou les marxismes de leurs scories, il faut, même si cela doit paraître sacrilège à certains, les critiquer en tant qu'éléments constitutifs de la reproduction des rapports sociaux contemporains. Aujourd'hui le « socialisme réel » est une peau de chagrin, et l'on pourrait être tenté de ne plus y voir qu'une affaire du passé, à portée rétrospective. Or, il n'en est rien, parce que les formes de dissolution du « socialisme réel » et corrélativement du ou des « marxismes » contribuent à refaire ou refaçonner les sociétés actuelles à l'échelle internationale. La constellation politico-culturelle du marxisme (mouvement institutionnalisé, idéologie, etc.) à l'agonie doit être analysée et critiquée dans ses continuités et discontinuités avec le passé pour mettre en évidence tout ce qui lui permet encore maintenant d'obscurcir l'horizon et de peser négativement sur l'avenir. Pour entrer dans le troisième millénaire, il n'est pas indifférent de savoir si la pensée critique se laissera submerger par la nostalgie du « bon vieux temps » (celui de l'innocence perdue des premiers temps du mouvement ouvrier) et par la protestation morale impuissante contre un capitalisme de plus en plus prédateur ou si, au contraire, elle s'efforcera de jeter de nouvelles lumières sur le passé, le présent et l'avenir comme composants des processus sociaux et culturels de l'heure.

La tâche est rien moins que facile, mais il faut affirmer très nettement qu'il ne s'agit pas de faire tout simplement table rase, car les développements critiques aigus et prometteurs n'ont jamais manqué chez les marxistes dans les domaines les plus divers. Les marxistes sont passés dans le siècle en laissant des traces profondes. Cela ressemble souvent à des bégaiements, à des intuitions non élaborées qui rompent le fil de discours trop fermés et trop unitaires, mais ont l'avantage considérable d'aiguiller vers des pistes inattendues. Il n'y a pas de solitude de la pensée critique, surtout si l'on veut bien se souvenir que Marx peut être d'un grand recours et d'un grand secours contre le marxisme. Déjà à l'articulation du XIXe et du XXe siècle, Georges Sorel (1847-1922), repoussé par le dogmatisme des marxistes «orthodoxes», préconisait un «retour à Marx» pour sortir d'impasses politiques et théoriques. Il ne faut toutefois pas s'y méprendre, s'il faut revenir sur l'œuvre de Marx, ce n'est ni pour qu'elle fournisse des réponses avant qu'on ne lui pose de nouvelles questions, ni pour qu'elle fournisse un cadre de référence invariable et rassurant. L'œuvre de Marx doit être interrogée de façon iconoclaste, irrespectueuse, sans lui accorder de privilèges particuliers. Marx en effet ne peut être complètement innocent des fourvoiements du marxisme. Il y a chez lui, comme le dit Adorno, un «positivisme caché» qui se manifeste dans certaines circonstances par une surestimation de la connaissance scientifique et par une tendance à faire du travail une sorte de référent «naturel» de la théorie de la valeur (alors qu'à d'autres moments il l'analyse comme rapport social). A partir de là, il n'était que trop tentant pour les marxistes de bâtir un socialisme scientifique et de faire de la classe ouvrière prestatrice de travail l'agent prédestiné de la transformation de la société contre le parasitisme des capitalistes. A peu de frais, on pouvait opposer une classe exploitée, riche de grandes potentialités (le plein du travail comme activité) à une classe exploiteuse sans perspectives.

C'est pourquoi il faut au besoin utiliser Marx contre lui-même, c'est-à-dire utiliser contre le Marx théoricien traditionnel celui qui ne veut pas créer de doctrine, mais entend trouver de nouvelles voies pour faire de la théorie en se lançant dans l'entreprise de la critique de l'économie politique. On le sait, il n'a jamais pu stabiliser cette entreprise qui, au fur et à mesure qu'il avançait, se déplaçait elle-même dans ses objectifs et ses champs d'application. La critique découvrait par ébranlements successifs l'ampleur des tâches qu'il lui fallait accomplir et la nécessité d'approfondir son travail de sape. En janvier 1845, Marx projette une «critique de la politique et de l'économie» qui veut rompre avec la fatuité intellectuelle des jeunes hégéliens et leur rapport aristocratique aux masses et à la réalité sociale. Pour elle, la théorie n'est pas au-dessus de ce qu'elle doit critiquer et c'est en s'interrogeant sur ses propres pratiques au sein des rapports sociaux qu'elle peut produire des connaissances inhabituelles et dérangeantes. La critique a pour objectif une réorientation des activités intellectuelles afin que celles-ci ne restent plus prisonnières de la répétition du même, c'est-à-dire de la reproduction des rapports sociaux. Elle doit prendre ses distances avec le donné social, non pas pour le nier ou le déprécier, mais pour en éclairer la dualité (ou la duplicité) dont on peut dire qu'elle est à la fois relation et représentation, rigidité et mobilité. Les relations des agents ne s'épuisent pas dans les représentations qu'ils en ont, pas plus que les représentations ne reflètent fidèlement les relations sociales. La critique doit donc sans cesse se préoccuper de ce jeu de cache-cache, de ce clair-obscur de l'expérience, de ces décalages, non pas pour prétendre y mettre fin mais pour introduire de la distance dans les pratiques sociales elles-mêmes. La processualité intellectuelle doit aussi prendre conscience de son inscription dans la processualité sociale sans avoir la prétention de posséder la clé du réel. Le travail de la critique n'est pas un travail qui vise à la maîtrise (comme chez Hegel) mais un travail pour ouvrir des espaces d'intervention et de réflexivité dans les fixités du social. Cela n'est bien sûr possible que si la critique ne se soustrait pas aux conflits mais au contraire prend en compte leurs énoncés contradictoires pour discerner les lignes de force des oppositions entre dominants et dominés, exploiteurs et exploités. En ce sens, la pratique théorique critique est pour Marx destruction de la positivité du social, de la banalisation des relations de domination et d'oppression, de leur évidence routinière.

Il va de soi que conçue dans cet esprit la critique de l'économie politique ne peut être limitée à une critique des théories économiques, en l'occurrence de l'économie politique classique. Elle est au premier chef mise en relief des logiques de représentation présentes dans les activités économiques, c'est-à-dire mise en relief des relations entre les objets de la production sociale et les représentations que s'en font les agents de cette production. En démontant l'appareil catégoriel de l'économie politique, Marx montre dès les *Grundrisse* et *La contribution à la critique de l'économie politique* que les représentations sont des parties constitutives des objets économiques et qu'elles se déploient socialement dans la mesure où elles ne font pas que produire des connaissances utiles à la production de marchandises et de capitaux mais contribuent aussi à organiser l'inclusion des agents dans les processus de production et de circulation. En se fixant sur des objets sociaux coupés de leurs présuppositions et sur des activités privatisées (dépense individuelle de la force de travail) elles produisent en même temps de la méconnaissance de la naturalité artificielle à la place du socialement déterminé. Elles deviennent des «formes de pensée objectives» qui s'animent des mouvements de la marchandise et du capital, c'est-à-dire de la valorisation. La critique de l'économie politique est par conséquent critique de la positivité du capital et des formes d'activité qui lui sont liées. Ce qui revient à dire qu'elle est fondamentalement critique de la positivité de l'économie et de son autonomisation par rapport aux autres pratiques. Elle n'est pas seulement historicisation des catégories économiques, elle est élucidation de leurs principes et règles de construction à partir de rapports sociaux déterminés au-delà de l'analyse des mouvements du capital.

On ne risque guère de se tromper en affirmant que les implications de cette conception rigoureuse mais très ouverte de la critique de l'économie politique n'ont pas la plupart du temps été saisies par ceux qui se voulaient des continuateurs de Marx. Elles sont pourtant d'une très grande portée: la critique de l'économie n'est en définitive qu'une étape vers la critique des pratiques et des formes sociales. Si l'on suit par exemple les développements de Marx sur la force de travail, on voit bien que les salariés ont dû accepter un certain nombre de conditionnements de leur mode de vie, de leur mode d'agir et de leur formation avant de pouvoir vendre leur force sur le marché. Il leur faut conduire leur vie de façon «rationnelle», c'est-à-dire intérioriser des contraintes, se soumettre à une organisation stricte du temps (temps de travail, temps de transport, temps de récupération, temps de loisir). Il leur faut entretenir un certain type de relations avec leurs conjoints, leur famille, leurs collègues de travail, leurs voisins en fonction de cet impératif fondamental, se produire et se reproduire en tant que prestataires de force de travail. La vie des individus est marquée par la logique de la valorisation et les formes de vie (le vécu, le quotidien) s'adaptent aux formes de la valeur, c'est-à-dire au mouvement des «choses sociales» (comme dit Marx) et au mouvement de l'accumulation du capital ainsi qu'aux déplacements de la production sociale dans l'espace et dans le temps. La production symbolique elle-même est imprégnée par cette dynamique omniprésente de la valeur et cela même lorsqu'elle cherche autre chose que la valorisation au sens strict. En effet, les rapports des hommes à l'objectivité comme à leur subjectivité et à leur intersubjectivité ne peuvent jamais échapper complètement à l'enchantement de la valeur (le fétichisme de la marchandise et d'un certain mode de consommation) et à un certain type de relations au monde (prise de possession, appropriation, etc.) et à la société (arène de l'auto-affirmation des sujets) qui en découle. Lorsqu'on est sorti de la sphère de la valorisation, on en conserve largement l'habitus ou le moule en appréciant ou en dépréciant, c'est-à-dire en classant les êtres et les choses dans l'agir selon des critères étroits de distinction ou de différenciation.

La critique de l'économie politique est à mille lieues de «l'économisme», cette conclusion qui s'impose après tout examen tant soit peu sérieux et non prévenu de l'œuvre de Marx infirme toute idée de transformation sociale identifiée seulement à des transformations économiques et à des changements de rapports de propriété. Le communisme, ce n'est ni la planification, ni l'étatisation, ni le salariat de l'Etat, c'est en réalité la transformation des conditions de l'agir et de l'agir lui-même. De ce point de vue, les rapports de pouvoir et de domination au quotidien, superbement ignorés par la plupart des marxistes, prennent une importance capitale. Les rapports de travail, les rapports sur les marchés ne sont en effet pas indépendants de relations de force cristallisées entre les individus, les groupes et les sexes. Il est vrai que, selon Marx, les phénomènes de domination passent, au-delà des contraintes sur les corps et les esprits, par la technologie et les automatismes sociaux produits par les mouvements du capital (ce qu'on pourrait appeler la domination systémique). Mais on ne doit pas oublier que la soumission aux processus «objectifs» de la technologie et aux puissances anonymes de la valorisation présuppose des individus déjà insérés dans des dispositifs disciplinaires multiples et placés dans des situations de subordination au niveau des relations sociales les plus élémentaires. C'est parce qu'il y a une distribution asymétrique des pouvoirs dans la famille, l'école, l'entreprise que le Capital peut étendre son emprise à toute la société. Domination et pouvoirs ne sont pas et ne peuvent pas être extérieurs aux rapports sociaux, ils en sont même le ciment fondamental. Et si, comme Foucault l'a bien montré, les pouvoirs sont de plus en plus rarement les pouvoirs de faire mourir, pour se manifester surtout comme pouvoirs sur la vie, ils n'en produisent pas moins des effets permanents de domination. En d'autres termes, il ne peut y avoir de véritable transformation sociale que s'il y a transformation effective des relations de pouvoir et de domination dispersées dans la société.

Toutefois, quand on pose la question de cette façon, on se heurte immédiatement au fait massif de l'Etat et de son rôle dans la société. En effet, il ne faut pas le voir comme une sorte d'organisme géant qui s'imposerait de l'extérieur aux rapports sociaux, mais bien comme un ensemble d'appareils de domination qui s'articule aux pouvoirs inscrits dans les relations sociales et en garantit le maintien. L'Etat verrouille les rapports sociaux en s'appuyant sur une organisation systématique de la violence, qui tolère des dispositifs privés de domination et en proscrit d'autres. Il dit et redit la violence légitime (la sienne propre et celle qu'il concède aux groupes sociaux dominants). Il est donc une machine répressive qui sait se défendre et se reproduire, comme Marx l'a souvent souligné. Mais il n'est pas que cela, puisqu'il est aussi un prestataire de services pour de très nombreuses couches de la société. Il s'occupe de la santé publique, de l'éducation et de l'instruction, des transports et des communications, il édicte des réglementations qui permettent aux individus et aux groupes sociaux de s'ajuster les uns aux autres, etc. Bref, il organise des activités communes et leur fournit un cadre pour se déployer malgré le poids des activités privées, et il est clair qu'aucune société moderne tant soit peu complexe ne pourrait subsister sans l'Etat. Il faut, certes, se garder d'affirmer qu'il agit pour le bien de tous et qu'il fait régner la justice. Il est, quant au fond, plus favorable aux forts qu'aux faibles, plus enclin à tenir compte des intérêts des capitalistes que de ceux des salariés (sauf au cours de certaines périodes), mais cela ne doit pas masquer le fait que ses interventions ont très souvent pour effet de résoudre des problèmes. A l'ombre de la souveraineté étatique se développe en fait l'activité d'institutions bureaucratiques caractérisées par leur compétence et capables d'utiliser rationnellement (dans une certaine mesure) les moyens dont elles disposent pour compenser des déséquilibres sociaux.

A cela il faut ajouter que dans le cadre démocratique parlementaire une partie importante de la société peut être représentée politiquement et participer plus ou moins directement aux appareils de domination ainsi qu'aux institutions bureaucratiques. Les effets de domination se trouvent par là tempérés, notamment parce qu'il y a compétition pour occuper les sommets de l'Etat et confrontation sur les stratégies et les orientations étatiques. Cela ne signifie pas que la participation démocratique soit très étendue ni que les rapports de pouvoir dans la société soient fondamentalement modifiés, mais il apparaît, de façon sans doute limitée, de la politique formulée hors de la sphère étatique, c'est-à-dire de la politique non régalienne. Indéniablement cette politique reste encore ambiguë et se trouve, bien entendu, placée sous haute surveillance: les appareils de domination ne sont pas disposés à se laisser mettre en question et tiennent à maintenir les institutions bureaucratiques dans un état de subordination permanent. Mais on ne peut pas faire comme si représentation et politiques de la représentation n'existaient pas. Le Marx de la maturité en est parfaitement conscient qui se montre très hésitant sur la démarche à suivre. On le voit tantôt espérer que les éléments embryonnaires de politique démocratique se développeront au point de permettre une transformation pacifique de la société, tantôt affirmer qu'il faudra détruire la machine étatique et substituer à la dictature de la bourgeoisie la dictature du prolétariat (un Etat en voie de dépérissement). Ce faisant, il ne se pose pas deux questions tout à fait capitales. La première est celle des conditions de développement de la politique anti-régalienne, et plus précisément des moyens qu'elle peut utiliser pour user les pouvoirs oppressifs dans la société et desserrer leurs liens avec les appareils de domination. En un mot, il s'agit de se demander comment la politique potentiellement démocratique peut être plus qu'un jeu représentatif répétitif et libérer des capacités d'agir jusqu'alors entravées. La deuxième question est celle des moyens à employer pour neutraliser les appareils de domination. Si pour s'emparer des sommets de l'Etat, on se sert d'outils comparables à ceux de la machine étatique (mobilisation de type militaire par exemple), on va à l'encontre de ce qui est essentiel, l'épanouissement de la politique démocratique. De plus, en s'engageant sur cette voie, on se coupe de la possibilité d'enlever aux appareils de domination (qu'ils soient de création récente ou ancienne) la primauté par rapport aux appareils et institutions de prestations pour le public, condition préalable à la transformation et à la minimisation dans les relations sociales de la violence organisée. La réflexion dans ce domaine doit à l'évidence aller plus loin et ne plus se laisser prendre au fétichisme de l'Etat dont Marx lui-même ne s'est pas totalement départi, même s'il n'a jamais surestimé la conquête du pouvoir d'Etat.

Le monde, après l'effondrement du «socialisme réel», est loin d'être le monde de la démocratie, des droits de l'homme et de la paix comme beaucoup l'ont trop vite affirmé. Il est bien plus un monde de désordre systématisé, de l'inhumain et de la désorientation. Il n'appelle surtout pas le laisser-faire, le «ça n'a pas d'importance» de certains penseurs post-modernistes qui trouvent trop facilement de la liberté dans le foisonnement de récits sociaux hétérogènes et cacophoniques. Il exige au contraire de nouveaux efforts conceptuels pour comprendre ce qui se passe et se donner les moyens d'agir. Dans ce cadre, il est donc un adversaire qu'il ne faut pas craindre d'affronter ouvertement, parce qu'il se présente surtout comme interdiction de penser un au-delà de la société actuelle, on veut parler en l'occurrence de la vieille constellation politique culturelle de l'anti-marxisme. Elle a des figures multiples, mais en ce moment elle se manifeste essentiellement comme une idéologie de la résignation qui fait l'apologie des rapports capitalistes, comme les moins mauvais possible, malgré leurs effets dévastateurs. On réfute, on historicise Marx, comme l'homme du XIXe siècle, on dénonce les crimes de ceux qui se sont réclamés de lui dans une sorte de frénésie et de compulsion de répétition, marquée par la crainte que ce que l'on dit mort ne soit pas vraiment mort. Apparemment, il serait vraiment trop affreux pour les anti-marxistes de découvrir que l'horizon d'une humanité pacifiée, décrit inaccessible, pourrait se rapprocher et qu'on pourrait à terme se passer de la marche funèbre des marchés financiers et des guerres régionales. L'anti-marxisme, au fond, est une obsession, une conjuration permanente par des exorcismes intellectuels et politiques des dangers ou périls supposés d'une vie autre. Quand on lie son action et son destin à la domination et à l'oppression, on ne veut surtout pas voir la déraison des raisons qu'on se donne. Et on ne veut pas qu'il soit dit que la continuité catastrophique de l'histoire pourrait être interrompue. C'est pourquoi l'agonie du marxisme, cet ennemi devenu si commode, peut être de bon augure, si la pensée critique sait éviter le piège des «grands récits» ou des théodicées séculières qui prétendent donner les clés d'un futur radieux. La transformation de la société sera faite de beaucoup de négations déterminées de maux eux-mêmes tout à fait déterminés. Elle sera multiple, portée par des myriades de mutations dans les pratiques et dans les relations sociales ou elle ne sera pas.

6. COMMENT SE RÉFÉRER À MARX*

Est-il encore possible de se référer à Marx de nos jours avec quelque profit intellectuel ? La réponse paraît évidente : à l'époque de la mondialisation, le Marx de la critique du capitalisme est plus que jamais d'actualité. La vitalité du capitalisme le mène en une course folle vers des inégalités sociales croissantes et des destructions de plus en plus inquiétantes de l'environnement. Mais suffit-il de retourner à Marx comme on passe à l'ordre du jour ? Beaucoup d'eau a coulé sous les ponts depuis la mort de Marx et on ne peut faire comme s'il n'y avait pas eu les horreurs et le naufrage du « socialisme réel » qui ont quand même quelque chose à voir avec le ou les marxismes historiques. Il faut donc relire Marx en laissant tomber les vieilles lunettes marxistes. Cela ne veut certainement pas dire qu'il faille procéder à une relecture purement théorique, de facture universitaire, de l'œuvre marxienne : on n'interroge pas Marx comme on interroge un penseur classique ou un faiseur de systèmes, on l'interroge parce que comme lui on conçoit le projet théorico-pratique de transformer la société.

Au préalable, il faut se demander quels écueils sont à éviter et quelles interprétations il faut passer au crible de la critique. Marx a

---

* Conférence prononcée à l'Université de Paris VIII, en mars 2000, dans le cadre du cycle « Marx contemporain », en partenariat avec l'association *Espaces Marx*.

placé sont immense effort intellectuel sous l'égide de la critique de l'économie politique. Si l'on veut bien y réfléchir, cela veut dire qu'il ne peut être question pour lui de reprendre les catégories de l'économie telles quelles, sans les déplacer vers un autre champ théorique et sémantique que celui de l'économie classique. Le concept central de la critique marxienne de l'économie politique, la valeur, ne se situe pas dans le prolongement (amélioration) de la théorie ricardienne de la valeur, il en est plutôt l'opposé ou le contraire. Alors que Ricardo fait une théorie de la valeur-travail comme théorie de la mesure de la valeur par le temps de travail, Marx dit que la valeur est une forme sociale complexe, la forme valeur des produits du travail. La substance valeur et sa mesure en temps de travail sont en fait conditionnées par la production et la reproduction sociales de la forme valeur grâce à un certain nombre d'opérations socialement déterminées. Les activités de production sont formalisées comme absorption de la force de travail (détachée des travailleurs) par la puissance abstraite du capital. Ce dernier s'incorpore les travaux concrets des salariés pour faire du travail abstrait une sorte de matière première sociale qui lui permet de se reproduire de façon élargie. Les caractéristiques immédiates des activités de production lui importent peu. Ce qu'il veut, c'est se subordonner l'énergie vitale et l'intelligence des salariés (aspect qualitatif de l'exploitation).

Comme on le voit, le temps de travail dont parle Marx n'est pas un temps de travail immédiatement donné, il s'agit d'un temps traité par les machineries du capital, fragmenté, estampillé et c'est seulement en tant que tel qu'il peut devenir instrument de mesure, mais d'une mesure qui ne va pas de soi et qui n'est pas naturelle. En effet, la mesure par le temps de travail présuppose toute une série de conditions réunies, notamment la forme monétaire des échanges économiques et de la rémunération de la force de travail : il n'y a pas de comptabilité en heures de travail, il y a une comptabilité du travail, du temps de travail normalisé, exproprié et de ses incidences sur la productivité du capital. Le temps de travail est jugé, soupesé à l'aune de la production de valeurs et de la reproduction du rapport social de production, la productivité physique en valeurs d'usage étant tout à fait secondaire à ce niveau. La théorie marxienne est donc bien aux antipodes de celle des classiques pour qui la valeur travail est une mise en relation des activités humaines avec l'environnement technique. Pour les ricardiens d'hier comme pour les néo-ricardiens d'aujourd'hui le travail est constitué de séquences d'actions qui disposent d'instruments et de moyens plus ou moins perfectionnés. Pour Marx, au contraire, le travail est un rapport social complexe qui se traduit par l'intégration des travailleurs dans les dispositifs du capital pour la production de valeurs.

Cela implique notamment qu'il ne peut y avoir de rapport de travail capitaliste au sens plein du terme si la dépense de force de travail ne trouve pas sa forme monétaire, si elle ne s'exprime dans la monnaie incarnation sociale du travail humain en général, comme dit Marx dans *Le Capital*. C'est grâce à cela que le travail abstrait devient effectivement quantifiable et se représente lui-même comme divisible, simple ou complexe, mais interchangeable dans l'argent. De cette façon les travailleurs sont happés par la monétarisation des relations sociales et la force de travail entre dans la circulation universelle des marchandises (et marchés du travail). La monnaie en ce sens symbolise bien l'extériorité des rapports sociaux, leur caractère de puissances étrangères pesant sur les individus et les groupes. Au premier chef, les rapports sociaux sont en effet des rapports entre des choses ou plus précisément des rapports entre des formes de pensées chosifiées (bien que produites socialement). Il n'y a pas de continuité entre les hommes et les rapports sociaux, parce que ces derniers ne sont pas les prolongements des premiers. On pourrait même dire que ce sont les rapports sociaux qui façonnent les hommes en les dissociant, en leur imposant de se soumettre aux mouvements de la valorisation. C'est dire qu'en aucun cas la monnaie ne peut être réduite à ce qu'en disent les économistes, un moyen de coordination d'une multiplicité de projets individuels.

C'est par conséquent un contresens que de voir en Marx un chantre du travail. La critique de l'économie politique a en effet son épicentre dans la critique du rapport social de travail qui est à l'origine d'un monde sens dessus dessous où les abstractions du travail mort dominent ce qui est vivant. Il ne faut toutefois pas se méprendre sur ce contresens, il n'est pas dû seulement à des erreurs individuelles de lecture et à la difficulté de certains développements du Livre I du *Capital*. Il participe d'erreurs d'interprétations collectives et d'obstacles épistémologiques inscrits dans les relations sociales elles-mêmes. Le mouvement ouvrier du XIXe siècle est convaincu que les travailleurs salariés sont les producteurs des richesses de la société et que c'est à partir des capacités qu'ils développent dans la production qu'on pourra reconstruire la société. On voit en général dans les capitalistes, non des fonctionnaires du « capital » comme dit Marx, c'est-à-dire des agents de machineries sociales abstraites, mais des parasites dont on devrait pouvoir se passer facilement. Tout cela s'appuie sur une conception rudimentaire de l'exploitation (on ne verse pas au travailleur l'intégralité de ce qu'il produit) qui ne permet pas de saisir la complexité du rapport social de production et la portée de la critique de l'économie politique.

Ces représentations plus ou moins spontanées, critiquées par Marx dans ses gloses marginales sur le programme de Gotha (1875) ont engendré un véritable culte du travail dans de nombreux secteurs du mouvement ouvrier. Elles ont aussi largement influencé les milieux intellectuels et plus particulièrement ceux qui se sentaient proches des partis socialistes et ont contribué à répandre le marxisme dans ses différentes versions. La conséquence la plus négative de cet état de choses est que l'entreprise de l'économie politique s'est pratiquement arrêtée pour céder la place à différentes formes d'économie marxiste qui se mettaient en concurrence avec les économies non marxistes. Sur cette pente, les formes de pensée objectivées, ces choses suprasensibles qui s'emparent du sensible sont devenues du positif, quelque chose de l'ordre du naturel. Il faudra attendre 1923 pour que soit redécouverte (au moins partiellement) l'importance des passages du *Capital* sur le fétichisme de la marchandise dans le livre de Lukàcs *Histoire et conscience de classe*. Encore faut-il remarquer que la théorie du fétichisme n'aura qu'une existence marginale parmi les intellectuels se réclamant du marxisme.

C'est pourquoi on peut affirmer sans risque de se tromper que la révolution théorique commencée par Marx est restée inaboutie, et cela parce que ses effets sur les processus sociaux de production des connaissances sont restés limités. Dans ses écrits de la maturité Marx montre que la critique de l'économie politique est aussi une critique des modes de pensée qui fonctionnent à partir des représentations des agents de la vie économique et des représentations que l'on développe dans la vie quotidienne. La marchandise et ses sortilèges produisent un monde fantasmagorique où les individus se représentent dans les mouvements de la valorisation comme puissants ou impuissants, valorisés ou dévalorisés, comme des sujets partagés entre une sorte d'ivresse de liberté et une soumission résignée, entre l'activisme et la passivité. Ils sont ballottés en permanence, mais toujours en quête de stabilité comme des changements, de repères solides comme de chimères. Ils subjectivisent en termes de mérite ou de défaut les occurrences objectives auxquelles ils sont confrontés, et ils objectivisent en termes de chance, de succès ou d'insuccès leurs façons de se débattre dans la compétition déterminée par les mouvements du capital. C'est cette danse incessante qui fait des processus cognitifs des processus sous influence, appelés à virer de bord dès qu'il y a des changements de conjoncture sous les injonctions et les impératifs du capital. Il y a, bien sûr, des secteurs relativement stables et cumulatifs dans la production des connaissances, les sciences, où les changements de paradigmes paraissent autodéterminés. Mais cela ne fait que masquer la réalité circulaire des principaux processus cognitifs, produire de l'innovation à partir de la répétition, de la différence à partir du même, reproduire de façon élargie les connaissances utiles au capital (managériales, marketing), refouler, déprécier les savoirs qui contredisent la logique capitaliste.

Les marxistes, dans leur travail théorique, sont en général partis de l'idée qu'il n'y avait pas à mettre en œuvre de renversement copernicien dans la production de connaissances sur la société. Il y avait simplement à utiliser autrement des outils de connaissance déjà accessibles afin de montrer que le capitalisme, historiquement situé, pouvait être dépassé. Ils ne se sont donc guère intéressés à la thématique marxienne du monde inversé ou renversé qui exige que la conceptualisation ne se réduise pas à une mise en forme des représentations ou à un assemblage d'observations. Or, c'est très précisément ce que Marx remet en question. Pour lui l'empire (ou si l'on veut la réalité empirique) ne fournit pas un socle solide pour la production des connaissances. Comme Hegel, il pense que les représentations, les perceptions, tout ce qui reflète les formes phénoménales, n'est rien d'immédiat. Derrière ce qui se donne pour immédiat, il y a des médiations, des modes de perception et de penser déterminés par les abstractions réelles du capital qui s'instillent dans la vie matérielle et les échanges quotidiens des individus, dans leur sensibilité et leurs affects. C'est le capital qui est l'esprit du monde, le vrai sujet à la place des hommes et qui fait précisément que le monde actuel est sans tête, décérébré et entraîné dans une course folle.

Pour produire une intelligibilité de ce monde décérébré, la pratique théorique que postule Marx est une critique des modes de travail théoriques qui ne veulent pas ou ne peuvent pas prendre en charge le règne du capital et de la valorisation. La pratique théorique marxienne ne reconnaît pas la division intellectuelle du travail, soit comme cloisonnement des disciplines, soit comme privilèges attribués à certains types de formation. Surtout, la pratique théorique doit se faire analyse des rapports sociaux de connaissance en tant que rapports inégalitaires du point de vue de l'accès aux instruments de production des connaissances, du point de vue de l'insertion dans les processus d'apprentissage, mais aussi en tant qu'ils sont des rapports d'occultation d'une grande partie de la réalité sociale et en tant qu'ils sont des rapports de stigmatisation et de dévalorisation d'une grande partie de la société. Les objectifs à poursuivre sont d'une part de déstabiliser les processus cognitifs dominants, d'autre part de produire de nouvelles connaissances tournées vers le changement de la société. On peut dire, à cet égard, que Marx a partiellement réussi ce programme. Son œuvre a sérieusement perturbé et perturbe toujours les tenants de la pensée dominante et ceux qui ne renoncent pas à transformer la société peuvent toujours se tourner vers lui avec lui.

C'est beaucoup moins vrai de ceux qui ont voulu être ses continuateurs parce qu'ils n'ont pas fait de critique des pratiques sociales de connaissance et ont, d'une certaine façon, banalisé la critique de l'économie politique. Beaucoup d'entre eux ont ramené l'affrontement avec le capital à un affrontement entre des forces productives en croissance constante et des rapports de production de plus en plus dépassés, introduisant une sorte de finalisme dans les développements économiques et sociaux. Certains ont voulu croire que les grandes entreprises capitalistes avec leurs méthodes d'organisation très élaborées augmentaient la cohésion des collectifs de travailleurs et les préparaient à assumer la direction de la société. Ce faisant, ils oubliaient les analyses de Marx sur la subsomption réelle des travailleurs sous le commandement du capital à travers la technologie, leur dépossession des puissances sociales et intellectuelles de la production. D'autres encore se sont sentis autorisés à penser que les luttes revendicatives et les luttes politiques dans le cadre parlementaire finiraient par user l'hégémonie de la bourgeoisie sur les institutions. Dans tous ces cas de figure, le socialisme apparaît comme le point d'aboutissement, sinon inéluctable, du moins hautement probable, de processus organiquement à l'œuvre dans la société contemporaine.

Ce finalisme ouvert ou larvé, cet aveuglement devant les capacités du capitalisme à se redéployer, à renouveler ses dispositifs et à mener des guerres sociales dans ce but, ont finalement coûté très cher au mouvement ouvrier. Ils ont facilité dans ses rangs un optimisme infondé et l'ont mal préparé aux batailles du XXe siècle. Au lendemain de la Première Guerre mondiale des crises révolutionnaires ont certes secoué l'Europe et, à la faveur de cet ébranlement, les bolcheviks ont pu prendre le pouvoir en Russie en grande partie grâce au génie stratégique de Lénine. Mais cela n'a pas permis une percée vers une société autre, radicalement différente de l'ordre social capitaliste. Le nouveau pouvoir soviétique n'avait pas de vues élaborées sur la société à construire, il a donc improvisé à partir de sa culture politique et économique et des données de conjonctures très mouvantes. Ces improvisations sont presque toujours allées dans le sens d'une surestimation des vertus révolutionnaires (création de la Tcheka en 1918), d'un refus du pluralisme politique, et d'un paternalisme à connotations tayloriennes dans la construction de l'économie. Indéniablement le régime soviétique qui présentait une certaine forme d'altérité par rapport au capitalisme a obligé ce dernier à se réformer (acceptation de politiques sociales, surtout après la Seconde Guerre mondiale). Toutefois il n'a jamais pu contester vraiment la dominance du capital à l'échelle internationale, ni non plus faire la preuve que sa dynamique socio-économique ou ses productions culturelles pouvaient être supérieures à celles du capitalisme avancé. Dans sa phase stalinienne il a en outre semé beaucoup de germes de désorientation et de démoralisation dans le mouvement ouvrier. Sur ce point il suffit de renvoyer à la politique catastrophique de dénonciation de la social-démocratie comme principal agent de fascisation à la veille de la prise du pouvoir par Hitler et à l'épisode cynique du pacte germano-soviétique.

En apparence la victoire sur le nazisme due en grande partie à l'Union soviétique a effacé tout cela. En profondeur il n'en est rien, le communisme d'obédience soviétique en forte expansion numérique songe surtout à aménager l'existant soit en édifiant de pseudo démocraties populaires en Europe de l'Est, soit en recherchant la participation gouvernementale en Europe de l'Ouest. Les analyses du capitalisme que proposent les manuels soviétiques mêlent le catastrophisme (crise générale du capitalisme, paupérisation absolue de la classe ouvrière) et des vues sur l'intervention de l'Etat qui rappellent irrésistiblement les théories keynésiennes. Il est vrai que les partis communistes occidentaux (de France, mais surtout de Grande-Bretagne et d'Italie) développent pour leur part des théorisations plus subtiles et mieux élaborées. Elles ne rompent toutefois pas avec l'idée d'une discipline économique positive en compétition avec les écoles économiques dominantes (notamment avec les théories de la croissance). La critique de l'économie politique est superbement ignorée dans ce qu'elle a de plus essentiel, elle n'est plus guère qu'une appellation conservée parce qu'elle a été employée par Marx. C'est seulement à la fin des années soixante et au début des années soixante-dix qu'on voit réapparaître en Allemagne et en France, aux franges du mouvement étudiant, le thème de la critique de l'économie politique.

Cette réduction économiste de la critique marxienne a pour pendant inévitable la recherche d'une improbable philosophie marxiste. Ce qui n'entre pas dans la théorie économique et dans une théorie générale des modes de production doit bien trouver sa place quelque part. Dans ce cadre la solution stalinienne du matérialisme dialectique comme «conception scientifique du monde» avec ses lois universelles de la dialectique est un oxymoron qui ne peut satisfaire grand monde. Les intellectuels communistes ou se réclamant du marxisme cherchent en général une issue en renouant contact avec des courants philosophiques contemporains. C'est comme cela qu'on voit apparaître des philosophies marxistes proches de l'hégélianisme, de la phénoménologie, de l'existentialisme, etc. Elles n'évitent pas, pour la plupart, l'éclectisme et la tentation de se constituer en philosophie générale ; en discours philosophique à prétentions universalistes donnant une explication de l'homme et du monde. A l'opposé, Marx fait une critique de la conscience philosophique comme dépendante d'un procès social de production des connaissances qu'elle ne peut pas analyser parce qu'elle reste philosophie persuadée des privilèges de la pensée pure, désintéressée. Marx n'entend pas par là proscrire la réflexion philosophique, il entend simplement (mais ce simplement est tout un programme) la mettre à l'épreuve de la critique de l'économie politique qui permet de découvrir les contraintes que font peser les dispositifs du capital sur les modes de penser.

Il n'y a pas, en réalité, chez Marx de dualité, de partition entre une science économique et une pratique théorique pour la réalisation de la philosophie, il y a une convergence d'efforts théoriques pour déstabiliser un univers symbolique, celui de la valorisation qui se valorise et pour élucider les conditions d'actions collectives libérées et de façons de penser la société affranchies des abstractions réelles. Il ne faut naturellement pas en conclure que Marx ait toujours vu avec netteté la voie à suivre : les hésitations chez lui sont nombreuses ainsi que les obscurités et les contradictions. En témoigne *Le capital*, ce monument inachevé, où les brouillons (des *Grundrisse* aux versions manuscrites des Livres II et III) l'emportent de très loin sur la version achevée, mais plusieurs fois remaniée, du Livre I. L'œuvre de Marx ne fait pas système, elle est essentiellement exploratoire à partir de quelques principes d'analyse forts (par exemple le renversement d'un monde la tête en bas) qui ne donnent pas de solutions à l'avance aux interrogations qu'ils font naître. Etant donnée l'immensité du travail à accomplir, dans bien des domaines, Marx se contente d'aperçus suggestifs, renvoyant à plus tard ou à d'autres des développements plus élaborés. En conséquence, la théorisation est souvent plus implicite qu'explicite, trop allusive pour être bien comprise. A de nombreuses reprises Marx s'intéresse à la rationalité capitaliste qui est à l'origine de beaucoup d'irrationalités, sans jamais la nommer expressément. On pourrait croire qu'il s'agit d'un discours très général, trop général. Il n'en est rien, car Marx décortique les discours de la rationalité comme des discours du calcul économique pour la valorisation, comme le discours de l'adaptation des moyens aux fins dominées par le capital. Il montre simultanément que l'ascèse hégélienne qui conduit du système des besoins et de l'atomistique (la société civile bourgeoise) vers la communauté politique laisse en réalité les choses en l'état (y compris sur le plan conceptuel).

Les limites de la rationalité capitaliste, son caractère unilatéral, son étroite relation, sa complicité avec la subsomption réelle sous le commandement des machineries du capital excluent qu'on puisse la confondre, soit avec une rationalité instrumentale intemporelle (une pure phraséologie pour employer le langage des logiciens), soit avec une rationalité des échanges symboliques et matériels (il ne faut pas l'oublier, les échanges de la société capitaliste sont placés sous l'égide de la marchandise universelle l'argent). C'est en fait une rationalité destructrice, puisqu'elle réduit les hommes dans l'essentiel de leurs activités au rôle de supports de la valorisation qui doivent s'affronter en permanence. Elle produit et reproduit de la violence qu'elle renvoie à la nature humaine plutôt qu'à la violence du capital. Par là, elle interdit de comprendre la société et le monde. Elle est la rationalité irrationnelle qui subordonne l'usage de la raison à la domination des abstractions réelles. Encore une fois il n'y a chez Marx que quelques indications, mais elles font basculer la compréhension de ce que l'on a sous les yeux. Le renversement cognitif de Marx permet de quitter du connu trop connu pour aller vers l'inconnu, vers de nouveaux champs de connaissance. C'est pourquoi il est absurde de l'accuser de sacrifier à un paradigme de la production en lui opposant un paradigme de la communication comme le fait Habermas. Le seul paradigme que l'on peut trouver chez lui (si l'on retient ce langage), c'est celui de l'émancipation sociale à réaliser contre les abstractions réelles.

Est-ce à dire que Marx est au-dessus de toute critique et que son œuvre n'appelle pas certaines corrections ou rectifications ? Certainement pas. Comme on le sait le dernier chapitre du *Capital* sur les classes sociales est inachevé, interrompu. On peut considérer que cela est tout à fait symptomatique d'une sous-détermination de la catégorie alors qu'elle est très chargée symboliquement. On fait facilement du prolétariat ou de la classe ouvrière un sujet collectif rédempteur de la société (voir le Lukàcs d'*Histoire et conscience de classe*). Marx lui-même dans ses œuvres de jeunesse a développé une conception messianique, millénariste de la classe ouvrière. Il n'en est plus de même dans les écrits de la maturité, où le concept central est celui de la résistance ouvrière à l'exploitation et à l'oppression, résistance inéluctable en raison de la soif inextinguible du capital pour la plus-value. Mais Marx ne dit jamais de façon claire comment cette résistance multiforme peut être le levier, l'instrument pour aboutir à l'émancipation sociale. Il ne dit pas non plus quels processus cognitifs doivent être mis en branle, quels nouveaux liens sociaux doivent être construits contre les agencements et les dispositifs du capital pour transformer les pratiques collectives et les échanges sociaux. Aussi bien n'éclaire-t-il pas les conditions qui doivent être réunies pour que la résistance des travailleurs salariés cesse d'être un élément parmi d'autres de la dynamique de reproduction du capital et pour que les luttes ne se limitent pas à la défense de la force de travail comme partie variable du capital.

Comme on le sait, Marx, dans un plan original du *Capital* avait projeté d'écrire un livre sur l'Etat. Il y a renoncé par la suite pour se contenter des trois livres que l'on connaît. Cela ne veut naturellement pas dire que Marx ne s'est pas intéressé à la politique. Il suffit de penser à ses nombreux articles de correspondant de presse et à de grands textes comme *Le 18 Brumaire* ou *La guerre civile en France* pour s'en convaincre. Mais ces écrits si brillants soient-ils ne fournissent pas une théorie de la politique qu'on pourrait replacer dans l'ensemble théorique de la critique de l'économie politique. Ils n'expliquent pas en particulier l'articulation entre économie et politique sous la dominance des abstractions réelles de la valorisation. La politique se présente souvent comme intervention sur l'économie (régulation des marchés, législation du travail, édification d'infrastructures, gestion de systèmes de formation, etc.). On peut constater également que sans l'existence et le fonctionnement d'administrations publiques efficientes l'économie ne pourrait pas fonctionner. C'est pourquoi on pourrait être tenté d'attribuer à la politique la capacité de transformer l'économie. Mais ce serait se bercer d'illusions que de croire à une sorte de toute-puissance de la politique. La politique en effet n'est pas indépendante de la répartition et de la circulation inégalitaires des pouvoirs dans la société. Elle est surtout entre les mains de ceux qui, avant même d'entrer en politique, disposent déjà des moyens de la politique et exercent différentes formes de tutelle sur certaines couches de la société (à travers le salariat par exemple). L'espace public comme espace de confrontations et de débats est en fait structuré de façon hiérarchique et tend par là même à reproduire les inégalités devant la politique et, bien entendu, devant le monde des institutions étatiques et para-étatiques. Les capacités instituantes des couches supérieures de la société sont bien plus grandes que les capacités des exploités et des opprimés. Par voie de conséquence, l'Etat et ses différents dispositifs verrouillent et sanctionnent au sommet la répartition et la circulation des pouvoirs dans les rapports sociaux.

De plus, les effets des inégalités sociales devant la politique sont encore renforcés par la puissance anonyme et omniprésente des abstractions réelles en mouvement qui créent l'événement et produisent des conjonctures par-dessus la tête des acteurs. La politique se voit dicter une partie des thèmes et problèmes qu'elle doit traiter et la puissance publique qui a besoin des moyens financiers fournis par l'économie (fiscalité) se voit imposer des limites étroites à son champ d'action. L'Etat qui va trop loin dans ses interventions dans les rapports sociaux de production est vite soumis à de fortes pressions (spéculation sur la monnaie par exemple) et en général les choses rentrent vite dans l'ordre. Il doit souvent faire des cadeaux à l'économie (aides et subventions diverses), mais on lui demande d'être parcimonieux dans les gratifications matérielles et symboliques qu'il accorde aux couches populaires : la force de travail doit rester une force de travail soumise aux lois de l'accumulation. La politique telle qu'elle est pratiquée dans les sociétés capitalistes ne supprime sans doute pas les conflits, mais elle les met sous contrainte. L'institutionnalisation de la politique est aussi sa bureaucratisation, l'organisation d'une concurrence oligopolistique entre grandes organisations qui acceptent de limiter les enjeux de leurs affrontements. Dans un tel cadre, les joutes politiques prennent souvent la forme de mises en scène, de représentations destinées aux représentés pour qu'ils adhèrent à une politique qui a peu à leur donner. Les exploités et les opprimés sont enveloppés dans des formes politiques qui ne leur permettent guère de s'exprimer et encore moins de faire de la politique autrement. Lors de phases de crise, des germes d'une nouvelle politique peuvent apparaître (pendant la Commune de Paris, ou la révolution russe de 1917 plus près de l'époque présente), la percée n'est toutefois pas suffisamment forte, faute d'avoir été préparée, pour mettre fin à la circularité des rapports et des échanges politiques et créer les conditions de pratiques politiques totalement renouvelées.

On a beaucoup de raisons de croire que Marx s'est posé ce type de questions. Elles affleurent dans les commentaires sur la Commune de Paris et sur le programme de Gotha, dans les hésitations sur les voies de la prise de pouvoir, dans les remarques critiques faites sur les pratiques des « marxistes » (Liebknecht, Bebel) de la social-démocratie allemande. En revanche, on ne trouve nulle part de réflexions véritablement élaborées sur ces thèmes, sinon des mots à l'emporte-pièce, des notions qui restent métaphoriques. Quand Marx oppose à ce qu'il appelle la dictature de la bourgeoisie la dictature du prolétariat, on sent bien qu'il veut trouver le moyen d'enrayer la circularité de la politique bourgeoise en brisant ses rigidités. Même s'il prend la précaution de dire que cette dictature ne peut être que démocratique, on voit bien qu'il laisse la porte ouverte à bien des interprétations et à bien des glissements vers le totalitarisme. Dans le même ordre d'esprit, on peut constater que Marx souligne souvent les insuffisances de la représentation politique. Cela ne le conduit pas pour autant à théoriser les transformations nécessaires de la relation de représentation (rapports entre représentés et représentants, nature des confrontations et des échanges politiques) à propos de cette thématique il se contente de remarques concrètes sur la révocabilité des élus, sur des assemblées proches de leurs mandants, etc., qui ne manquent pas d'intérêt, mais ne vont pas au fond du problème. La perspective du dépérissement de l'Etat reste par là même floue et incertaine. On ne sait si l'Etat qui s'est séparé de la société doit réintégrer celle-ci, c'est-à-dire laisser une place à une sorte d'auto-organisation du social ou si au contraire une politique refondée doit permettre la débureaucratisation et la désétatisation des institutions et des interventions publiques. On peut penser que Marx est resté jusqu'au bout convaincu de l'importance de la politique et qu'il n'était guère tenté par l'idée engelsienne d'administration des choses (reprise à Saint-Simon), mais il s'est parfois exprimé de façon ambiguë sur ces problèmes et à ce niveau aussi il a laissé la porte ouverte à des interprétations douteuses et dangereuses.

Dans l'œuvre de Marx, les problèmes irrésolus ne sont donc pas secondaires ou mineurs. Ils sont même au cœur des interrogations que l'on doit se poser après le naufrage du «socialisme réel». Non seulement Marx ne peut donner de réponses sur ces sujets, mais il n'est pas certain non plus qu'il puisse aider à formuler les problématiques nécessaires. Il a révolutionné la pensée en montrant qu'on pouvait faire de la théorie en quittant l'ombre des grandes machineries du capital. En ce sens, on ne peut le réduire à l'état de relique historique, à l'état de penseur d'un capitalisme qui appartient au passé, car il a ouvert des voies que l'on peut toujours emprunter pour essayer d'aller plus loin. Son actualité est au fond paradoxale, elle est à la fois brûlante et inactualisable: brûlante dans la mesure où le capitalisme est plus que jamais le capitalisme, inactualisable dans la mesure où des instruments théoriques et politiques restent à forger pour agir efficacement contre le capital. C'est bien cela la leçon qu'il faut retenir.

CONCLUSION

Le monde de la mondialisation est un monde de la fuite en avant, un monde qui ne sait pas où il va, mais ne cherche pas à faire de pause pour autant. Il constitue un monde unifié qui se fractionne et se fragmente autant qu'il se rassemble et unit des éléments jusqu'alors dispersés. Des connexions se font et se défont sans discontinuer, des zones de stabilité apparente deviennent brusquement instables, les écarts et les inégalités se multiplient. Ce monde agité de soubresauts se prétend pourtant capable de faire coexister la misère et l'opulence, les affrontements et la pacification, la régression et le progrès. Ses défenseurs le trouvent malgré tout, sinon rassurant, du moins supportable (surtout pour les privilégiés, bien sûr). Ils entendent bien fermer les yeux et se boucher les oreilles en répandant les pseudo-grands récits postmodernes. Selon eux, le monde ne va pas forcément très bien, mais les choses iront forcément en s'améliorant, puisque les grands chocs Est-Ouest sont terminés. Désormais les menaces totalitaires venues du communisme sont en recul et celles qui viennent des fondamentalismes seront contenues beaucoup moins difficilement. Il n'est nul besoin en fait de se soucier du sens qu'il faut donner à l'histoire dans un contexte où il n'y a pas à proprement parler d'histoire, où il y a des myriades d'histoires singulières, des séquences qui obéissent à des logiques diverses dans des réseaux multiples, ce qui n'empêche pas des ajustements de se produire régulièrement malgré les contradictions. A condition de ne pas entraver les marchés, de ne pas contrecarrer leur rationalité, les choses finissent toujours par s'arranger.

Ce tableau qui se veut optimiste, sans forcer outre mesure, est contredit par les nombreuses interventions d'une main qui, pour n'être pas invisible, n'en est pas moins lourde, celle d'organismes internationaux comme le FMI, la Banque mondiale guidés et appuyés par les grands Etats occidentaux. Ensemble, ils constituent ce que Michael Hardt et Toni Négri appellent l'«Empire». Dans ce concert, il y a, bien sûr, un «primus inter pares», les Etats-Unis, mais ils ne sont pas un super-impérialisme qui dominerait complètement et directement les autres grandes puissances. Il y a plutôt une sorte de directoire multiforme de l'Empire où les rapports de force évoluent dans le cadre d'activités communes, parfois conflictuelles (par exemple à l'intérieur de la triade Japon, Etats-Unis, Europe). L'Empire intervient de façon privilégiée sur le plan économique pour maintenir, voire améliorer les conditions favorables à l'accumulation du capital à l'échelle mondiale.

Ces actions pour imposer un semblant d'ordre international dans un monde de désordre récurrent ne peuvent pas toujours faire état de résultats probants, du moins du point de vue de leurs objectifs proclamés. C'est pourquoi on leur donne souvent le caractère de tentatives, d'ébauches pour aller de façon asymptotique vers un monde meilleur. Les bombes à l'uranium appauvri, les «dommages collatéraux» que l'on inflige à des populations civiles, les destructions économiques deviennent autant d'étapes vers plus de justice et de liberté. La violence «civilisée» des puissances occidentales et de leurs alliés est souvent accompagnée d'excuses pour les «bavures» effectuées et les pertes causées involontairement, car elle doit être prise pour ce qu'elle n'est pas, une politique progressive d'éradication de la violence dans les rapports sociaux. Les pratiques violentes de l'Empire et de sa police mondiale contre toutes les violences désordonnées, c'est-à-dire non légalisées (celles venant des Etats excommuniés, des mafias, des organisations terroristes, etc.) deviennent autant de moyens de combattre symboliquement l'insupportable, de l'exorciser en calmant les inquiétudes. Logiquement le discours de la guerre «civilisée» a donc pour pendant le discours humanitaire et une sorte de théodicée des droits de l'homme. La guerre spectacle et la mise en scène des droits de l'homme ont pour but de rendre le monde et la société partiellement invisibles, c'est-à-dire illisibles dans leurs développements et difficilement interprétables.

Dans cet horizon culturel, le conflit social n'a plus qu'une importance secondaire, sa place est largement prise par la thématique du risque, des dangers apportés par les progrès technologiques, des suites de l'urbanisation, de la montée de la délinquance, etc. Le risque naît de l'insouciance, de l'abandon aux automatismes économiques et sociaux, de l'imprévoyance qui ne s'attend pas à de l'imprévisible et se berce d'une sécurité illusoire. Le problème essentiel des sociétés d'aujourd'hui est par conséquent de se défendre contre les effets pervers de leurs activités, de prévoir des mécanismes de correction, mais aussi de prévention. Le risque est omniprésent, par exemple risques des chaînes alimentaires, risques d'accident, maladies sexuellement transmissibles, insécurité urbaine, drogues et criminalité etc., et il doit être combattu en permanence par des agences spécialisées, par des conférences internationales, par des organismes internationaux. Avec ostentation, on parle aujourd'hui de lutte contre la pollution, de développement économique durable, de commission d'experts pour analyser les catastrophes, d'application du principe de précaution (particulièrement en matière de santé publique). Pourtant rien de tout cela n'aborde les risques majeurs qui naissent à l'échelle planétaire de la croissance des inégalités économiques et sociales, de la malnutrition dans de nombreuses régions du monde, de l'inefficacité des mesures prises contre la pollution, de la dégradation des sols. La lutte contre les risques dévoile en fait son véritable caractère dans la croissance vertigineuse des emprisonnements et des mises sous contrôle judiciaire dans de nombreux pays: le combat contre la pauvreté est ainsi largement ramené à un combat contre les couches sociales suspectées d'être dangereuses. De cette façon, les pathologies sociales qui trouvent leur origine dans la valorisation peuvent être attribuées à des pathologies qui renvoient à la nature humaine ou à des conjonctures spécifiques, plus ou moins difficiles, mais forcément passagères.

La thématique du risque, comme on peut s'en rendre compte, ne fait pas qu'évacuer le conflit social, elle relativise aussi l'importance des relations sociales. Un sociologue comme A. Giddens, qui voit dans les sociétés actuelles des sociétés post-industrielles et surtout post-traditionalistes, marquées par le travail immatériel de production des connaissances, pense que les agrégations sociales, les couches sociales, y sont beaucoup plus légères, volatiles et pour tout dire temporaires. Les groupes se constituent en fonction des rapports que leurs composantes entretiennent avec les savoirs, les technologies et les dispositifs qui les sous-tendent. Il y a des gens en haut et en bas de la société, mais ces divisions ou distinctions sont très largement fonctionnelles. La société souffre donc essentiellement des effets de ce qu'elle produit (connaissances, techniques) et se définit surtout par les positions qu'elle offre aux individus. Ce schéma d'interprétation de la réalité sociale dominant dès les années 80 ne peut, bien entendu, qu'influer en profondeur les perceptions qu'ont de nombreuses couches de la société des transformations en cours du travail et de la vie. La flexibilisation du travail, qui est la manifestation la plus claire des modifications à l'œuvre dans les systèmes productifs, devient dans les représentations managériales comme dans celles de nombreux agents de la production une marche vers plus d'autonomie et de créativité à partir d'une implication plus poussée dans les processus de production. La performance devient le maître mot de l'activité au travail, ce qui, évidemment, sous-entend qu'il peut y avoir des contre-performances et que si les vieilles hiérarchies de la période fordiste se font obsolètes, d'autres sont en voie de constitution rapide. Les salariés des grandes unités économiques ont rarement des situations très solidement assises, encore moins définitivement acquises, il leur faut périodiquement faire la preuve de leurs compétences, de leurs capacités d'adaptation aux contraintes croissantes du marché. Malgré des moments d'exaltation possibles (ce qui ne vaut pas pour les travailleurs précaires), la liberté n'est pas vraiment au rendez-vous de la flexibilité, elle est tout au plus un leurre qui permet de refouler des souffrances toujours présentes.

On pourrait croire en revanche que, grâce à la réduction tendancielle de la durée du travail (dans les pays les plus avancés économiquement) et grâce à la mise à disposition des individus d'importants moyens techniques pour le quotidien, la gestion de la vie deviendrait beaucoup plus libre. Cela n'est vrai qu'avec des réserves essentielles : les modalités de récupération de la fatigue physique et nerveuse au travail dans un environnement technique et économique en constante évolution deviennent de plus en plus complexes. De même les conditions pour se reproduire en tant que force de travail flexible se font plus difficiles pour beaucoup de travailleurs. Ils doivent élargir leurs connaissances de façon sélective en laissant tomber ce qui est

Conclusion

inutile. Il leur faut surtout subordonner leurs projets d'existence aux contraintes de la valorisation et refouler leurs réactions négatives par rapport à cette dernière. Dans les ingrédients de cette reproduction, il faut de l'indifférence, voire de l'agressivité par rapport aux autres pour affronter la concurrence. Cela veut dire notamment que pour se reproduire en tant que force de travail on ne peut pas faire abstraction de la façon de se vendre et des façons de se présenter en tant qu'achetable. Il ne peut, en ce sens, y avoir de coupure entre vie de travail et vie privée, même si la vie hors travail comporte certaines sphères (relations familiales, relations amoureuses, relations d'amitié) où les contraintes de la valorisation sont considérablement atténuées. Rien n'est en fait totalement hors d'atteinte de la marchandisation universelle. Elle n'a pas besoin de s'emparer de tout ce que pensent, ressentent les hommes, il lui suffit de faire servir les productions cognitives, les affects, les projections des individus à ses objectifs, directement ou indirectement. En d'autres termes, la valorisation et ses différents dispositifs doivent pouvoir traiter la vie des individus comme un matériau, comme une nourriture: la vie se met au service de la non-vie, la vie se met au service d'automatismes sociaux. Les relations des individus à l'objectivité, aux autres et à eux-mêmes sont ainsi de plus en plus médiées par l'objectivité sociale quotidienne, par ses codes, ses rythmes et par le monde de plus en plus envahissant qu'elle crée au niveau du vécu. La marchandisation ne s'arrête pas aux relations à distance entre vendeurs et acheteurs, elle façonne des abonnés-clients comme le souligne Jeremy Rifkin, c'est-à-dire des absorbeurs de marchandises fidélisés par différentes sortes de liens. La consommation ne devient pas obligatoire, mais elle joue sur le fait qu'elle fournit des éléments d'identité et de statut social pour entraîner les individus. Cela ne supprime certainement pas tout quant-à-soi des individus et ses réactions de résistance, mais ce quant-à-soi et ces résistances ont beaucoup de mal à s'articuler, à joindre affects et cognitions. La modernité hallucinatoire du quotidien, ce climat de la socialité, cette trame qu'elle tisse autour des individus se trouve exacerbée, elle est à la fois heurtée, répétitive et plane, sans profondeur et sans vraie mémoire (ce qui n'exclut pas beaucoup de pseudo-reconstitutions du passé). Nombre d'individus englués dans le monde des objets marchandises et des créatures médiatiques s'enfoncent peu à peu dans un solipsisme narcissique. Leur moi est toujours en train de se déplacer de l'être vers l'avoir et vers le paraître. Les «grandes personnalités» d'aujourd'hui sont toujours en représentation, représentation de leur puissance et de leur excellence où elles peuvent s'attribuer des résultats qu'elles doivent au travail ou au soutien des autres. En contrepoint à cette autosatisfaction devant le trop plein du vide marchand, il y a bien sûr la misère matérielle et morale des laissés-pour-compte de l'avoir et du paraître. Chez eux, comme l'observe Guy Debord dans *Commentaires sur la société du spectacle,* il y a plus d'humanité que dans le théâtre d'ombres des puissants. Mais, c'est précisément ce qui importe peu au règne du capital, de la marchandise du spectacle, et de leurs fantasmagories respectives.

Au-delà de la sphère de la culture, la radicalisation de la modernité est tout aussi prégnante au niveau des rapports sociaux et économiques. Si l'on admet qu'à ce niveau la souveraineté étatique est le complément indispensable du rapport social de production capitaliste, on peut être tenté de conclure aujourd'hui à un déclin irrémédiable des appareils de souveraineté et des machines étatiques. Mais ce serait une erreur grave, car s'il y a bien modification des interventions étatiques, il n'y a pas d'affaiblissement ou de recul du rôle de l'Etat en général. Le budget des Etats nationaux reste toujours très élevé et, malgré la vague des privatisations, son poids dans les relations économiques est toujours très important. Ce qui est vrai, c'est que les Etats nationaux, en général, ne cherchent plus à étendre la protection sociale ou encore à mener des politiques de plein emploi par le soutien de la conjoncture économique. Ils s'efforcent au contraire de diminuer les coûts sociaux du travail et de diminuer la charge fiscale des entreprises et des hauts revenus pour faciliter l'intégration de leurs capitalistes dans la concurrence internationale. Par ses politiques de formation, l'Etat essaye en permanence de recycler la force de travail (par exemple en exerçant sur les chômeurs des pressions constantes). Il déréglemente les activités économiques et financières tout en complexifiant et en élargissant les réglementations juridiques. En même temps, il se fait Etat national cosmopolite, une grande partie de ses activités consistant à ajuster ses propres politiques aux politiques des organismes internationaux et des regroupements régionaux (comme l'Europe des quinze).

Un tel Etat n'est pas pour autant moins répressif comme le disent certains avec beaucoup trop d'aplomb. Dans les pays dits avancés il assouplit sans doute les dispositifs disciplinaires, mais c'est pour renforcer les dispositifs de surveillance et de catégorisation des populations soumises à des procédures spécifiques (les assistés, les jeunes, les vieux, les femmes, etc.). Fait caractéristique, la prise en charge des plus démunis (minima sociaux, travail social) n'exclut pas la relégation d'une partie importante des pauvres dans un univers carcéral ou péri-carcéral qui, comme le dit Michel Foucault, produit et reproduit de la délinquance et de la criminalité et justifie par là même l'existence d'un considérable appareil policier. Cet Etat, si méfiant à l'encontre d'une partie de ses administrés, fait très souvent valoir ses qualités ou caractéristiques d'Etat de droit, mais il pratique lui-même le déni du droit avec les populations étrangères, avec les jeunes suspects de violences urbaines. La paix civile qu'il garantit est une paix pour maintenir un salariat éclaté, des inégalités sociales croissantes. Dans son ombre fleurissent la banalité des vies quotidiennes alimentées aux psychotropes ou à l'alcool, la désespérance morne des banlieues, une violence rentrée qui est une source permanente d'agressions. Partie prenante de l'Empire, l'Etat national des pays avancés prétend aussi, au-delà des interventions de police internationale, avoir une politique d'aide aux anciens colonisés, sinon abondante, du moins efficace dans la mesure où elle se veut couplée avec des incitations à la démocratie. La réalité est beaucoup moins reluisante ou glorieuse : l'aide sous ses différentes formes (économique, militaire) contribue à la pérennisation des régimes corrompus, sanglants et prédateurs dans de nombreux pays. Le cas de l'Afrique ravagée par des guerres récurrentes, des épidémies et des massacres, voire des génocides, est particulièrement probant : les Etats européens ont soutenu toutes les politiques d'ajustements structurels décidées par le FMI et la Banque mondiale, sans se soucier outre mesure des effets dévastateurs de ces politiques. Les Etats européens sont très clairement responsables de l'apocalypse ordinaire qui est le lot de la majorité des pays africains et d'une partie de l'Asie et de l'Amérique latine.

La société mondiale, dominée par un modèle d'accumulation meurtrier, celui de l'accumulation dirigée par le Capital fictif et les marchés financiers, ne peut savoir où elle va. Elle est emportée par des tendances que les puissances de l'Empire ne peuvent contrôler, vers des destinations indéterminées. Sans tomber dans le piège d'un anthropomorphisme qui ferait de la société mondiale une sorte d'entité individualisée, il est donc légitime de se demander si la conjonction de la « main invisible » des marchés et des interventions ciblées et ponctuelles des organismes bancaires internationaux ainsi que des grands Etats peut assurer une croissance équilibrée et un développement durable pour reprendre un vocabulaire à la mode. A l'évidence, la réponse est négative pour la plupart des économistes, mais beaucoup déplacent la problématique pour se demander si, malgré les crises financières inévitables, le capitalisme peut continuer. En général, ils répondent de façon positive, sans cacher pourtant leur inquiétude devant la possibilité de catastrophes cumulées. De façon plus rigoureuse, des auteurs comme Michael Hardt, Toni Négri[1] et Robert Kurz[2] s'interrogent sur les possibilités pour le Capital de maintenir des sources de profitabilité pour poursuivre l'accumulation. Ils constatent que le Capital est sans cesse confronté à la baisse des taux de profit en se gardant d'en tirer la conclusion que le capitalisme se heurte à des limites absolues. De fait, comme Marx l'a montré, le Capital, dans les crises, redistribue les cartes en détruisant beaucoup de capitaux excédentaires et en jetant sur le pavé d'innombrables vies humaines : détruire massivement des valeurs est une façon de relancer la valorisation.

Que ces relances périodiques soient particulièrement destructrices importe peu à l'abstraction réelle qu'est le Capital. Il peut prospérer au milieu des ruines, des crises économiques comme au milieu des guerres et des désastres écologiques, car, pour lui, les hommes ne sont que des ingrédients interchangeables. Tout cela relève évidemment de la schizophrénie, puisque les hommes ingrédients sont simultanément des êtres intelligents qui peuvent réagir à tout ce que produit le Capital. On remarque effectivement que les tendances autodestructrices de la société contemporaine sont bien perçues et prises en compte dans les discours politiques, les productions médiatiques et les créations culturelles (que l'on songe à la science-fiction), mais force est de constater qu'elles sont rapportées la plupart du temps à la malédiction de la technique ou aux méfaits d'une économie naturalisée. A partir de ce type de considérations, on s'évertue périodiquement à colmater des brèches, à trouver des solutions plus ou moins bancales, parce qu'elles restent à mi-chemin. Il y a là quelque chose de paradoxal : l'intelligence démultipliée et collective qui se manifeste dans les processus de connaissance actuels est de plus en plus capable

---

1. Michael Hardt, Toni Négri, *Empire*, Cambridge Mas. 2000, trad. Exils Ed., 2000.
2. Robert Kurz, *Schwarzbuch Kapitalismus. Ein Abgesang auf die Marktwitschaft*, Frankfurt, 1999.

de résoudre des problèmes complexes, mais elle est très en retrait dès qu'il s'agit de problèmes globaux affectant toute l'humanité et sa survie. Les savoirs peuvent être très élaborés, ils restent fragmentés, cloisonnés et ne sont utilisés que pour trouver des solutions techniques limitées à des maux ou à des dégâts qui ont leur origine dans les rapports sociaux proprement dits et dans les rapports sociaux à la nature. Bien des questions graves et aussi diverses que les pollutions, l'engorgement des villes, les difficultés des transports, l'endettement catastrophique des pays du tiers-monde, etc., qu'il n'est pas impossible de traiter, se heurtent presque toujours à ce qu'on croit être simplement de l'indifférence ou de la mauvaise volonté. Il faut pourtant bien constater que les appels répétés à une meilleure prise de conscience et à la bonne volonté n'ont que très peu d'effets sur ceux qu'on appelle les décideurs. Ils n'en font qu'à leur tête, parce qu'ils savent bien qu'au-dessus de leurs têtes, les marchés et l'accumulation du capital ont le dernier mot. C'est la logique systémique, mais aveugle de la valorisation qui s'impose envers et contre tout, et les lamentations de beaucoup sur l'inconscience qui mène le monde à sa perte finissent par devenir partie prenante de la société du spectacle.

Il n'y a pas de salut dans les limites que fixe le Capital, la valeur qui s'auto-valorise. Il n'y a pas non plus de pure extériorité par rapport à la dynamique de la valorisation et, si l'on veut mettre fin à cette dynamique, il faut bien la subvertir en jouant sur des décalages et des déséquilibres qui se produisent en son sein et vont au-delà de ce qui lui est tolérable. La valorisation ne peut se réaliser sans s'assimiler ce qui lui est hétérogène, la matérialité vivante, les corps, les affects, les intelligences. L'assimilation, même si le mort saisit le vif comme dit Marx, ne peut jamais être totale. Pour autant on ne peut en déduire qu'il y a opposition franche entre le mort et le vif. Il y a entre eux des enchevêtrements difficiles à démêler, le vivant est pris dans des formes de vie constituées à partir des agencements de la valorisation (relations sur le marché, entre management et salariés, entre formateurs et formés, entre hommes et femmes dans la reproduction de la force de travail). Le vivant ne peut se perpétuer en tant que vivant qu'en se subordonnant à ce qui le nie. Il ne peut décrocher de la valorisation à n'importe quelle condition en faisant simplement valoir ses propres exigences. On produit facilement de la différence par rapport aux faits accomplis de la valorisation, mais la différence qui ne peut aller au-delà du dissentiment ou de la dissension entre plus ou moins vite dans la répétition, c'est-à-dire dans la reproduction des rapports sociaux. Pour que la différence devienne divergence, il faut qu'elle entraîne des perturbations dans les formes de vie et par là commence à déstabiliser le monde des abstractions réelles et à donner la préséance à la différence sur la répétition.

Il faut que quelque chose comme de la distance qu'on ne peut plus ramener à de la proximité se crée entre les individus et les dispositifs de la valorisation. De ce point de vue, les derniers écrits de Michel Foucault[3] fournissent des indications précieuses. Ils montrent que les processus d'assujettissement auxquels sont soumis les individus ne causent pas seulement de la subordination et de la soumission, mais aussi des résistances, sources de nouvelles formes de subjectivation qui se confrontent avec des formes nouvelles d'objectivation. Ces résistances ne font pas que s'opposer à ce qui les entoure, elles donnent aux individus la possibilité d'acquérir de nouvelles connaissances et de voir le monde autrement en élargissant leur horizon. Il reste à se demander, si l'on considère cela comme acquis, à quelles conditions ces processus de subjectivation et d'objectivation peuvent avoir des charges offensives. On ne trouve pas de réponse explicite chez Foucault qui, en réalité, postule plus qu'il ne démontre l'enrichissement des subjectivités. Pourtant dans les développements sur le souci de soi, comme herméneutique du sujet et forme de vie, on trouve en filigrane chez Foucault l'idée que la résistance à la domination en tant que production de vérité et de connaissance de soi est mise en question du soi qui cherche à s'accomplir, ou à se réaliser dans la valorisation. Si l'on prolonge cette intuition, on est conduit à se dire qu'il peut se construire un soi qui ne s'opprime pas lui-même en même temps que les autres et établisse de nouvelles connexions au monde. Il va de soi qu'une telle construction n'est pas une tâche purement individuelle et que les processus de subjectivation doivent s'insérer dans des processus de transformation des relations intersubjectives et des relations collectives. Les micro-résistances doivent en effet se lier les unes aux autres pour devenir véritablement effectives.

Mais l'inverse est vrai aussi: il ne peut y avoir de contre-valorisation collective, si elle n'est pas poussée en avant par des myriades de micro-résistances. Si tel n'est pas le cas, la résistance collective au

---

3. Voir particulièrement *Dits et écrits,* tome IV, Paris 1994. Voir aussi le livre d'Alessandro Pandolfi, *Tre Studi su Foucault,* Naples 2000.

Capital est forcément partielle et pénétrée d'économisme, parce qu'il lui est difficile de dépasser la simple défense de la force de travail ou la simple amélioration des situations établies. Au contraire, lorsque la déprise par rapport aux anciennes formes de subjectivité fait voir l'oppression et l'exploitation autrement, l'horizon et les perspectives de la lutte anticapitaliste entrent dans des phases de changement, dans des phases de problématisation nouvelles pour reprendre la terminologie de Foucault.

Dans la lutte contre la valorisation et le Capital, il n'y a au fond jamais trop de subjectivité ou d'intersubjectivité, mais plutôt pas assez. De ce point de vue, on ne saurait surestimer l'apport du féminisme à la lutte pour se libérer des liens du capital. Les femmes sont, de fait, la partie de l'humanité la plus malmenée par la valorisation et ses dispositifs alors qu'elles en sont des éléments stratégiques. Elles sont décisives dans la production et la reproduction de la force de travail (procréation, élevage, entretien) et elles garantissent par la double journée de travail la continuité de la production de plus-value. Elles sont en outre soumises à une oppression spécifique, celle de leur sexualité et de leur corps. Les conquêtes des femmes, notamment sur le plan juridique, ne sont, certes, pas négligeables, mais ne doivent pas faire oublier que la liberté qui leur est reconnue par la société de la valorisation et du spectacle est surtout celle de se vendre comme objet sexuel, ce qui fait de la prostitution une expression extrême quoique logique de leur situation. La domination sociale d'une hétérosexualité de subordination des femmes ne fait pas qu'imposer une division sexuée du travail, elle est aussi le soubassement d'une structuration symbolique du monde en masculin et en féminin où l'auto-dépréciation est une tentation permanente pour les femmes. C'est bien pourquoi il faut se dire que le refus croissant des femmes d'être et de paraître pour les autres, leur orientation vers une culture de soi qui les fasse sortir des catacombes de la valorisation, leur recherche de nouvelles formes de vie et de nouvelles formes d'échanges sociaux a une portée tout à fait subversive pour secouer le joug de la valeur.

Mettre fin à la dichotomie du masculin et du féminin, c'est en effet ébranler sérieusement les mécanismes de la valorisation-dévalorisation, leur ôter en particulier leur patine de naturalité, de fondement « naturel » des inégalités. Si la différence sexuelle est rapportée à ses modalités sociales d'apparition et de perpétuation, les autres différences naturalisées, celles du mérite, du don, de l'intelligence (du Q.I.) peuvent également être ramenées à leurs conditions sociales de production. Les résultats des mouvements de la valorisation, eux-mêmes, sont en tout ou partie dénaturalisés, que l'on se tourne vers les gagnants ou les perdants des processus. Après l'irruption des thèmes du souci de soi et leur liaison avec des luttes collectives contre la valorisation, les perceptions des abstractions réelles ne peuvent donc que changer. Les médiations qui participent à leur construction deviennent visibles. On commence à comprendre que le Capital n'est pas un pur assemblage de moyens de production, que les marchés ne sont pas que la confrontation de l'offre et la demande, mais eux-mêmes des rapports entre abstractions (l'argent, les capitaux, le travail abstrait, etc.), que la valeur parasite toutes les relations humaines. La crise du capitalisme qu'il s'agit de préparer peut ainsi apparaître sous une tout autre lumière. Elle n'est plus seulement la mise en crise des appareils répressifs et des institutions étatiques, elle est avant tout la mise en crise des dispositifs et agencements de l'objectivité sociale et de la société du spectacle. L'horizon de la transformation sociale se rapproche, parce que les rapports sociaux prennent une autre visibilité en perdant leur rigidité et leur inaccessibilité apparente aux mises en question. La crise est crise véritable, lorsque les individus et les groupes sociaux ressentent les vieilles formes de vie comme insupportables et comme intolérable la monétarisation des relations humaines et, bien sûr, lorsque les automatismes sociaux peinent à se reproduire et perdent une grande partie de leur puissance d'aveuglement.

Aucune des révolutions du XXe siècle n'est allée dans cette direction, si ce n'est sous la forme de négations abstraites et inopérantes de la loi de la valeur. Pour autant, cela ne veut pas dire que des luttes contre la valorisation n'ont pas été présentes dans certains grands mouvements. On peut prendre à titre d'exemple le mouvement de mai-juin 1968 en France qu'on a trop souvent réduit à une sorte de grand monôme étudiant contre la «société de consommation» et de grandes grèves (d'ouvriers et d'employés) pour l'amélioration du niveau de vie. Or, il suffit d'un peu d'attention et de réflexion pour se rendre compte que cette description laisse dans l'ombre des aspects décisifs du mouvement. Il est d'abord une commune étudiante qui s'attaque moins aux vieilles structures universitaires qu'à la nouvelle université de masse et à son adaptation progressive à la production de nouvelles forces de travail. La remise en question des rapports pédagogiques à l'université (et au lycée) n'est pas seulement révolte contre l'autoritarisme des enseignants et la passivité subie, mais aussi contre les contenus et les formes des rapports d'apprentissage dans la société. Les phénomènes de l'échec et de l'abandon des études, celui de la compétition pour l'excellence, la reproduction des inégalités sociales et culturelles à travers l'acquisition des connaissances sont des thèmes discutés de façon récurrente dans les assemblées générales et les comités d'action. Ils prennent en effet un relief particulier dans une société où la production, mais aussi le conditionnement des connaissances sont de plus en plus importants. Ce qu'une partie au moins des étudiants pressent, c'est que les systèmes de formation ne sont pas de purs instruments de transmission des connaissances, mais des instruments à produire de la force de travail pour le capital (ou dans les grandes écoles des instruments pour fabriquer les élites du Capital). Ils ne se prononcent pas seulement pour une autonomie formelle des systèmes de formation, ils aspirent à les transformer complètement pour participer à la transformation des rapports sociaux.

Dans le monde des usines et des bureaux, la façon de vivre la crise de 1968 est naturellement différente. Les syndicats, la CGT en tête, cherchent à maintenir la grève de 10 millions de salariés dans des cadres revendicatifs traditionnels et à contrôler les modalités mêmes des occupations des lieux de travail (le moins possible de comités de grève élus démocratiquement par syndiqués et non-syndiqués). Cela n'a pourtant pas empêché, la longueur de la grève aidant, la création de nombreux groupes de discussion dans les entreprises, et de discussions portant moins sur les salaires que sur la vie de travail, la vie quotidienne et parfois même sur les relations entre les sexes. Dans les secteurs de l'électronique et de la chimie, on évoque même des thèmes autogestionnaires et l'on tente de tracer les contours d'entreprises démocratisées et gérées par des organismes élus. La thématique de la gestion, toutefois, reste abstraite dans la mesure où elle ne touche pas aux évaluations internes, notamment aux flux financiers avec l'extérieur, où elle ne s'intéresse pas aux modes d'évaluation des activités et des rémunérations, à l'utilisation des savoirs acquis dans la production et des connaissances transmises par les systèmes de formation, à la division du travail et aux incitations à produire. L'hostilité à la valorisation qui ne parvient pas à se donner une expression adéquate, clairement déterminée, reste inarticulée. La même constatation peut être faite à propos du mouvement étudiant qui n'arrive pas à transformer sa contestation des formes et des contenus de l'enseignement en critique concrète des rapports sociaux de connaissance en tant que composante essentielle des rapports sociaux capitalistes. Ni le mouvement ouvrier, ni le mouvement étudiant de mai-juin 1968 ne font véritablement la théorie de leurs pratiques embryonnaires, ce qui rend leur rencontre sur le terrain quasi impossible et explique que l'après-mai 1968 voit des tentatives, plus ou moins dérisoires, de construction d'organisations révolutionnaires sur des modèles anciens plus ou moins mythologiques.

Le reflux vient très vite et les couches dirigeantes ne sont pas longues à s'apercevoir qu'elles peuvent jouer sur la démoralisation d'un mouvement trop vite venu et sans boussole dans un monde compliqué. Elles proposent aux déçus de 68 une sorte de substitut, la lutte d'une modernité renouvelée contre les archaïsmes (voir par exemple le thème de «la société bloquée» de Michel Crozier) et comme justification de ce reniement (se faire les chantres de la modernisation de la valorisation) la dénonciation hystérique des crimes et méfaits (trop réels) du communisme. Dans un monde sans morale (si ce n'est l'éthique de la marchandise et de la valeur ajoutée), cela autorise à faire de la morale sans fin en se donnant la bonne conscience d'une belle âme. En se comportant de cette façon, on bénéficie en outre d'une entrée privilégiée dans le monde médiatique, avec tout ce qu'il comporte de satisfactions narcissiques. On peut épouser des sincérités successives en jouant sur le fait que la mémoire de la société du spectacle est très sélective et à éclipses. Une fois installé douillettement dans ces paradis perpétuellement renouvelés, on perd rapidement tout sens critique et l'on savoure avec délices un monde plein d'histoires, mais sans histoire. L'effondrement du «socialisme réel» en URSS et en Europe de l'Est ne fait que renforcer ces tendances à l'intégration dans la société du spectacle. Le XXe siècle finissant semble se complaire à l'agonie de la pensée critique en se réjouissant bruyamment du vide des productions médiatiques.

Cependant, sous la surface, on sent tout au long des années 90 sourdre l'inquiétude des puissants et des intellectuels ralliés. La valorisation sous ses formes nouvelles (financiarisation, travail flexible etc.) peut certes faire état de grands succès dans la réorganisation des rapports de travail et de production. Les syndicats sont affaiblis et les luttes revendicatives reculent de plus en plus dans de nombreux pays où la pression du chômage élargit les marges de manœuvre du management. Malgré tout, l'opposition au capital ne disparaît pas ; elle prend de nouvelles formes et passe par d'autres canaux que les canaux habituels en se faisant multiforme. A ces nouvelles contestations, le capital répond en accélérant ses propres mouvements, en franchissant de nouvelles limites, en déstabilisant les relations sociales. Sur cette voie il ne se heurte pas à beaucoup d'obstacles institutionnels, mais il se crée de nouveaux ennemis. Il ne réussit pas à obtenir ce qui pour lui serait la victoire terminale, transformer les travailleurs salariés en purs appendices de la valeur. C'est dire que la lutte anti-capitaliste a encore de beaux jours devant elle. Partant de cette constatation irrécusable, Michael Hardt et Toni Négri croient d'ailleurs pouvoir annoncer de grands mouvements anti-capitalistes à l'échelle planétaire. Ils se fondent pour avancer cette thèse sur ce qui leur paraît une réalité profondément paradoxale. D'une part, le capital a balayé toutes les poches sociales, toutes les niches où l'on pouvait se réfugier pour lui échapper. D'autre part, la valorisation s'est externalisée par rapport aux individus et aux groupes sociaux dans la mesure où la valeur n'arrive plus à s'objectiver comme mesure et doit se faire violence, commandement. La valorisation est directement confrontée au travail vivant qui fait exploser le salariat dans son sens traditionnel. Le Capital dans son Empire sera de plus en plus directement confronté à la puissance de la multitude, expression de l'intelligence et des affects présents dans le travail immatériel potentiellement libre du plus grand nombre.

Ces analyses, à première vue séduisantes, rappellent irrésistiblement la fameuse dialectique des rapports de production et des forces productives qui surestime les effets du progrès technique et présuppose que les hommes en tant que forces productives peuvent facilement s'imposer à la technologie produite (qui l'est, pourtant, afin de servir à l'exploitation). Elles prennent par ailleurs trop vite le passage de formes d'existence et d'apparition anciennes de la valeur à des formes nouvelles pour une externalisation de cette dernière. Les formes de la valeur, après la crise du fordisme, ne jouent plus sur les mêmes mesures de la force de travail (par exemple la compétence à la place de la qualification), mais la captation de l'activité des individus et le contrôle de leur temporalité restent essentiels. Il n'y a en ce sens pas externalisation de la valeur, il y a de nouvelles formes d'internalisation et d'incorporation de la valeur dans les activités humaines sous l'égide de la domination du travail abstrait et du capital. Le salariat et les abstractions réelles sont toujours à déconstruire et non pas seulement à écarter comme de vieilles peaux. Dans tout ce champ il faut faire intervenir de la politique systématiquement construite, sur le plan cognitif comme sur le plan pratique, pour subvertir des formes sociales très cristallisées. L'objectif peut paraître impossible dans la mesure où la politique, à l'heure actuelle, se réduit comme une peau de chagrin, au moment où elle est plus nécessaire que jamais. Cela met un des anciens théoriciens de l'opéraisme italien, Mario Tronti[4], dans ce qu'il appelle un état de «désespoir théorique». Mais il est difficile de le suivre, parce que la politique qui effectivement dépérit est une politique à connotations économistes, ramenée le plus souvent à des stratégies et des tactiques pour faire varier des rapports de force. Ce dont il doit être question, c'est d'une politique réinventée qui cherche à intervenir, sur ce que la politique traditionnelle négligeait, la répartition des pouvoirs dans les rapports sociaux, la mise en question des mécanismes économiques, la compétition dans la valorisation comme matrice de la violence sociale. En un mot, l'audace théorique doit féconder les pratiques et se laisser interpeller par ce qui a été trop longtemps refoulé.

---

4. Voir son livre *La politique au crépuscule* (trad. française, Ed. de l'Eclat, Paris 2000).

GLOSSAIRE

Abstraction réelle : Formes de pensée sociale ossifiées qui organisent des pratiques et des institutions par-dessus la tête des hommes.

Fétichisme de la marchandise : La marchandise n'est pas saisie comme un rapport social, mais assimilée à une chose.

Forme valeur : Selon Marx, la valeur n'est ni une substance, ni une propriété des choses ou du travail, c'est un rapport social qui organise les activités de production en extériorité par rapport à ceux qui produisent. Il faut que les produits du travail prennent la forme valeur pour que la prestation de travail devienne mesurable et commensurable au capital.

Métamorphose des formes : Pour Marx, les formes économiques sont en flux permanent. Elles se transforment les unes dans les autres. Le capital peut ainsi revêtir les formes de capital argent, de capital constant, de capital variable, etc., à partir d'une dynamique propre, indépendante de la volonté des hommes.

Mouvements de la valorisation : Passage de formes de la valeur à d'autres (argent, capital, marchandises, etc.).

Ontologie : Discipline philosophique qui étudie l'être.

Pratico-inerte : Résultat d'une activité passive, absorbée par une socialité réifiante.

Pratique théorique : Le travail théorique analysé comme des pratiques dans des champs intellectuels structurés.

Réification : Transformation de l'objectivité créée par les hommes en choses de type naturel.

Socialisation : Mot pris au sens d'insertion des individus dans des rapports sociaux dominés par le capital et marqués par la concurrence.

Socialité : Ensemble des éléments (objectivité sociale, structuration de l'espace, rythmes temporels, etc.) qui constituent la trame où baignent les rapports sociaux.

Subsomption : Soumission systématique d'activités sociales aux dispositifs du capital.

Sursomption : Néologisme utilisé pour rendre le mot allemand «Aufhebung» qui traduit un mouvement de dépassement conceptuel.

Totalisation : Ensemble des opérations, cognitives notamment, par lesquelles les individus et les groupes sociaux cherchent à synthétiser leurs pratiques.

Totalisation temporalisante : Synthétisation des pratiques qui crée ses propres rythmes.

Totalitaire : Pratiques politiques, idéologiques, répressives qui dénient à certains groupes le droit à l'existence et leur qualité d'êtres humains.

Totalité concrète : Totalité formée par un ensemble de pratiques.

Travail : Ne doit pas être pris pour l'activité de production en général. Dans le cadre actuel, il s'agit d'un rapport social.

Travail abstrait : Le travail socialement transformé (niant le travail concret des individus) qui alimente le capital.